CVI 아동의 시각 발달과 사용 전략

Strategies to See for Students with Cerebral/Cortical Visual Impairment

저자 Diane Sheline
번역 이태훈

도서출판 점자
Braille Publishing Co.,Ltd.

이 도서는 기존의 안구 시각장애 아동들과 교육적 요구 및 중재 방법이 매우 다른 CVI 아동들의 교육 발전을 위해 '한국점자도서관'의 지원으로 출간하였습니다.
이 도서는 미국 교육 현장에서 시각장애 특수교사로 일하는 다이앤 셀린(Diane Sheline)이 CVI 아동에 대한 교육 및 지원 경험을 바탕으로 저술한 『Strategy To See: Strategies for Students with Cerebral/Cortical Visual Impairment』을 번역한 것입니다. 한국의 CVI 아동 교육의 발전을 위해 원서를 번역해 출간하도록 허락해 주신 다이앤 셀린 선생님께 고마운 마음을 전합니다.

책소개

선진국에서는 1990년대 말부터 뇌 손상이나 신경학적 손상으로 시각 사용에 어려움을 겪는 아동들의 교육 문제가 대두되면서 이들 아동의 특수교육 지원에 관심을 갖기 시작하였다. 우리나라는 아직까지 뇌성 시각장애(Cerebral Visual Impairment), 피질 시각장애(Cortical Visual Impairment) 등을 포함하는 신경학적 시각장애 아동의 조기 발견, 특수교육대상자 선정평가, 특수교육 중재와 지원을 위한 체계가 마련되지 못한 것은 물론이고, 이들 아동의 교육 문제에 대한 관심조차 매우 부족한 실정이다. 따라서 번역자는 백내장, 녹내장, 망막색소변성증 등 전통적인 안구 시각장애 아동(안구 조직의 손상으로 시각장애가 발생한 아동)과 전혀 다른 교육적 접근이 요구되는 신경학적 시각장애 아동을 위한 발걸음으로 미국의 CVI 아동을 위한 몇 권의 전문서를 번역해 소개하는 작업을 시작하였다.

첫 번째로 2023년 9월 학지사에서 크리스틴 로만 박사의 『Cortical Visual Impairment: An Approach to Assessment and Intervention』를 번역해 '대뇌 피질 시각장애 아동 교육(기초 이론편)을 출간하였다. 그리고 CVI 아동 교육 지원의 심화편에 해당하는 크리스틴 로만 박사의 『Cortical Visual Impairment: Advanced Principles』도 번역해 '대뇌 피질 시각장애 아동 교육(심화편)'으로 2024년 8월 출간을 앞두고 있다.

두 번째로 번역한 도서는 미국에서 특수교육 교사로 근무하고 있는 다이앤 셀린(Diane Sheline)의 『Strategy To See: Strategies for Students with Cerebral/Cortical Visual Impairment』이다. 그녀는 오래전부터 CVI 아동을 대상으로 교육 평가 서비스를 제공하고 있으며, 텍사스맹학교(the Texas School for the Blind and Visually Impaired)의 CVI 아동 교육 지원 프로젝트에도 참여하였다. 또한 CVI 아동을 지도하는 교사와 부모를 대상으로 CVI 아동 교육 방법에 관한 연수 강사로도 활동하고 있다. 그녀는 현직에서 CVI 아동을 평가하고 중재한 풍부한 경험과 부모 면담을 토대로 책을 출간하였다. 따라서 CVI 아동을 처음 접하는 교사, 부모, 치료사 등이 이들 아동의 교육 문제와 지원 방법을 더 쉽게 이해하는데 도움이 될 것이다.

원서에서 다이앤 셀린이 독자에게 강조한 바를 전하면 다음과 같다.

책소개

'저는 CVI 아동을 평가할 때 부모 면담이 매우 중요하다고 강조해왔습니다. 부모는 CVI 자녀가 시각을 사용하는 데 있어서 무엇이 도움이 되고 무엇이 방해가 되는지 말해 줄 수 있는 훌륭한 정보 제공자입니다. 다시 말해 부모는 CVI 자녀의 시각적 반응을 이끌어내는 데 사용할 수 있는 효과적인 중재 도구(물체와 재료 등)에 관한 정보를 제공하고, 시각 발달과 사용을 촉진하는 개별 아동 맞춤형 중재 전략을 개발하는 데 유용한 아이디어도 줍니다. 저는 이 책을 저술할 때에 많은 부모들이 CVI 자녀의 시각적 접근과 발달에 도움이 되었던 경험과 아이디어를 제게 공유해 주었습니다. 특수교사가 CVI 아동을 교육적으로 평가하고 중재할 때 부모가 중요한 협력자임을 잊지 말아야 합니다.

아울러 CVI 아동의 양육 및 교육에 참여하는 부모, 교사, 치료사, 그 밖의 인사들은 CVI 아동들이 전통적인 안구 시각장애 아동들과 전혀 다른 새로운 교수법과 중재 전략을 요구한다는 점을 인식할 필요가 있습니다. CVI 아동들은 CVI의 고유한 10가지 시각 특성들을 공통적으로 가지고 있지만, 아동별로 CVI 중증 및 진행 정도가 다르기 때문에 CVI 평가를 기초로 아동 개인별 맞춤형 중재와 지원이 필요하다는 사실을 잊지 말아야 합니다.'

외국의 CVI 아동 출현율에 비추어 볼 때 우리나라에도 피질 시각장애, 뇌성 시각장애로 불리는 CVI 아동의 인구가 적지 않을 것이라는 점을 인식하고, 이들 아동을 발견하는 데 모두가 관심과 노력을 기울일 필요가 있다. 이제 우리나라도 뇌의 손상이나 질환으로 시각장애를 겪고 있는 시각장애 아동들의 교육에 대한 연구가 활발하게 이루어져야 할 때이다.

2024. 2.

세한대학교 특수교육과 교수 이태훈

차례

차례

차례

차례

제9장 CVI 아동의 문해교육 전략

제10장 CVI 아동과 부모 사례

부 록

제1장

뇌와 CVI 진단

01 뇌의 기능과 가소성

현대 신경과학의 가장 중요한 발전의 하나는 변화하고 적응하는 뇌의 능력을 의미하는 '신경가소성(neuroplasticity: 뇌가 외부 환경의 양상이나 질에 따라 스스로의 구조와 기능을 변화시키는 특성)'의 발견이다. 노만 도이지 박사(Dr. Norman Doidge)의 'The Brain That Changes Itself'에 따르면, '뇌의 가소성'은 어릴 때 가장 크기 때문에 가능한 조기에 CVI 아동이 시각을 효과적으로 사용하도록 중재하고 지원하여 뇌의 시각 시스템의 발달과 기능시각 개선에 긍정적인 영향을 주는 것이 중요하다.

위키백과

신경가소성(neuroplasticity)은 성장과 재조직을 통해 뇌가 스스로 신경 회로를 바꾸는 능력이다. 인간의 뇌가 학습, 기억 등에 의해 신경세포 및 뉴런들이 자극-반응 과정에서 환경에 적합하게 적응해가고 변화하는 능력으로 시냅스 가소성을 포함하는 용어로 사용되기도 한다. 즉 뇌는 성형적(plastic)이고 순응성(malleable)을 가지고 있다는 것이다. 신경회로는 일생을 통해 끊임없이 변하는데, 새로운 언어나 운동기능의 습득이 왕성한 유년기 때 사용되는 새로운 신경회로의 활동성이 최대치를 보인다. 성년기나 노년기에는 약간 감소하지만, 여전히 새로운 언어나 운동기술을 어느 정도의 수준까지는 습득할 수 있는 일정한 수준의 뇌신경 가소성을 일생동안 유지한다.

이러한 뇌의 특징은 현대에 와서야 발견되었다. 우리의 뇌는 경험에 대한 반응으로 자기 스스로를 재설계할 수 있는 능력을 진화시켜 왔다. 해부학적 뇌 구조의 가소성 덕분에 개개인의 활동에 적합하도록 뇌를 맞춤 설계 하는 게 가능해졌다.

대뇌 피질 시각장애(Cortical Visual Impairment)는 선진국에서 아동기 시각장애의 가장 흔한 원인이지만(Dutton et al, 2010), 아직까지 CVI에 대한 의학적인 근본 치료법이 없기 때문에 이들 아동의 시각 발달과 사용을 촉진하는 중재 방법을 이해하고 적용하는 것이 중요하다. 미국의 제3회 소아 피질 시각장애 협회 세미나에서 '소아 피질 시각장애(Pediatric Cortical Visual Impairment)'을 다음과 같이 정의한 바 있다.

소아 피질 시각장애는 유년기에 발병하는 선천적 또는 후천적 뇌 문제에 기반하는 시각장애로, 안구 시각장애로 설명하지 못하는 독특하고 고유한 시각적 그리고 행동적 특성들이 나타나는 질환이다.

CVI는 뇌에 병소가 있는 뇌 기반 시각장애(brain based visual impairment)라는 점에서, 뇌의 예측 능력(predictive capacity)이 어떻게 개선되고 향상될 수 있는지, 그러한 긍정적 변화가 일어나려면 뇌에 필요한 것이 무엇인지에 관해 신경과학자들이 밝혀낸 내용을 살펴보는 것이 도움이 된다. 예측 두뇌(predictive brain), 넓은 의미에서 예측 처리는 과거 또는 현재에 대한 정보뿐만 아니라 신체 또는 환경의 미래 상태에 대한 정보를 통합하거나 생성하는 모든 유형의 처리를 의미한다. 50년 간 신경 가소성 분야의 권위자인 미첼 머제닉 박사(Dr. Michael Merzenic)는 '신경 가소성의 7가지 원리'를 확인하였다. 이들 원리를 주의 깊게 살펴보면 뇌 기반 시각장애 아동과 활동할 때 적절한 교육 중재 및 지원 방법을 개발하는 데 도움이 될 수 있다.

① 뇌가 각성하고, 주의를 하고, 작동할 준비가 된 상태일 때만 뇌의 발달과 변화가 일어날 수 있다

아동이 무언가에 주의를 기울이고 정보를 받아들일 준비가 되어 있는지 확인하는 것이 중요하다. 아동이 잠을 자고 있을 때는 뇌가 성장이나 변화를 원하는 '상태'가 아니다. 집에서 CVI 유아와 활동하려고 방문한 유아 특수교사나 조기 중재 전문가는 유아의 수면 주기와 뇌가 깨어 있는 시간을 고려해 활동 시간을 계획할 필요가 있다. 부드러운 진동기를 사용하거나 팔을 마사지하며 쓰다듬는 등의 여러 가지 자극을 사용해 유아를 잠에서 깨우는 경우가 많다. 그래서 나는 조기 중재가 필요한 CVI 아동에게 시중에 파는 진동 기능이 있고 부드러운 촉감의 장난감을 구입해 유아의 잠을 깨우고 주의를 각성시킨 후, 준비한 중재 활동에 유아가 참여하고 집중하는 데 성공하곤 했다. 일단 유아가 눈을 크게 뜨며 주의를 기울이고 정신을 차린 것처럼 보이면 그 다음부터 CVI 중재 계획을 실행하기 시작한다.

유아용 진동 놀이 기구

미국시각장애인인쇄소(APH)에서 판매중인 '감각 학습 키트(Sensory Learning Kit)'의 사용 지침서를 보면 '학습을 위해서는 아동의 주의/각성(alertness) 상태가 필요하다'고 강조하고 있다(Smith, 2005). 이 지침서는 교사가 감각 학습 활동을 위한 시간을 결정하기 위해 '각성 상태 프로파일(Arousal State Profile)'을 작성하도록 하고 있다. 아동이 언제 가장 정신을 차리거나 높은 주의력을 보이는 지, 무엇이 아동을 가장 정신 차리게 하거나 주의집중하게 만드는지를 파악하는 것으로, 언제, 어떠한 방법으로 아동을 지도하고 중재할 것인지 계획을 수립하는 데 도움이 된다. 아동의 뇌가 '활성(Active Alert)' 상태에 있을 때가 최고의 학습이 이루어지는 시간이다(Smith, 2005). 즉 CVI 아동의 중재 전략이 성과를 내려면 이러한 뇌의 각성/활성 상태에서 중재가 이루어지도록 계획해야 한다.

감각 발달 학습 키트(Sensory Learning Kit, APH)

② 변화는 함께 참여하는 뇌의 뉴런들(neurons) 간의 연결을 강화한다. 이러한 뉴런들 간의 성공적인 연결을 토대로 뇌가 성장하게 된다.

아동이 자신의 눈으로 무언가를 보고 사용하는 과정에서 약간의 변화만 주더라도 뇌의 뉴런들 사이의 연결이 강화된다는 점을 기억할 필요가 있다. 예를 들어, 이제 막 시각을 사용하는 법을 배우는 유아의 경우, 왼쪽 시야 영역(방향)에 빨간색 마일라 털뭉치(mylar pom pom)가 반짝거리면 시각적 주의(visually alert)가 일어날 수 있다. 유아가 왼쪽 시야 영역(방향)에서 빨간색 털뭉치에 시각적 주의를 기울이는 데 익숙해지면 이 털뭉치를 다른 시야 영역(방향)으로 약간 움직여 주는 작은 변화만으로도 뇌의 시각 처리 시스템을 발달시키고 강화하는 데 도움이 된다.

네이버 지식백과

뉴런(neurons)은 신경계를 이루는 구조적, 기능적인 기본 단위이다. 전기적, 화학적 신호가 서로 연결된 신경세포를 통해 전달되고 이러한 연결의 집합적인 활동을 통해 감각, 운동, 사고 등의 복잡한 활동이 이루어진다. 즉 감각 기관으로부터 받아들인 정보는 뇌로 전달되고, 뇌에서 판단을 하여 명령을 내린다. 이러한 일련의 과정이 뉴런이라는 신경세포를 통해 일어난다.

빨간색의 마일러 재질의 털뭉치 (pom pom)

노란색의 반짝이는 재질의 노란색 깃털 총채

그리고 노란색 깃털 총채(yellow feather duster)에 시각적 주의를 잘 기울이지만, 다른 물체들에는 그러한 주의를 하지 않는 아동이 있다면, 앞서 말한 다른 물체들에 작은 '변화(수정)'를 주는 것이 도움이 될 수 있다. 노란색 깃털 총채로부터 깃털을 하나 떼어내어 아동이 사용하는 컵이나 컵 홀더에 부착하면 아동이 친숙한 노란색 깃털로 자기 컵에 시각적 주의(환기)를 하게 되어 컵을 찾고 손으로 잡을 수 있다. 크리스틴 로만 박사의 저서에 의하면, 이 노란색 깃털이 다른 물체의 시각적 주의를 시작하는 '시각적 닻(visual anchor)'으로서 역할을 하는 것이다. 이처럼 컵에 대한 작은 '변화'만으로 뇌의 신경 연결(neural connections)을 자극하고 강화하는 데 도움이 된다.

크리스틴 로만 박사가 개발한 'CVI Range'의 평가 결과, 아동이 CVI Ⅲ단계의 시각 사용 능력을 가지고 있다면 이제 읽고 쓰는 문해 교육을 시작할 수 있다. 아동이 책에서 이야기와 관련된 단순한 그림에 시각적 주의를 하도록 촉진하기 위해 교사나 부모는 원본 그림을 약간 수정해 사용하는 것이 도움이 될 수 있다.

일반 컵 홀더에 반짝이는 비닐을 붙인 후, 아동이 사용하는
컵/음료캔/우유병 등에 부착하면 시각적 주의를 유도하고 유지하는데 도움

③ 함께 발화(활성화)하는 뉴런들은 서로 연결이 이루어진다. 이것이 뇌의 예측 능력(predictive capacity)을 향상하는 데 도움이 된다.

'사용하지 않으면 잃어버리게 됩니다. 처음에 성공하지 못하더라도 다시 시도하고 다시 시도하다 보면 연습이 성공을 만들어 냅니다.'라는 말은 신경학적 발달에도 적용될 수 있다. 새로운 경험을 할 때마다 새로운 '시냅스의 연결'이 형성되고 발달하게 된다. 시냅스(Synapse: 신경세포접합부)란 한 뉴런에서 다른 뉴런으로 신호를 전달하는 연결 지점을 말한다. 뉴런들 간의 연합(연결)을 더 많이 사용하면 할수록 연합(연결)이 더 강화된다. 이러한 연합(연결)을 사용할 기회를 멈추면 뉴런들 간의 연합 및 발달도 이루어지지 않게 된다. 예를 들어, 아동이 특정 대상의 소리와 시각 이미지에 반복적으로 노출되면 이 두 가지 정보의 연결이 발달하고 강화된다.

따라서 CVI 아동에게 적합한 시각적 환경과 대상을 제공해 다양하고 새로운 시각 사용 경험과 기회를 계속 주는 것이 중요하다.

④ 최초 변화는 일시적일 수 있다. 뇌는 반복을 통해 보다 완전한 학습과 변화가 이루어진다.

CVI 아동 교육에 관심이 있는 사람들은 아동에게 초기에 나타나는 기능시각의 변화가 일시적일 수 있다는 점을 기억할 필요가 있다. 아동의 시각 기능 변화가 안정적이고 영구적이 되려면 아동이 자신의 시각을 효과적으로 사용하고 대상을 응시하고 주의 깊게 살피는 행동이 '반복적으로' 이루어져야 하며, 여기에 작은 '변화'를 계속 추가하고 확장해 나가야 한다. 따라서 특수교사가 CVI 아동의 중재 및 지원 계획을 수립할 때 창의적인 사고와 접근이 요구되며, 아동의 교육팀 구성원들(학부모 포함)이 함께 협력해야 한다. 나는 수년 동안 피질 시각장애 아동을 중재하고 지원해 오면서 뇌가 반복을 통해 학습하도록 하는 가장 좋은 접근 방법은 CVI 중재 전략을 매일매일 반복되는 아동의 '일과 활동(routine)'에 통합하는 것임을 알게 되었다. 이 책의 '7장 CVI 기술 평가 및 전략 개발 양식(CVI Skills Inventory & Strategies Worksheet)'과 밀접한 관련이 있다. 나는 하루 종일 CVI 아동의 일과 활동들을 관찰하고, 아동이 각 활동에서 시각적으로 어려움을 겪는 부분들을 확인한다. 그리고 이를 해결하기 위한 다양한 CVI 중재 전략과 기술을 개발하여 적용하였다. 이들 중재 전략들은 아동의 개별화교육(IEP)팀의 구성원(가족 및 부모 포함)들과 공유하고, 일과 활동 중에 아동이 시각을 효율적으로 사용하도록 돕는 중재 전략을 모두가 사용하도록 하였다. 따라서 CVI 아동의 매일매일 반복되는 일과 활동들을 파악하는 것이 매우 중요하다.

⑤ 뇌의 가소성은 양 방향으로 난 길과 같다. 따라서 뇌는 긍정적인 방향이나 부정적인 방향으로 변화될 수 있음을 유념해야 한다.

나는 교실에서 천장 조명을 바라보면서 자기 손가락을 튕기고 있는 CVI 아동을 볼 때마다 이 원리를 되새긴다. CVI 아동이 이러한 목적 없는 부적절한 행동을 계속 반복하게 되면 뇌의 가소성은 부정적인 방향으로 발달하게 된다. 나는 CVI 중재 전략을 적용해 CVI 아동이 일과 활동들에 더 적절하게 시각을 사용해 참여하도록 촉진함으로써 긍정적인 방향으로 뇌의 시각 자극과 뉴런들과의 연합(연결)을 강화할 수 있었다. 이처럼 CVI 아동의 일과 활동에 CVI 중재 전략을 사용함으로써 아동이 시각을 더 잘 사용하고 시각 기능이 발달하게 되었다.

⑥ 기억은 학습에 매우 중요하며, 기억은 사람이 대상에 주의를 하고 있는가에 달려있다. 주의가 산만해진 상태에서 무언가를 학습하거나 연습하는 것은 뇌의 변화나 발달에 아무런 영향을 주지 않는다.

이 원리는 '2장 CVI 아동을 위한 8가지 핵심 전략 - 환경 및 감각 정보 영역'과 관련된다. CVI의 고유한 10가지 시각 특성 중, 시각적 복잡성으로 인한 어려움'에 해당한다. 이 영역이 CVI 아동이 시각을 더 잘 사용하도록 하는 데 매우 중요한 역할을 하기 때문에 이 책에서 많은 지면을 할애하였다. CVI 아동, 특히 CVI Ⅰ단계 아동은 주로 청각 정보나 촉각 정보에 주의를 기울이고, 시각 정보에는 반응하지 않거나 시각적 주의를 하지 않는 경우가 많다. CVI 아동은 일반적으로 청각 자극이나 정보에 가장 주의를 잘하는 경우가 많다. 따라서 CVI 아동이 청각이 아니라 '시각과 관련된 신경 연결(뉴런들 간 연합)'을 강화하기를 원한다면 시각을 사용할 기회를 많이 주어야 한다. 만일 교실 문이 열릴 때 삐걱거리는 소리가 난다면, CVI 아동은 앞에 있는 문의 모양 같은 시각적 정보가 아니라 그 삐걱거리는 소리에 주의를 기울일 가능성이 높다. 만일 교실에서 음악 소리가 계속 들린다면 아동의 뇌는 음악 소리에 대한 새로운 시냅스 연결(새로운 기억)을 생성하지만, 시각 정보를 처리하는 시냅스 연결은 오히려 약화되거나 사라질 수 있다. 따라서 교사는 현재 일과활동이 이루어지는 환경들은 CVI 아동이 어떤 감각 정보에 주의를 기울이도록 만드는지를 주의 깊게 확인할 필요가 있다. CVI 아동이 시각을 사용하는 학습을 준비하거나 수행할 때 청각적, 촉각적 방해 요소를 차단하거나 줄이는 것도 중요한 CVI 중재 전략 중 한가지이다.

⑦ 동기 유발이 핵심 요소이다.

취학전 유아의 평가를 위해 평가 일시를 부모와 전화로 협의할 때, 나는 종종 "유아가 언제 점심을 먹나요?"라고 묻는다. 이것은 내가 그 집에서 점심을 함께 먹으려는 의도가 아니라, 일반적으로 누구나 먹는 것이 즐거운 일이고 대부분의 유아는 음식에 큰 동기가 유발되기 때문이다. 다시 말해, 나는 CVI 유아가 눈으로 음식의 위치를 찾고, 먹는 활동 내내 시각을 더 잘 사용하도록 하는 데 어떠한 CVI 중재 전략이 도움이 될 지를 관찰하기 위함이다. 마찬가지로 학령기 CVI 아동을 평가할 때도 동일한 이유로 점심 시간을 우선 관찰 시간으로 정하며, 이들 시간에 적용할 수 있는 CVI 중재 전략부터 추천하곤 한다. 취학전 유아나 어린 아동은 자연스럽게 음식을 통해 시각을 사용하려는 동기가 일어나기 때문에 이 때 CVI 중재 전략을 통한 시각 사용을 촉진하면 뇌의 시각 영역 및 시각 기능 발달에 도움이 될 수 있다.

앞서 언급한 7가지 원리를 CVI 아동 중재 계획을 개발하고 실행하는 데 적용하면 CVI 아동의 '뇌 가소성(신경 가소성)'을 시각 발달에 이용할 수 있다. CVI 아동을 중재하고 지원하는 데 관여된 사람들은 뇌의 가소성과 뇌의 시각 처리 능력을 향상시킬 수 있는 CVI 중재 방법에 대해 이해하는 것이 중요하다.

02 CVI의 진단

CVI는 미국에서 아동기 시각 장애의 주요 원인이다. 의학의 발전으로 신경학적 질환의 진단을 받은 영유아를 더 잘 평가하고 치료할 수 있게 되면서 CVI 인구는 계속해서 증가하는 추세이다. 미국에서 특수교육 관점에서 CVI를 진단하는 기준은 크리스틴 로만-란치 박사(Christine Roman-Lantzy)가 제시한 아래 3가지를 충족하는 가를 평가하여 결정한다.

(1) 아동의 안과 검사 결과가 현재 아동의 시각 문제나 어려움을 설명하지 못한다. 안과 의사가 아동의 안구 조직이나 눈 검사 결과가 정상이라고 말한다. 또는 안구진탕이 있다고 진단하더라도 이 질환이 아이가 평소 친숙한 사물이나 사람들의 얼굴을 인식할 수 없는 등의 이유를 설명하지 못한다는 것을 의미한다.

(2) 아동에게 CVI와 관련된 뇌 질환, 뇌 손상의 병력이 있다. CVI와 관련될 수

있는 병력으로는 질식, 뇌병증, 뇌실주위백질연화증(PVL), 발작 장애, 뇌실내 출혈(IVH) 또는 외상성 뇌 손상(TBI) 등이 있다. 이들 질환이나 구조적 뇌 이상(기형 등)이 있는 모든 아동에게 CVI가 있다는 것을 의미하는 것은 아니지만, 이들 질환이 있는 아동은 CVI가 의심되는 위험군에 속할 수 있다.

(3) 크리스틴 로만–란치(Christine Roman–Lantzy) 박사가 제시한 'CVI의 고유한 10가지 시각적 및 행동적 특성'이 있는지 관찰하는 것이다.

① 특정 색상 선호
② 움직임에 대한 끌림과 요구
③ 시각적 지연
④ 특정 시야 선호
⑤ 시각적 복잡성으로 인한 어려움
⑥ 빛에 대한 끌림과 요구
⑦ 원거리 보기의 어려움
⑧ 시각적 새로움의 어려움
⑨ 비전형적 시각 반사
⑩ 시각적으로 안내된 신체 도달(눈–손 협응)의 어려움

크리스틴 로만–란치 박사가 개발한 'CVI Range' 직접 평가 환경 조성

제2장

CVI 아동을 위한 8가지 핵심 전략

01 환경 및 감각 정보의 제시 전략

'환경 및 감각 정보의 제시(Environmental and Sensory Input)'와 관련된 전략은 CVI 아동과 활동할 때 항상 주의 깊게 살펴야 하는 매우 중요한 부분이다. 이 전략은 다른 전략들과 비교해 아동의 시각 기능이 향상되더라도 마지막까지 해결하기 어려운 영역이자 아동의 시각 사용이나 시각을 사용한 학습을 계속 방해할 수 있다. '환경 및 감각 정보'는 아동이 청각, 촉각, 시각, 후각, 전정(vestibular)을 포함하여 2개 이상의 감각 기관에서 정보를 동시에 처리해야 하는, 즉 '경쟁하는 감각 정보(자극)가 공존하는 경우'를 말한다. CVI 아동, 특히 시각을 막 사용하기 시작한 CVI Ⅰ단계 아동('CVI Range' 평가 결과로 확인함)의 경우, 여러 감각 기관으로 동시에 정보가 들어오게 되면 복잡성이 증가해져 CVI 아동은 과도한 자극 또는 스트레스의 징후를 보이고, 정작 필요한 시각 사용을 방해할 수 있다. 과도한 자극이나 스트레스를 알리는 징후로는 흥분한 발성(외침), 졸거나 눈을 감기, 자주 하품하기, 손이나 다리 근육의 경련이나 경직, 그리고 광원(햇빛, 조명 등) 응시, 교사를 바라보지 않는 행동 등이 있다.

사 례

수년 전, 나는 피질 시각장애 진단을 받은 11개월 된 Amy의 기능시각을 평가한 적이 있다. Amy의 집을 방문해 부모 면담 과정에서 "부모님께서는 Amy가 볼 수 있다고 생각하나요?"라고 물었다. 어머니와 아버지는 Amy는 볼 수 있는 것 같다고 생각했지만, 의사는 Amy가 맹인(blind)이라는 소견을 주었다고 이야기했다. 나는 Amy가 볼 수 있다는 것을 입증할만한 것이 있는지 물었다. 어머니는 어느 날 저녁 Amy가 어두운 방에 켜져 있는 TV 화면(주변은 조용한 상태)을 보고 있는 것을 발견했다고 말했다. 어머니는 Amy가 TV를 정말 보고 있는 것이 맞는지 확신할 수 없었지만, TV를 바라보는 Amy의 모습에 그럴지도 모른다는 생각이 들었다고 이야기했다.

부모 면담을 마치고, 직접 평가를 실시하고자 평가 자료를 꺼냈다. Amy는 유아용 높은 의자에 조용히 앉아 있었다. 내가 평가를 준비하는 동안, TV가 켜져 있었고(음소거가 되지 않음) 애완견이 뒷마당에서 짖으며 몸을 일으켜 세워 창문을 들여다보고 있었다. 내가 방에서 보기에는 마치 개가 트램블린 위에서 점프하고 있는 것처럼 몇 초마다 창문을 통해 개가 보였다 안보였다 했다. 나는 검은색의 수직보드(예, APH의 Invisiboard 등)와 방의 전체 조명을 조금 어둡게 해서 대비되는 배경을 만들어 Amy가 보아야 하는 '물체'가 더 두드러져 보이게 조성한 후, Amy의 시야에 바라볼 물체를 제시하였다. 그러나 Amy는 내가 제시한 물체에 시각적 반응을 보이지 않았다. 따라서 나는 Amy의 시각적 주의나 관심을 방해할만한 환경이나 감각 정보(자극)이 주변에 있는지 조사했다. 평가 장소로부터 3m 떨어진 곳에 TV가 켜져 있었고, 주변 창문으로 밝은 햇빛이 들어오고 있었으며, 애완견이 쉴 새 없이 짖어대고 창문에 나타났다가 사라졌다 반복했다.

나는 부모님에게 TV를 끄고, 애완견이 더 이상 짖지 않도록 다른 장소로 옮겨달라고 부탁했다. 또한 햇빛이 들어오는 창문에 블라인드를 치고 Amy의 의자를 돌려서 창문을 등지도록 자리 배치를 했다. 마침내 평가를 수행하는 방이 조용해졌다. 나는 다시 한번 불빛이 나오는 대상(조명 장치를 삽입한 슬링키나 공 등)을 Amy에게 조용히(소리/소음 없이) 제시했다. 검은색의 수직 보드에 노란색의 불빛이 나오는 슬링키를 제시하자 Amy가 슬링키를 눈으로 응시하였다. 내가 조용히, 천천히 슬링키를 Amy의 바깥(측면) 시야로부터 안쪽(중앙) 시야 로 이동하자 Amy의 시선도 이를 따라 움직였다. 이를 본 어머니는 매우 기뻐했고 나는 Amy가 볼 수 있다고 말해 주었다.

검은색 접이식 수직 보드(invisiboard, APH)

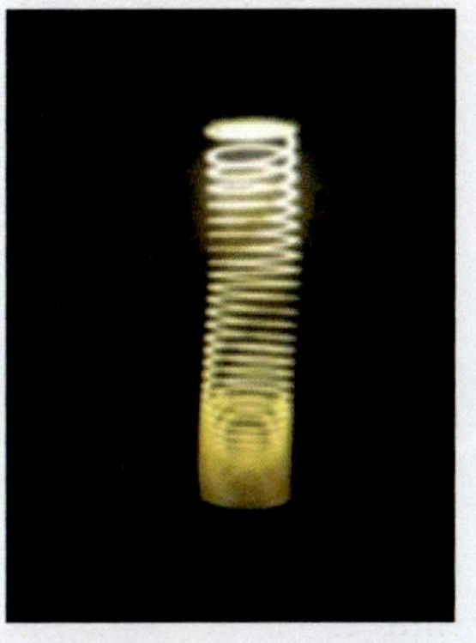

검은색 배경에 불빛(조명)이 나오는 슬링키

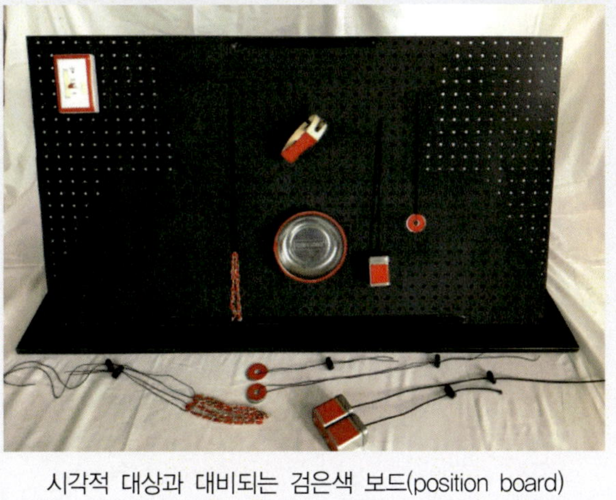

시각적 대상과 대비되는 검은색 보드(position board)

내 경험에 의하면, CVI 또는 뇌 손상과 관련이 있는 시각장애 아동들은 시각 정보보다 청각 정보(소리)에 더 잘 반응하고 주의하는 사례들이 많았다. 다시 말해 이들 아동은 청각 기관과 소리 정보를 더 잘 사용하고 선호하는 것 같았다. CVI 아동의 부모를 면담할 때, 나는 자녀가 가지고 놀거나 좋아하는 장난감에 대해 구체적으로 물어본다. 부모에게 아동이 좋아하는 장난감을 보여 달라고 하면, 대부분 음악이나 소리가 함께 나오는 장난감들인 경우가 많다. 또한 이들 장난감 중 상당수는 빛이 나오는(조명이 부착된) 특징을 가지고 있다.

그렇다면 아동이 시각적 대상을 더 잘 인식하고 뇌의 시각 시스템이 기능적으로 작동하려면 뇌를 어떻게 촉진하고 강화할 수 있을지 생각해볼 필요가 있다. 이제 막 시각을 사용하기 시작한 아동(CVI Ⅰ단계 아동)의 경우라면 청각, 촉각, 후각, 전정(운동)을 포함한 여러 가지 경쟁하는 감각 정보나 자극을 동시에 제공하지 않도록 환경 및 감각 자극과 정보를 적절히 통제함으로써 시각적 주의와 시각 사용을 촉진할 필요가 있다.

02 근거리/중간 거리/원거리 보기의 전략

'근거리/중간 거리/원거리 보기'와 관련된 전략은 CVI 아동이 두 번째로 해결하는 데 어려움을 보이는 부분이다. CVI 아동은 시각적 대상(물체, 자료 등)을 보려고 지나치게 가까이 다가가는 경우가 많다. 뇌 손상으로 시각장애가 있는 아동이 중간 거리 및 원거리에서 보는 것이 어려운 이유 중 한 가지는 시각적 대상으로부터 멀리 떨어져서 볼수록 아동의 시야에 보이는 주변의 시각적 요소들이 더 많아지고 복잡해지기 때문이다. 여러분이 멀리 떨어져 책장을 볼 때와 책장 바로 앞까지 다가가서 볼 때의 시각적 장면을 떠올려 보자. 여러분이 멀리 떨어져서 책상을 보면 책장 주변과 책장에 진열된 모든 물건들이 보이지만, 책장 바로 앞까지 다가가면 책장 한 칸에 놓인 물건만 보이게 될 것이다.

'원거리 보기의 어려움'에 대한 더 나은 이해를 돕기 위해 단색의 빨간색 공에 가까이 다가가는 체험을 해보기를 권한다. 빨간 공을 놓아 둔 테이블만 보일 때까지 가까이 다가간다. 이제 테이블에서 뒤로 천천히 물러나면 빨간색 공과 테이블뿐만 아니라 주변의 의자, 책이 꽂혀 있는 책장, 벽에 걸린 액자 등도 보이게 될 것이다.

즉 멀리 떨어져 볼수록 당신에게 보이는 '시각적 장면'이 더 복잡해지는 것을 경험했을 것이다. CVI 아동은 일반적으로 복잡한 시각적 장면을 보거나 인식하는 것이 매우 어렵다. 이러한 '시각적 복잡성'을 줄이기 위해 CVI 아동은 시각적 대상에 가까이 다가가서 보게 된다. 안구 시각장애 질환을 가진 저시력 아동이 대상에 가까이 다가가 보는 것은 낮은(나쁜) 시력을 보상하기 위한 것(가까이 다가가면 대상이 커 보이는 효과)으로, CVI 아동의 시각적 문제 및 중재 방법과 다르다.

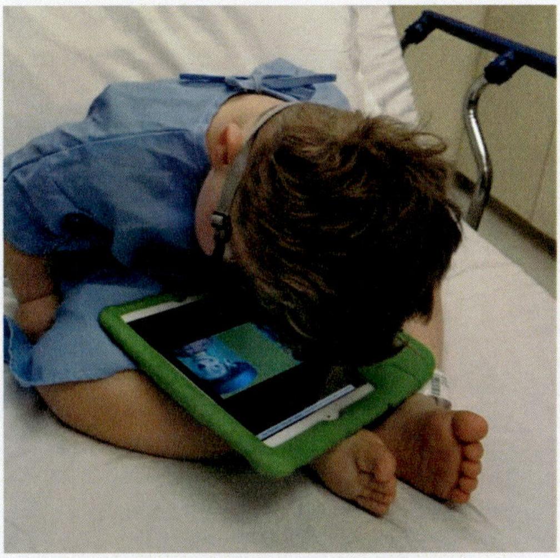

CVI 아동은 '시각적 복잡성의 어려움'과 '원거리 보기의 어려움'을 해결하려고 시각적 대상에 가까이 다가가 봄

멀리 떨어져 보면 시각적 복잡성이 증가해 복잡한 배경에서 물체를 찾는 것 같은 어려움이 발생함(숨은 그림 찾기)

CVI 아동은 시각적 대상으로부터 멀어질수록 시각을 사용해 보는 데 어려움이 커진다. CVI 아동이 멀리서 대상을 보는 것은 마치 복잡한 그림 속에서 숨겨진 그림을 찾는 것(숨은 그림 찾기)과 같을 수 있다. 앞선 예시에서 빨간색 공에서 멀어질수록 더 복잡한 장면(배경)에서 공을 찾아야 하는 것과 같다. 멀리 떨어져 보게 될수록 CVI 아동에게 보이는 '시각적 복잡성'은 증가한다. 아동이 시각을 적절히 사용할 수 있는 중재와 기회를 통해 기능시각이 점차 향상되면 원거리에 있는 대상도 더 잘 찾고, 시각적 대상을 배경으로부터 분리해 인식하는 시각 능력도 향상된다.

사 례

Gina는 여름 방학에 읽고 쓰는 기술을 배우기 시작했다. 아이패드(iPad)로 사진을 찍고 'Pictello'라는 앱을 사용해 자신만의 그림책을 만들었다. 책 제목은 '나의 가족'이었고 책 속에는 애완 고양이도 있었다. 고양이는 수줍음이 많았기 때문에 Gina가 얻을 수 있는 사진은 나무들 사이에 있는 고양이 사진뿐이었다. Gina는 4-5m 떨어져 있는 고양이를 찾거나 보는 데 어려움이 있어서 애완견 고양이 사진을 찍을 때 아이패드로 위치를 조준하는 데 도움을 받아야만 했다. 현재 Gina는 상당한 수준으로 시각을 사용하고 있으나, 여전히 원거리에 있는 대상을 보는 데는 어려움을 있었다. 그러나 다른 사람의 도움을 받아 아이패드로 고양이 사진을 찍고 나면 아이패드의 줌(확대) 기능을 사용해 나무들을 제외한 고양이만을 보이게 할 수 있었다. 아이패드의 줌 기능(확대)을 사용해 아이패드로 찍은 사진 속의 시각적 복잡성을 감소시킬 수 있었다.

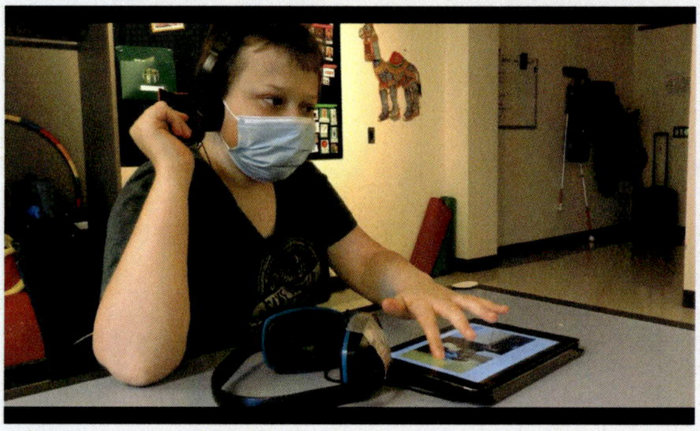

Pictello 앱과 사용 사례

03 시각적 대상

CVI 아동 중 특히 'CVI 레벨 1 전략'이 도움이 되는 아동은 학습이나 활동에 사용하는 '시각적 대상'을 눈으로 바라보고 그것이 무엇인지 인식하는 것이 중요하므로, 적절한 시각적 대상으로 선정하는 것이 필요하다. 즉 아동이 바라보아야 하는 대상의 색상과 패턴(무늬)이 얼마나 시각적으로 복잡한지를 확인하는 것과 관련이 있다. 또한 이제 막 시각을 사용하기 시작한 CVI 레벨 1(즉 CVI Ⅰ단계)의 아동에게 일반적으로 사진이나 그림 자료는 복잡성 정도에 상관없이 적합하지 않다는 것을 알아야 한다. 그 이유는 이제 시각을 사용하기 시작한 아동에게는 2차원 이미지보다

3차원 구체물이 눈으로 바라보고 시각적 주의를 하는데 더 적절하기 때문이다. 일상에서 기능적인 목적으로 자신의 시각을 사용할 수 있는 CVI 아동은 그림과 실물(구체물) 간의 연관성을 알 수도 있지만, 그러한 경우라도 2차원 이미지는 실물을 직접 찍은 '컬러 사진'이어야 한다. 나는 아동에게 친숙한 실물을 찍은 컬러 사진을 제외한 다른 종류의 사진이나 그림을 사용해 보았지만, 아동은 이들 2차원 자료를 제대로 응시하거나 인식하지 못했다. 다만 크리스틴 로만-란치 박사가 개발한 'CVI Range' 평가에서 평가 점수가 6.5/7(점) 이상인 아동에게만 성공적이었다. 아동이 CVI 고유한 10가지 시각 특성들을 해결하도록 체계적으로 중재하고 지원하면 아동이 2차원 사진들을 응시하고 알아보기 시작할 수 있다. 그러나 여전히 이들 사진은 복잡하지 않은 '단순한 시각적 장면'의 사진인 경우가 많다. 이들 아동은 실제 물체를 찍은 단순한 컬러 사진이나 검은색 선으로 그린 단순한 그림에 시각적으로 가장 잘 반응한다. 따라서 학습 자료도 이와 비슷한 수준으로 수정할 필요가 있다.

04 공간 구성과 시각적 배열 전략

주변의 공간 구성이나 시각적 배열이 CVI 아동의 시각적 주의에 영향을 미친다. 이것은 아동의 시야에 보이는 대상의 개수, 대상들 간의 배치 간격, 그리고 대상을 더 잘 인식하기 위한 수정 여부 등과 관련이 있다. 아래 사례는 공간 구성과 시각적 배열과 관련된 문제와 이를 해결하기 위한 중재 전략을 보여주고 있다.

사 례

출생 시에 무산소증으로 '뇌병변'과 'CVI' 모두 진단을 받은 21세의 Andrew는 '버키 바이트(Bucky Bites)'라는 과자를 좋아한다. 나는 Andrew가 이 간식을 혼자 집어 먹을 수 있다는 어머니의 이야기를 듣고, Andrew가 이 간식 먹는 것을 관찰하기로 하였다. 내가 몇 개의 과자를 Andrew 앞에 놓자 Andrew는 신이 나서 그것에 손을 뻗어 잡으려 하였다. 그러나 내가 보기에는 Andrew가 버키 바아트 과자를 시각이 아닌 촉각(손)으로 더듬어 찾는 것 같았다. 나는 과자의 시각적 배열(과자의 수, 과자들 간의 배치 간격 등)을 수정하는 것이 Andrew가 과자를 눈으로 바라보고 찾는 데 도움이 되는지 평가하기로 결정했다. Andrew 앞의 테이블에 '올 인 원 보드'를 약간 경사지게 놓고, 보드에 과자 3개를 넓은 간격으로 올려놓았다. 그리고 방의 전체 조명의 밝기를 낮추어 어둡게 하고, 보드에 올려 놓은 3개의 과자에 손전등을 비추었다. 그러자 Andrew는 손으로 더듬지 않고 시각을 사용해 간식의 위치를 찾을 수 있었다. Andrew는 이 과자를 좋아했기 때문에 시각을 사용해 과자를 찾고 손으로 집어 먹으려는 의욕이 넘쳤다.

과자(Bucky Bites)

올 인원 보드(All-In-One Board, APH)

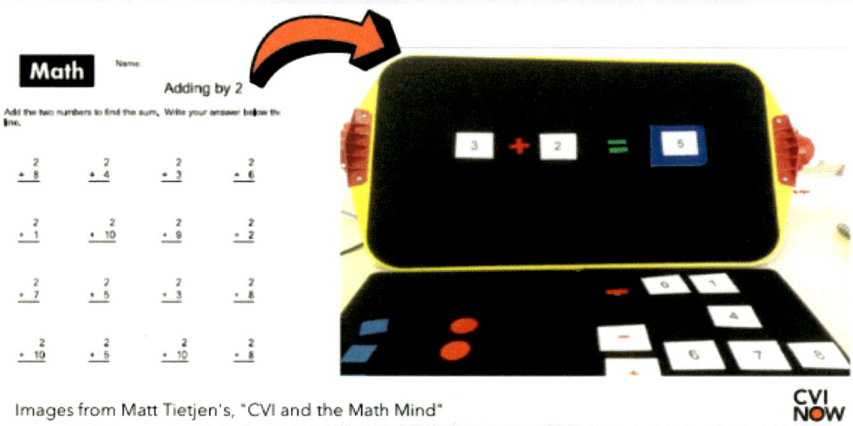

학습지의 수학 문제 배열의 단순화 방법의 사례

05 대비

안구 시각장애 아동뿐만 아니라, CVI 아동의 경우에도 시각적 주의를 해야 하는 대상과 배경 간의 대비가 중요하다. 다만 그러한 이유는 시력의 문제 때문이 아니라 뇌에서 시각적 대상을 더 잘 구별하고 인식하도록 촉진하기 위함이다. 대비가 높은 단색 배경을 사용하면 아동이 보아야 하는 대상과 시각적 경계가 분명하게 만들어져 대상을 더 두드러지게 보이게 한다. 밝고 채도가 높은 색상의 시각적 대상(물체, 자료 등) 뒤에 검은색 계열의 단색 시트, 천, 보드 등을 사용하면 시각적 대상을 더 돋보이게 하며 주변의 복잡한 것들이 안보이도록 차단할 수 있다. 내가 학습 공간에 대비되는 배경을 만들 때 주로 사용하는 것이 대형 사이즈의 검은색 시트, 천, 가림판 등이며, 책상에서는 검은색 보드(All-In-One Board, Invisiboard, APH 제품), 금은색 밸크로 매트(Velcro fabric mat) 등이 있다. 특히 뒷면에 미끄럼 방지 처리된 패브릭(천) 재질의 매트는 대상을 올려놓더라도 움직이지 않고 잘 고정되며, 특히 밸크로로 장난감이나 물건을 매트 표면에 부착하기 용이하다.

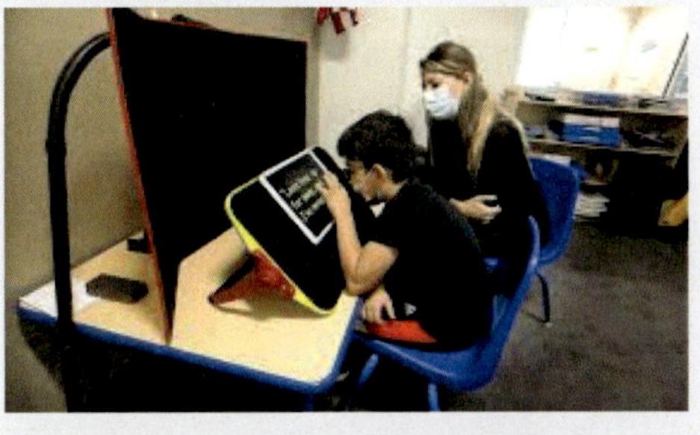

대비를 높이고 복잡성을 줄이기 위해 검은색 계열 밸크로 경사 보드 사용

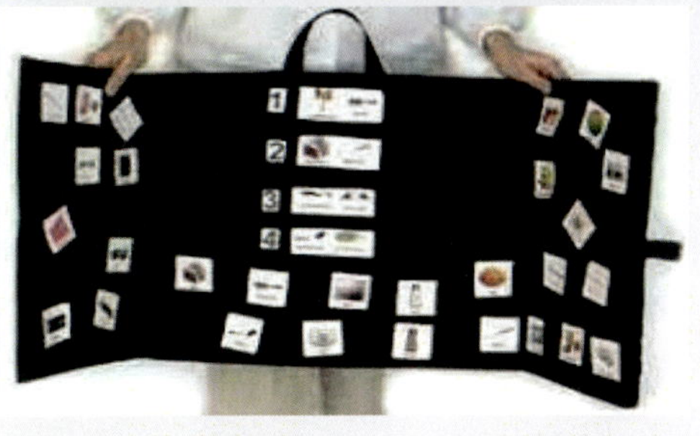

대비를 높이고 복잡성을 줄이기 위해 검은색 밸크로 수직 보드 사용

주변 환경의 복잡성을 줄이기 위해 검은색 커튼 사용

주변 환경의 복잡성을 줄이기 위해 검은색 가림막 사용

06 특정 시야 선호

일반적으로 CVI 아동은 시각적 대상을 볼 때 선호하는 시야가 있다. 이제 막 시각을 사용하기 시작한 아동(CVI Ⅰ단계 아동)은 보아야 하는 대상이 왼쪽이나 오른쪽 주변 시야 영역(방향)에 눈높이 정도로 제시될 때 눈으로 더 잘 응시하고 주의하는 경향이 있다. 또한 이들 아동은 하측(아래쪽) 시야 영역(방향)에 있는 대상을 알아차리는 데 어려움이 있는 데, 이를 '하측 시야 결함'이라 부른다.

CVI에 관한 Dutton 박사의 논문에 따르면, 안구에서 뇌로 이어지는 시각 경로는 뇌의 수분 공간(water spaces in the brain)과 매우 가까운 데 뇌에서 손상 가능성이 가장 높은 부위가 양쪽 눈의 하측(아래쪽) 시야 기능를 담당하는 신경 섬유들(fibres)이다. 이러한 손상 때문에 하측 시야 결함 정도는 앞쪽의 모든 지면(바닥면)이 보이지 않는 심한 하측 시야 결함부터 1~2미터 떨어진 지면만 보이지 않는 심하지 않은 하측 시야 결함까지 다양하다.

하측 시야의 결함으로 계단 내려가기의 어려움

필요에 따라 흰지팡이 사용 교육 실시

07 빛

빛(조명)은 CVI 아동에게 때로는 긍정적인 영향을 줄 수도 있고 부정적인 영향을 줄 수도 있다. 따라서 아동의 활동 및 과제와 관련이 없는 빛은 가급적 차단하되, 시각적 주의를 유도하고자 의도적으로 빛(조명 기구)을 사용할 수 있다. CVI 아동이 이제 시각을 막 사용하기 시작한 아동(CVI Ⅰ단계 아동)이라면 목적 없이 빛을 오랫동안 응시하는 모습이 자주 관찰될 수 있다. 때때로 빛은 아동의 시각적 주의를 분산시키거나 지금 수행해야 할 과제를 보는 것을 방해하기도 한다. 그러나 교사 및 부모는 CVI 아동의 '빛에 대한 요구(끌림)' 특성을 고려해 빛이 나오는 대상(조명을 부착한 물체 등)을 사용해 시각적 대상을 바라보도록 유도하고 연습할 수 있다. 손전등으로 대상을 비추면 아동이 대상을 바라보도록 시각적 주의를 유도하는 데 도움이 될 수 있다.

CVI 아동이 근거리 및 중간 거리에 있는 대상에 주의를 하는 시각적 행동을 증가시키려면 대상에 조명을 비추어 강조하는 국부 조명법(SpotLIGHTing: 무대의 한 부분이나 특정한 인물만을 특별히 밝게 비추는 조명 방식이나 기술)을 사용할 수 있다. 이 전략은 매우 간단하고 사용하기 쉽다. 빛을 자주 응시하는 특성을 가진 CVI 아동이라면 대상에 대한 시각적 주의를 높이는 데 조명을 사용하는 것이 도움이 될 수 있다. 아동이 빛에 민감하거나 빛에 의해 발작(간질)이 일어날 수 있다면

이 전략을 사용하지 않거나 유의해야 한다.

국부 조명법(SpotLIGHTing)을 사용할 때 고려사항은 다음과 같다. 결국 이러한 중재 전략의 최종 목표는 시각적 대상(물체, 자료 등)에 손전등을 비추어 강조하지 않더라도 CVI 아동이 보아야 하는 대상에 시각적 주의를 잘하고 유지하는 것이다.

- 최소 300루멘(lumens) 밝기의 손전등(flashlight)을 사용하고, 1,000~1,200루멘을 추천한다. 다만 아동의 눈에 손전등을 직접 비추지 않도록 한다.
- 장난감, 대상 또는 그 밖에 아동이 흥미를 보이는 아이템(items)을 제시할 때 손전등을 비춘다.
- 아동의 어깨 뒤에서 대상(물체 등)에 손전등을 비추어야만 아동이 광원을 직접 바라보는 것을 피할 수 있다.
- 작고 강력한 손전등을 사용하는 경우, 손전등과 대상 간에 가까운 거리를 유지하여 손전등이 대상만을 비추도록 한다.
- 아동이 보아야 할 대상에 손전등을 비출 때 대상으로부터 빛이 반사되는 눈부심을 피하려면 대상의 각도와 위치를 조절할 필요가 있다.
- 아동이 가장 선호하는 시야 영역(방향)에 대상을 제시하고 손전등을 비춘다. CVI 레벨 1 전략이 도움이 되는 아동의 경우, 눈과 사물 간의 거리를 90cm 이내로 유지하는 것이 효과적이다.
- 처음에는 아동이 불빛(조명)이 나오는 대상을 사용해 시각적 주의를 하도록 촉진해야 할 수 있다. 그리고 아동이 대상을 바라보는 행동을 촉진해야 한다면 주변 환경의 복잡성을 줄이고 청각 및 촉각 자극들도 차단하면서 이 과정을 반복할 필요가 있다.
- 조명이 부착되어 있거나 빛이 나오는 대상을 사용하면 아동이 다양한 과제와 활동에 참여하도록 촉진할 수 있다. 예를 들어, 아동이 불빛이 나오는 대상을 향해 손을 뻗는 것, 대상을 손으로 흔들거나 두드리는 것, 기능적 목적으로 대상을 조작해 사용하는 것(음료를 마시기 위해 컵을 잡는 것) 등이 향상될 수 있다.

필요에 따라 대안적인 국부 조명법을 사용할 수도 있다. 예를 들어, 종이로 된 학습지 뒤쪽에서 개별 문자나 이미지에 손전등을 비출 수 있다. 이를 통해 페이지(종이)를 바라보는 아동은 페이지에서 바라보아야 하는 대상이 밝게 빛나는 것을 볼 수 있다. 그리고 일부 아동은 학습 자료에 탁상용 보조 조명을 가까운 곳에 놓고 비추면 자료의 밝기가 증가되어 시각적 주의를 하는 데 도움이 된다. 특히 CVI 아동이 자신의 시각을 이제 막 사용하기 시작한 경우, 조명이 부착되거나 불빛이 나오는 사물들을 사용하면 아동이 더욱 일관되게 대상을 바라보는 시각 기능(기술)을 익힐 수 있다.

사 례

어머니는 CVI로 진단된 Andrew가 자신의 얼굴을 한 번도 바라본 적이 없다고 말했다. 어머니는 Andrew가 햇빛이 들어오는 창문을 자주 쳐다보았고, 빛이 나오거나 조명이 부착된 장난감과 물체를 보는 것을 좋아한다고 말했다. 더욱이 Andrew는 가까운 거리(90cm 이내)에 제시되는 대상의 경우, 빨간색처럼 밝고 강렬한 색상의 대상에 시각적 주의를 잘 한다고 말했다. 나는 Andrew가 '엄마의 얼굴을 응시하지 않는다'는 시각 문제에 대한 중재 방법으로, 어머니에게 빨간색의 반짝이는 테로 된 안경을 착용하고 Andrew와 일과 활동을 하도록 제안하였다. 6개월 후, 나는 CVI 부모 모임에서 Andrew의 어머니를 다시 만날 기회가 있었다. Andrew의 어머니는 나를 보자마자 울기 시작했다. 나는 "아, 무슨 일이 일어났나요?"하고 걱정했다. 그러나 나는 곧 그녀가 기뻐서 눈물을 흘렸다는 것을 알게 되었다. 어머니는 빨간색의 반짝이는 테로 된 안경을 쓰자 Andrew가 자신의 얼굴을 응시하기 시작했고 이제 엄마 얼굴을 알아보게 되었다고 말했다.

그리고 나는 CVI 레벨 3 전략이 도움이 되는 CVI 아동(CVI Ⅲ단계)의 경우, 학습 활동에 탁상용 보조 조명을 사용하면 아동이 학습 자료에 시각적 주의를 기울이거나 유지하는 데 도움이 된다는 것을 자주 경험했다. 그리고 불빛이 나오거나 조명을 비춘 대상을 보행의 방향정위 랜드마크/단서로 사용하는 것도 독립 보행에도 도움이 되었다.

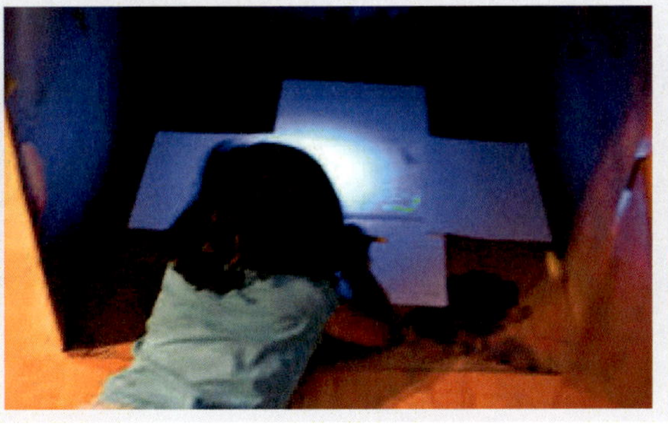
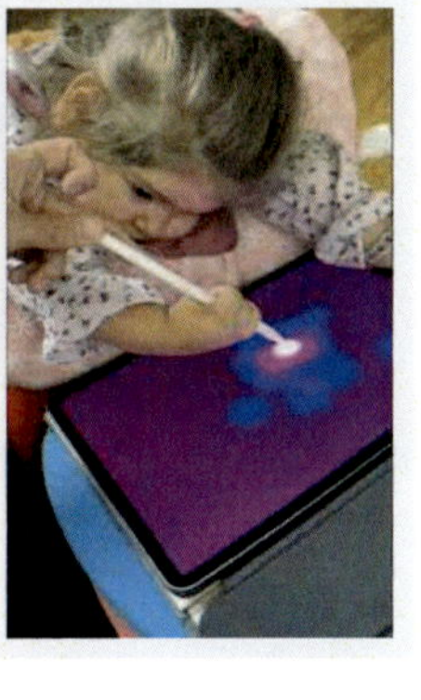

손전등, 태블릿 기기, 라이트박스 등 조명을 사용한 중재 사례

08 친숙성

친숙성(Familiarity)이란 자주 보아서 익숙한 것을 말하며, 새로움이나 생소함의 반대되는 개념이다. CVI 아동에게 '친숙성'이란 아동이 바라보아야 하는 대상이나 자료가 얼마나 익숙한지를 의미한다. CVI 아동의 경우, 자신이 자주 보아왔던 시각적으로 친숙한 대상은 바라보거나 주의할 수 있지만, 새롭거나 낯선 대상은 시각적으로 무시하는(눈을 마주치지 않거나 피하는) 경향을 보인다. 특히 이제 막 시각을 사용하기 시작한 아동(CVI Ⅰ단계)에게 흔히 나타난다.

사 례

나는 Kate가 24개월쯤 되었을 때 처음 만났다. Kate는 이제 막 시각을 사용하기 시작했고, 밝은 조명과 녹색의 대상(물체)에만 시각적 주의를 하는 모습을 보였다. 최초 평가(CVI Range 포함)에선 Kate가 자신의 시각을 거의 사용하지 않았기 때문에 CVI의 '시각적 새로움의 어려움' 특성이 있는지 여부를 확인하기 어려웠다.
그 이후 6개월 간 어머니는 내가 제안한 중재 전략을 Kate에게 사용한 후 아이가 시각을 보다 일관되게 사용하게 되었다고 말했다. 최초 평가로부터 7개월 후에 Kate를 재평가 했다. 나는 재평가를 위해 어머니에게 Kate가 집에서 사용해 온 시각적 대상(물체 등)을 모두 가져오라고 부탁했다. 나는 평가 과정에서 일반적으로 시각을 막 사용하기 시작한 CVI 아동에게 적합한 '빛이 나고 밝은 색상의 대상(사물)'을 Kate에게 사용했다. 그러나 Kate는 이들 대상에 거의 반응을 보이지 않았다. 나는 어머니가 집에서 사용했던 대상(사물)을 사용해 다시 평가하자 Kate는 시각적으로 반응하기 시작했다. Kate는 자신이 좋아하고 친숙한 시각적 대상(물체 등)과 상호작용하려고 손을 뻗어 잡기까지 했다.

'친숙성'을 활용한 CVI 중재는 이제 시각을 막 사용하기 시작한 CVI 아동(CVI Ⅰ단계 아동)에게 매우 효과적인 전략이다 아동이 시각을 더 잘 사용하기 시작하면 '친숙성'의 필요성은 감소하게 된다. '친숙성' 여부, 즉 시각적 대상이 익숙한 것인지 아니면 새로운 것인지가 시각 사용에 많은 영향을 받는 아동이라면, 아동이 시각적 주의를 기울이는 것(물체 등)이 무엇인지 알아낸 다음, 그것의 특성과 공통점(유사성)이 있는 대상들을 찾아 사용하거나 공통된 특성에 해당하는 부분을 새로운 대상에 '부착'해 사용할 수 있다. 예를 들어, 아동이 반짝이는 마일라 종이 재질의 쇼핑백에 친숙하고 그것을 바라보는 것을 좋아한다면, 이러한 쇼핑백을 오려 아동이 바라보기를 바라는 새로운 대상에 오린 조각을 붙일 수 있다. 그러면 아동은 새로운 대상에도 시각적으로 주의를 기울이기 시작할 것이다.

빛에 반짝거리는 은색과 금색의 마일라 종이 쇼핑백

제3장

CVI 레벨 1 전략

01 일반 고려사항

CVI 레벨 1 전략이 도움이 되는 아동은 일반적으로 자신의 시각을 이제 막 사용하기 시작한 CVI Ⅰ단계에 해당한다. 이 레벨의 아동은 광원(햇빛, 조명), 밝은 단색의 물체, 천천히 움직이는 대상(사물)에 시각적 주의를 한다. 이 레벨의 아동이 시각을 사용하려 할 때 주변의 환경 및 감각 정보를 차단하거나 최소화하는 것이 필요하다(감각 환경의 복잡성으로 인한 시각 사용의 어려움 고려). 그리고 아동이 바라보아야 하는 시각적 대상은 팔이 닿을 정도의 가까운 거리에 1-2개 정도만 제시하되, 넓은 간격으로 배치(배열)되어 있어야 시각적으로 인식할 수 있다(배열의 복잡성으로 인한 어려움 고려).

이 레벨의 아동에게 가급적 한 번에 한 개의 대상만을 제시하되, 이 때 대상과 배경 간의 대비가 높은 것이 좋다. 그리고 아동의 눈높이 정도로 왼쪽이나 오른쪽 시야 영역(방향)에 대상을 제시해야 시각적 반응이나 주의를 가장 잘한다. 하측(아래쪽) 시야 영역(방향)에 위치한 대상을 알아차리거나 시각적 주의를 하는 경우는 드물다. 그리고 아동은 반복적으로 보아왔던 친숙한 대상(사물)을 선호한다(시각적 새로움의 어려움 고려). 즉 처음보거나 생소한 대상에는 시각적 주의나 관심을 보이지 않는다. 또한 시각적 피로를 잘 느끼며, 눈-손 협응에도 어려움이 크다.

이 레벨의 아동에게는 대상을 반복적으로 노출하는 것이 중요하다. 매번 동일한 사물을 동일한 절차에 따라 제시하면 아동이 사물에 친숙해지고 해당 사물을 제시했을 때 반응하는 시간도 빨라질 수 있다.

그리고 같은 사람이 동일한 방식으로 아동과 활동하거나 중재하는 것이 좋다. 특히 아동의 매일 반복되는 일과 활동, 즉 루틴(Routines)을 사용해 중재하는 것이 매우 효과적이다.

이 책 7장의 'CVI 기술 평가 및 전략 개발 양식(CVI Skills Inventory & Strategies Worksheet)'은 아동에게 사용할 수 있는 최상의 전략을 결정하는 데 도움이 된다. 이 양식의 작성을 위해 우선 CVI 아동의 부모와 면담을 하는 것이 필요하다. 아동에 대한 직접 평가가 아동의 집이 아닌 외부 평가실에서 이루어지는 경우, 부모에게 평소 아동이 가장 좋아하고 많이 바라보는(시각적 관심을 갖는) 물건들을 집에서 가져오도록 요청한다. 또한 평가자는 아동이 복용하는 처방약을 확인하는 것도 필요하다. 일부 약물은 아동을 졸리게 하는 등 평가 과정의 참여와 결과의 신뢰도에 영향을 줄 수 있다. 평가 중에 아동이 시각적 피로 여부, 과도한 자극 여부, 스트레스의 징후 등을 관찰하고, 주기적으로 시각적 휴식 시간을 주는 것이 필요하다. 그리고 아동에게 시각적 대상을 제시할 때 천천히(느린 속도) 제시하고, 아동이 대상을 바라보고 반응할 시간을 충분히 주어야 한다.

사 례

피질 시각장애 진단을 받은 9세 Gina는 현재 CVI의 Ⅲ단계의 시각 기능을 사용한다. Gina는 학습에 시각을 잘 사용하는 편이지만 시각을 사용할 때 다양한 감각 정보가 동반되면 시각 기능을 사용하는 데 어려움을 보인다. Gina의 경우, 여러 감각 정보가 시각 정보와 경쟁하지 않도록 '다른 환경과 감각 정보'를 통제하지 않으면 Gina는 감각 자극을 참아내면서 시각 과제에 주의를 유지하며 수행하는 데 힘들어 한다. 따라서 부모와 교사는 Gina 주변의 여러 감각 정보를 주의 깊게 살펴보고, Gina에게 전달되는 정보의 양과 강도를 적절한 수준으로 줄여 주어야 한다.

하루 중 CVI 유아나 아동의 정신이 각성되어 학습할 준비가 되어 있는 시간에 중재 활동을 실시하는 것이 효과적이다. 아동이 잠이 덜 깨어 있거나 정신이 몽롱해 활동에 참여할 준비가 되어 있지 않다면, 먼저 청각(소리), 촉각 자극 등을 사용하는 것이 도움이 될 수 있다. 내가 가장 선호하는 것은 길다란 진동 안마기나 또는 '진동하는 장난감'이었다.

여러 가지 진동 기기와 놀이 기구

레벨 1 CVI 아동의 시각 사용을 위해 적절한 신체 위치와 자세가 중요하다. 물리치료사나 작업치료사와 협력하여 아동에게 가장 적합한 자세를 확인하고, 이러한 자세를 위해 어떠한 자세 보조 기기가 필요한지를 결정한다. 아동이 자신의 몸과 팔을 스스로 움직일 수 있는 나이가 되면 불빛이 나오거나 조명 기능이 있는 장난감이나 사물, 또는 빛에 반짝거리는 재질의 물체를 사용한다. 그러면 아동이 이러한 사물을 향해 손을 뻗어 접촉하는 신체 동작을 촉진할 수 있다. 다만 아동에게 간질(뇌전증)이 있는지를 부모에게 사전에 확인하고, 간질을 촉발하는 요인들이 무엇인지 기록한다. 간질(발작)을 촉발하는 요인으로 '빛의 반짝임'이 해당된다면 CVI 중재 도구로 불빛이 나오거나 반짝이는 물체를 사용하지 않도록 한다. 이와 관련해 아동이 수두증 등으로 뇌에 션트(VP shunt) 삽입 수술을 하였는지도 확인하는 것이 중요하다.

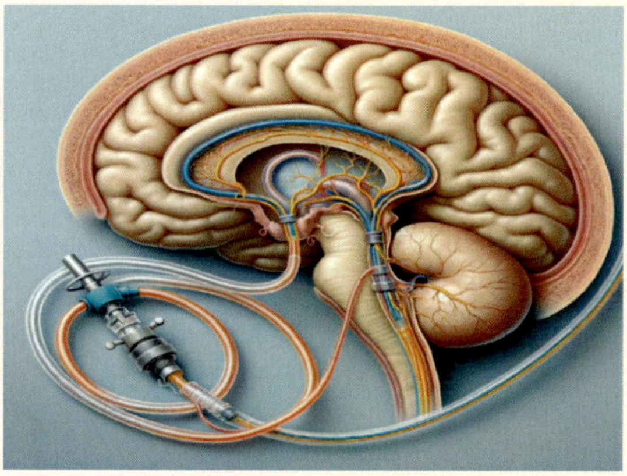

뇌실 복강 션트(단락술) 수술

02 환경 및 감각 정보의 제시 – CVI 레벨 1

시각을 사용하는 학습을 진행할 때 청각적 방해 요소를 줄이거나 차단하는 것이 필요하다. 주변의 TV와 라디오를 끄거나 목소리가 크고 시끄러운 아동으로부터 멀리 떨어져 앉도록 한다. 수업 중에 휴대폰이 울리지 않도록 끄거나 무음으로 설정하고, 교실에 있는 다른 사람들에게도 조용히 하도록 요청한다.

학습에 청각이 매우 효과적으로 사용될 수 있지만, 시각을 사용해 학습 대상을 바라보고 해석하는 데 많은 노력과 지원이 필요한 CVI 레벨 1 아동은 시각을 사용해 정보를 보기보다 청각 정보를 더 주의하거나 집중하는 경향이 있다. 예를 들어, CVI 아동 주변에 TV가 켜져 있고 화면에서 노래 프로그램이 나오는 경우, 아동은 노래 소리(청각)에만 주의를 기울이고 학습해야 할 정보는 무시하거나 응시하지 않을 수 있다. 따라서 TV를 끄면 시각을 사용해야 하는 학습에 더욱 주의를 잘 기울일 수 있게 된다.

마찬가지로, 시각을 사용한 학습이 진행될 때 촉각적 방해 요소를 줄이는 것도 필요하다. 부모나 교사는 아동에게 '수고했다 또는 잘했다'라는 표현으로 등이나 어깨를 쓰다듬거나 두드리고 싶은 마음을 참아야 한다. 그리고 아동이 활동을 수행하는 중에 무언가에 부딪히지 않도록 정리 정돈하는 것도 필요하다. 아동이 과제 수행을 위해 무언가를 만져보도록 해야 하는 경우, 손 아래 손 안내법(Hand-Under-Hand Technique)을 사용할 수 있한다. 손 아래 손 안내법은 아동의 손 아래에 교사의 손을 두어 교사가 사물을 손으로 탐색할 때 아동이 교사의 손의 움직임을 통해 탐색 방법이나 기술을 자연스럽게 배우거나 점차 혼자서 사물에 접근하도록 도울 수 있다.

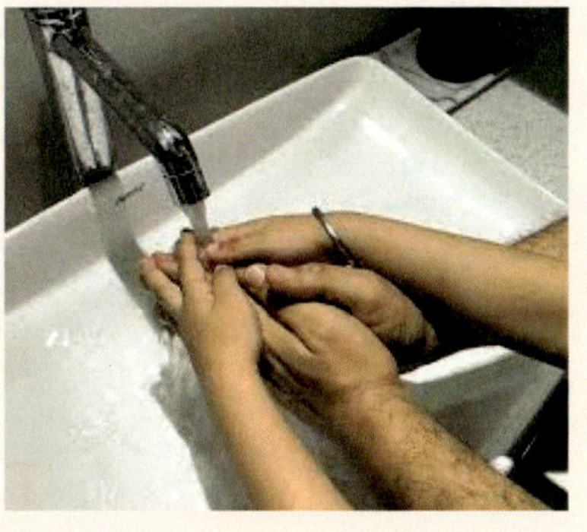

손 아래 손 안내법을 활용한 지도 장면

사 례

생후 1년 7개월된 Kate는 손가락 빨 때 가장 큰 즐거움을 얻는다. Kate는 손가락을 빨 때 다른 모든 것들을 무시하는 모습을 보인다. 나는 Kate를 평가하는 동안 손 아래 손 안내법을 사용해 Kate가 얼굴에 손을 가까이 하지 않도록 함으로써 Kate가 앞에 있는 빛나는 시각적 대상(사물)을 바라보게 하였다. 그 다음 Kate는 시각적 대상(사물)을 만지기 위해 손을 뻗기 시작했다. 다만 Kate의 손이 다시 입으로 들어가면 다시 시각을 사용하지 않고 촉각 자극에만 집중하는 모습을 보였다. 따라서 Kate에게 이것을 지속적으로 중재하는 것이 필요하다.

CVI 아동의 시각적 주의 집중을 방해할 수 있는 요소(예: 누군가가 갑자기 아동 옆으로 지나가거나 주변에서 서성이는 행위)를 줄이거나 차단하는 것이 필요하다. 이 때 검은색의 접이식 커튼이나 칸막이를 사용하거나 아동이 이러한 것을 보지 않도록 자세나 자리 배치를 조정하면 시각적 주의를 산만하게 하는 주변의 시각적 방해 요소를 줄일 수 있다.

아동 가까이 있는 벽과 게시판은 단순하고 복잡하지 않아야 한다. 만일 벽이 여러 가지 사진이나 장식물로 복잡해 보인다면, 검은색 커튼을 사용해 불필요하고 복잡한 시각 정보를 가리는 것이 도움이 될 수 있다. 그리고 밸크로 기능이 있으며 세탁이 가능한 검은색 시트를 사용하면 복잡한 요소를 가리면서 시트에 필요한 학습 자료나 교구를 부착할 수 있다.

바닥에 사용하는 카펫은 무늬가 없는 단순한 형태의 카펫이어야 하며, 시각적 대상과 대비되는 어두운 계열의 단색이 좋다. CVI 아동이 사용하는 장난감과 학습 자료를 무늬가 있는 카펫이나 매트에 놓으면 무늬와 뒤섞여 찾거나 알아보기 어렵다.

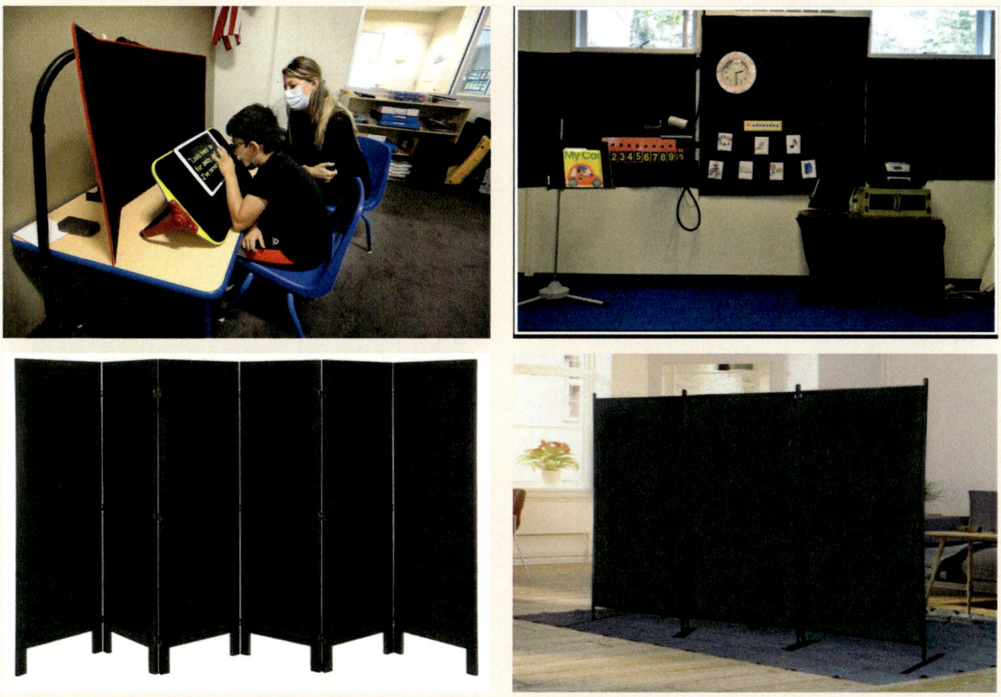

환경의 복잡성을 감소시키기 위한 다양한 환경 수정 사례

햇빛이 들어오는 창문으로부터 아동을 멀리 떨어지거나 등지도록 자리를 배치한다. 아동은 광원에 시각적으로 끌리게 되면 앞에 있는 사물이나 자료를 바라보거나 주의를 기울이지 않을 수 있다.

부모와 교사는 밝고 반짝이는 장신구를 옷이나 신체에 착용하는 것을 삼가는 것이 좋다. 특히 목걸이가 움직이거나 흔들리는 경우, CVI 아동의 시각적 주의가 산만해지고 방해받을 수 있다. 따라서 레벨 1의 아동과 함께 활동하는 사람들은 가급적 검은색 계열의 단색 옷을 입을 것을 추천한다. 부모나 교사의 검은색 계열 옷은 아동이 보아야 하는 시각적 대상과 대비를 높이고 주변의 시각적 복잡성을 줄여줄 수 있다. 반짝이는 천이나 스팽글이 달린 옷들은 시각적으로 방해가 된다. 따라서 부모와 교사는 검은색 간편복이나 앞치마를 구비하여 CVI 아동과 활동할 때 착용하도록 한다.

무늬 셔츠

스팽글 부착 티

무늬없는 단색 옷

검은색 계열의 앞치마

강한 냄새의 향수 같은 후각 자극도 아동의 시각 사용과 주의 집중을 방해할 수 있으므로 교사는 가급적 사용하지 않는 것이 좋다. 집 부엌에서의 강한 요리 냄새, 강한 향이 나는 방향제나 탈취제도 이제 막 시각을 사용하기 시작한 레벨 1 아동의 시각적 주의를 방해할 뿐만 아니라 불쾌감을 줄 수 있다. 그리고 쾌적한 실내 온도를 유지하는 것이 시각적 주의에 도움이 된다. CVI 영유아의 경우, 손가락을 빨거나 공갈 젖꼭지를 사용하는 행위가 시각적 주의를 방해할 수 있으므로, 시각적 활동을 할 때는 잠시라도 사용하지 않는 것이 필요할 수 있다.

03 근거리/중간 거리/원거리 보기 - 레벨 1

레벨 1 전략이 도움이 되는 아동은 일반적으로 30-90cm 거리에 시각적 대상(visual targets)을 제시하는 것만으로 아동의 시각적 주의를 유도하는 데 도움이 된다. 그리고 아동에게 검은색 계열의 경사 보드, 독서대, 밸크로 기능이 있는 접이식 보드, 무광 화이트 보드를 사용하면 시각적 대상과 아동의 눈 간에 거리가 더 가까워지고 하측 시야 결함도 보상할 수 있으며, 검은색 계열을 사용하면 대상과의 대비를 높일 수 있다. 그리고 CVI 아동의 시각적 주의를 높이기 위해 아동이 선호하는 왼쪽이나 오른쪽 시야 영역(방향)에 눈높이 정도로 시각적 대상을 제시하는 것이 좋다. CVI 아동은 하측(아래쪽) 시야 영역(방향)의 시각적 대상을 감지하는 데 어려움을 보이는 데, 이를 하측 시야 결함이라고 한다. 그리고 아이패드(iPad)나 태블릿 기기를 사용할 때도 검은색 계열의 거치대를 사용해 아동의 눈높이로 조정하는 것이 도움이 될 수 있다.

검은색 경사 보드

검은색 접이식 수직 보드

검은색 거치대

아이패드나 태블릿 기기를 사용할 때 주의할 점은 '뇌에 삽입한 션트에 프로그래밍 가능한 밸브 설정(programmable valve setting in their shunt)'을 하고 있는 아동은 태블릿 기기를 사용할 때 너무 가까이 보지 않도록 한다. 그 이유는 외부 기기의 자기적/전기적 성질이 션트 프로그램 설정에 영향을 미쳐 밸브 설정을 임의로 변경시킬 수 있기 때문이다. 몇몇 연구들에서 아이패드 같은 태블릿 기기가 션트 수술 아동의 션트 프로그래밍 밸브 설정을 변경한 것이 확인되었다. 따라서 이들 아동은 8cm 이내 거리에서 사용하지 않도록 하고, 부모와 교사에게 아이패드 및 태블릿 기기의 사용 시 이를 전달할 필요가 있다.

CVI 아동은 원거리에 있는 대상을 보는 데 어려움이 있으므로(시력의 문제가 아니라 거리가 멀어질수록 아동의 시야에 보이는 것들이 많아져 시각적 복잡성이 증가해 생기는 보기 어려움), 따라서 놀이나 일상 활동 중에 아동이 좋아하는 장난감이나 물건을 제시하는 거리를 단계적으로 늘려나가는 것이 필요하다. 부모나 교사가 장난감이나 물건을 천천히 움직여 주면(CVI 고유한 특성 중 '움직임에 대한 끌림' 특성을 활용) 아동이 대상에 시각적 주의를 기울이고 유지하는 데 도움이 된다.

컴퓨터 자판의 복잡성 줄이기 위해
가까이 다가가 보는 아동 사례

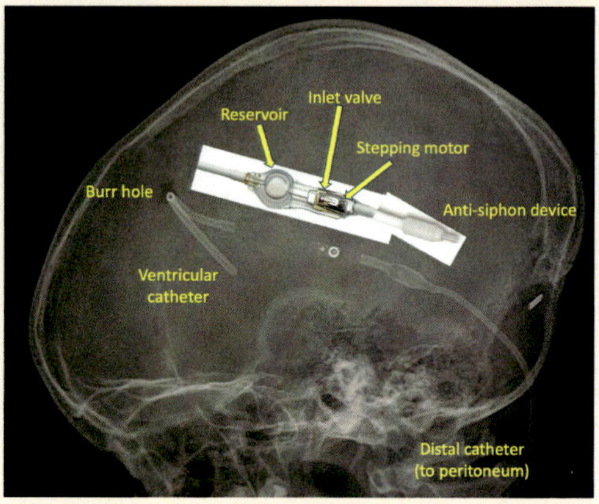

뇌의 프로그래밍 가능한
션트 밸브 장치 사진

04 시각적 대상 - 레벨 1

CVI 아동에게는 빨간색이나 노란색의 단색 사물을 사용하는 것이 시각적 반응이나 주의를 높이는 데 도움이 된다. 아동에 따라 형광색의 다른 단색을 선호하는 경우도 있으므로, 아동이 시각적 주의를 잘 하는 색상을 파악하는 것이 필요하다. 그리고 아동에게 적절한 시각적 대상을 선정하고, 대상을 움직여(움직임에 대한 끌림 특성 고려) 주면 아동이 대상에 시각적 주의를 더 잘할 수 있다. 또한 손전등을 이용해 대상에 빛을 비추어 주는 국부 조명법(SpotLIGHTing)도 아동의 시각적 주의와 인식에 도움이 된다. 직접 조명을 비추지 않더라도 빛을 반사하여 반짝이는 속성의 사물을 사용하는 것도 도움이 된다. 예를 들어, 마일라 재질로 만든 빨간색이나 노란색 털뭉치 등이 있다.

'움직임(movement)'의 속성이 있는 시각적 대상을 사용하는 것은 시각적 주의에 도움이 된다(예: 느리게 위 아래로 움직이는 빨간색이나 노란색 슬링키 등). 이 때 슬링키와 퍽 조명(puck light: 빛에 대한 끌림 특성 고려)을 조합해 사용하는 것도 효과적이다.

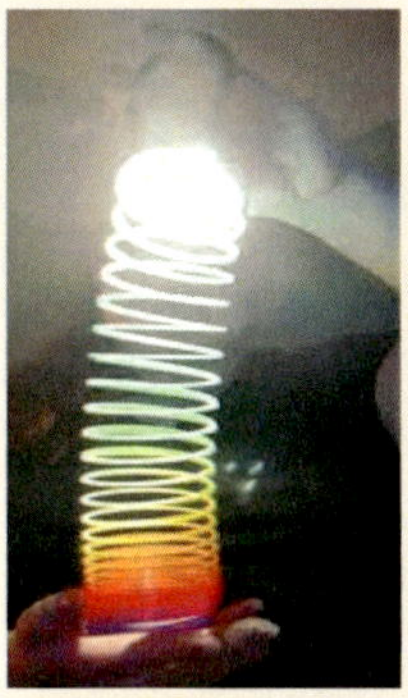

슬링키와 퍽 조명의 조합 사용

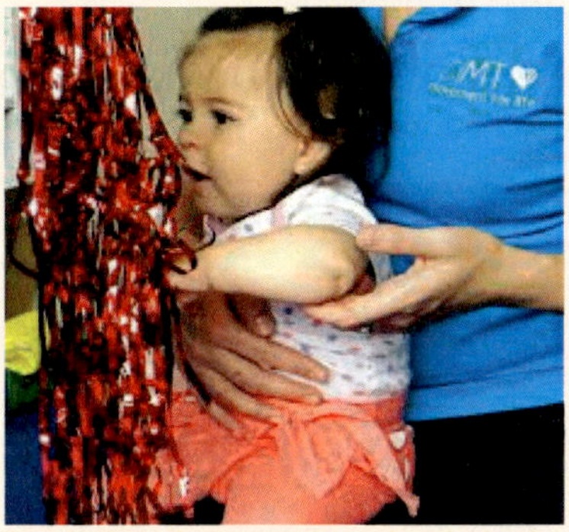

빛을 반사하는 속성의 마일러 털뭉치

마일러 종이를 사용한 방향 개념 학습자료

그리고 CVI 레벨 1 아동에게는 시각적 대상(사물)을 제시할 때 한 번에 한 개씩 제시하는 것이 필요하다. 경우에 따라 시각적 대상과 소리 단서(예: 간단하고 짧은 청각 신호)를 조합하면 아동의 대상을 응시하도록 촉진하는데 도움이 되기도 한다.

레벨 1 아동은 시각을 사용하는 데 3차원 구체물(실물)이 더 유용하다. 아동에게 일일, 주간, 월간 일과표를 제공할 때 일과 시간에 아동에게 의미 있는 경험을 제공하는 실물을 사용할 수 있다. 예를 들어, 컵 그림보다는 아동이 사용한 실제 컵을 활용하는 것이다. 그리고 실물을 제시할 때 대비가 높은 배경에 제시하는 것이 더 효과적이다. 마치 어두운 색상 접시에 밝은 색상의 간식을 놓거나 밝은 색상의 접시에 짙은 색상의 간식을 놓는 것과 같다.

CVI 아동에게 일과 활동 안내를 위한 캘린더(밸크로 부착형, 칸막이 상자형 등)유형

다음의 전략을 아동에게 사용해 보고, 대상에 대한 아동의 시각적 반응의 변화를 관찰한다.

- 아동에게 사용하는 사물의 색상을 일관되게 유지한다. 예를 들어, 아동이 빨간색에 시각적으로 끌리는 경우, 학교 및 집에서 식사나 간식 시간에 빨간색 컵을 사용한다. 아동이 색상을 통해 컵을 잘 바라보고 알아볼 수 있게 되면 점차 다른 색상의 컵을 도입할 수 있다.
- 아동의 시각적 주의를 유도하는 데 빨간색, 노란색, 보라색, 주황색 같은 밝은 원색이나 형광색이 더 효과적이다.
- 아동이 상대방의 얼굴을 응시하도록 촉진하는 데 색상을 사용할 수 있다. 밝은 빨간색 립스틱, 빨간색이나 빛을 반사하는 안경테, 빨간색 마일라 재료로 만든 머리 띠 등을 착용하면 아동이 부모나 주변 사람의 얼굴에 주의를 기울이고 얼굴을 탐색하고 알아보기 시작한다. 빨간색의 메이크업이나 장신구가 얼굴에 시각적 주의를 유도하고 유지하는 '시각적 닻(anchor)'으로 역할을 할 수 있다.

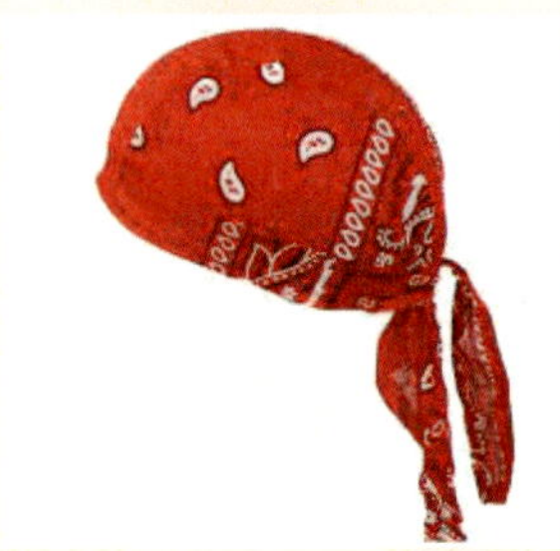

빨간색 두건

빨간색 머리 밴드

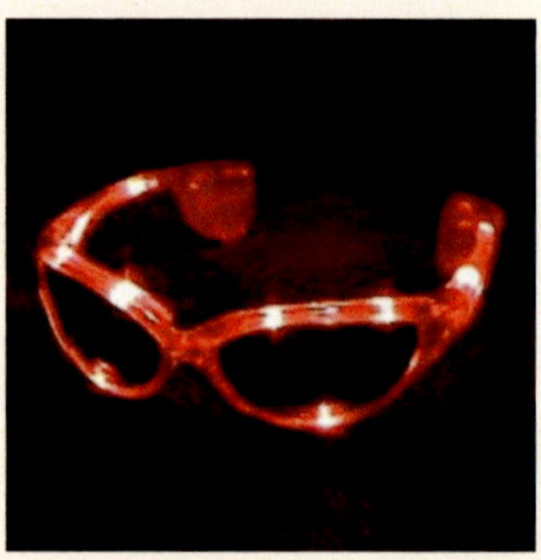

빛을 반사하는 안경테

CVI 아동은 사람의 얼굴을 관찰하고 식별하는 데 어려움을 겪는다. 연구자들은 신생아가 대상(사물)에서 높은 대비를 만드는 경계면에 시각적으로 주의하는 경향이 있다는 것을 발견했다(University of Michigan, 1970). 따라서 신생아는 사람의 얼굴을 볼 때 헤어라인이나 얼굴의 가장자리를 더 잘 볼 수 있다. 생후 2개월이 된 영아는 얼굴의 내부 요소(눈, 입, 코)을 보기 시작하고, 생후 4~5개월이 되면 일반적으로 부모 등 자주 보는 사람의 얼굴을 식별할 수 있다.

따라서 대비가 높은 경계선을 만들어 주면 아동의 시각적 주의와 인식을 촉진할 수 있다. 엄마와 아빠의 머리카락이 피부색과 비슷하다면 대비되는 색상의 머리 밴드나 두건을 사용하는 것이 부모의 얼굴에 시각적 주의를 하고, 점차 얼굴을 인식하도록 도울 수 있다. 아동이 상대방의 얼굴을 바라보고 인식하도록 밝은 빨간색 립스틱으로 입술을 칠하거나 밝은 색상의 안경테로 된 안경을 착용할 수도 있다.

05 공간 구조와 시각적 배열 - 레벨 1

CVI 레벨 1의 전략이 도움이 되는 아동은 매우 제한적인 배열, 즉 한 번에 한 두 개 정도의 대상만 제시하는 단순한 시각적 배열이 필요하다(배열의 복잡성으로 인한 어려움 고려). 한 두 개의 대상을 제시할 때도 일반적으로 아동이 선호하는 시야 영역(방향)에 대상을 놓는 것이 도움이 된다. 또한 레벨 1 아동은 하측 시야 결함이 있으므로 아래쪽에 있는 사물을 볼 수 있다고 확신하기 전까지 대상을 하측 시야 영역에 제시하지 않는 것이 좋다. 경사 보드나 수직 보드를 사용하면 아동의 눈높이 부근에 시각적 대상을 제시할 수 있다.

또한 2개 이상의 시각적 대상(사물)을 제시하거나 사용해야 하는 경우, 대상들 간에 넓은 간격을 유지하는 것이 시각적 주의와 인식에 도움이 된다. 그리고 사물이 사용되는 작업대(책상, 탁자 등)는 시각적으로 어수선하지 않게 불필요한 것을 치우거나 정리 정돈해야 한다. 작업대에는 휴대폰의 벨소리가 나지 않게 무음 설정을 하고, 열쇠 고리 같이 움직이면 소리가 나는 것들도 아동의 시각적 주의를 방해하지 않게 치워둔다. 또한 대상이 제시되는 배경(면)은 대상과 대비되는 단색이 효과적이므로 테이블보나 식탁 매트 등을 활용할 수 있다.

아동이 일상에서 보다 시각을 잘 사용하도록 하려면, 부모나 교사는 아동의 얼굴 옆에 자신의 얼굴을 위치시켜 아동의 시야에 무엇이 보이고 주변 환경이 복잡하지 않은지 점검하는 것이 필요하다. 그러면 아동이 지금 바라보는 시야에 대상이 1개만 있는지, 주변 배경이 복잡한지 등을 확인해 아동의 관점에서 환경을 수정할 수 있다.

06 대비 – 레벨 1

교사와 부모는 시각적 대상과 대비가 되는 색상이면서 무늬가 없는 단순한 옷을 입을 필요가 있다. CVI 아동과 활동을 할 때만 검은색 작업복이나 검은색 앞치마를 착용하는 것도 방법이다.

대형 사이즈의 검은색 천이나 시트를 사용해 시각적 주의에 방해가 되거나 복잡한 요소를 가릴 수 있다. 예를 들어, 아동이 보아야 하는 시각적 대상의 뒤쪽에 책장, 장식물 같은 복잡한 부분을 검은색 천이나 시트로 덮을 수 있다. 그리고 아동이 시각적 대상을 잘 바라보고 인식하도록 벨크로 기능이 있는 검은색 보드, (Invisiboard, All-In-One board, APH 판매)를 사용할 수 있다. 만일 어두운 색상의 대상을 사용할 경우, 흰색 천이나 흰색 시트를 사용할 수 있다.

교사의 무늬없는 단색 옷

검은색 계열의 앞치마

수직 보드

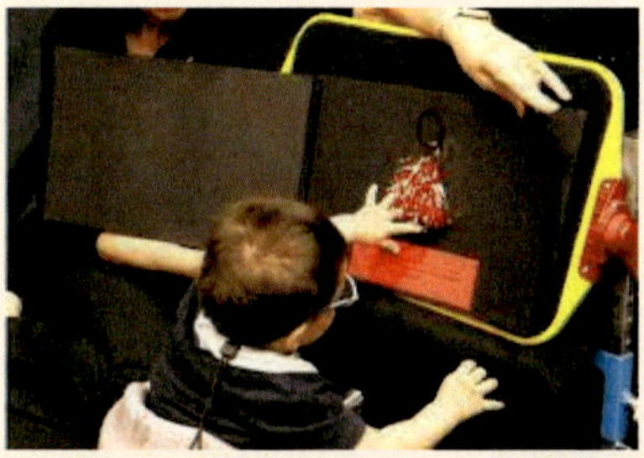

상호 대비되는 배경과 대상

빨간색 그네

대상과 대비되는 검은색 보드 사용

복잡한 색상이나 패턴(무늬) 앞에 시각적 대상을 제시하지 않도록 한다. 시각적 방해 요소를 줄이고 대비되는 환경을 만들기 위해 'CVI Den'을 만들거나 이와 유사한 것을 구입할 수 있다. CVI Den과 비슷한 것으로 시중에 판매되는 검은색 팝업 텐트(SensaHut, Doodle Dome) 등이 있다. 그리고 시각적 대상(사물)을 텐트 상단에 매달거나 안쪽 측면에 부착하면 검은색 배경과 대비되어 잘 볼 수 있다.

CVI Den

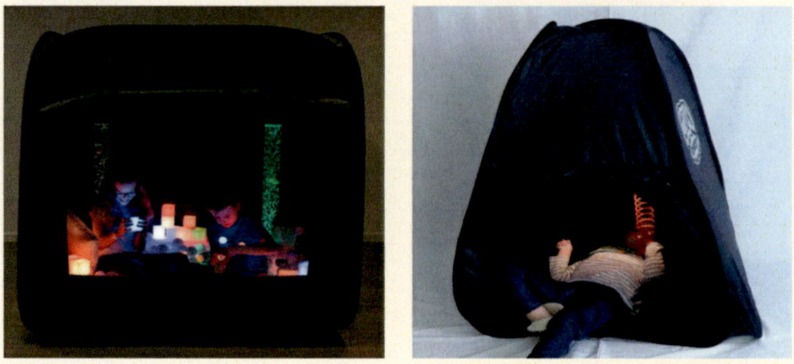

아동용 검은색 팝업 텐트 사용 사례

07 특정 시야 선호 - 레벨 1

아동이 선호하는 시야에 시각적 대상을 제시하는 것이 효과적이다. 이는 CVI 레벨 1 아동의 경우, 눈높이 정도로 좌측이나 우측 측면 시야 영역(방향)에 있는 사물을 더 잘 보는 경향이 있다. 그리고 레벨 1 아동은 일반적으로 대상이 시야 중앙(가운데)에 제시되는 것을 선호하지 않으며, 특히 대상이 하측 시야 영역(방향)에 제시될 때 큰 어려움을 보인다. 아동이 하측(아래쪽) 시야 위치에 있는 대상을 감지하는데 어려움이 있다면, 앞서 살펴본 검은색 계열의 경사보드, 수직보드, 독서대 등을 사용해 대상을 더 높은 위치에 제시할 수 있다.

아동은 물체를 향해 손을 뻗을 때 다른 곳을 바라볼 수 있다. 즉 시선이 사물을 향하지 않고 다른 쪽을 향할 수 있다. 마치 시각적 대상에서 시선을 돌리는 것처럼 보이지만, 이것은 선호하는 주변(측면) 시야를 사용하려는 것일 수 있다. CVI 아동의 이러한 특정 시야 선호는 중심 시야나 주변 시야 손상을 일으키는 안구 시각장애 아동과 다른 것임을 이해하고 있어야 한다.

특정 시야 선호와 하측 시야 결함을 고려한 자료 제시 사례
(경사 보드, 거치대 등 활용)

08 빛(조명) - 레벨 1

CVI 아동이 보아야 하는 대상에 조명을 비추는 것도 시각적 주의와 인식에 도움이 된다. 이 때 사용하는 국소 조명(손전등, 조명 기구 등)의 밝기는 최소 300루멘 이상이 되어야 하고, 1,000~1,200루멘이 가장 효과적이다. 대상에 조명(빛)을 비추는 국부 조명법(SpotLIGHTing)을 사용할 때 아동이 광원(조명등)에 시각적 주의를 뺏기지 않도록 대상에 정확하게 빛을 비추는 것이 중요하다. 따라서 아동의 눈에 빛을 비추거나 아동의 시야 범위에 광원이 보이지 않도록 해야 한다.

또한 깜박거리는(불이 나왔다 꺼졌다 반복하는) 조명 가구는 간질이 있는 아동의 발작을 촉발할 수 있으므로 주의해야 한다. 라이트 박스와 조명이 있는 장난감을 사용하는 것도 아동이 시각적 주의를 유도하는 데 도움이 된다. 그리고 '라이트에이드

(LightAide)의 사용’은 레벨 1 아동에게 시각 사용의 동기를 높일 수 있다.

그리고 아동의 주의를 끌기 위해 밝은 색상의 조명등이 나오는 공도 이제 시각 사용 방법을 배우기 시작하는 아동에게 적합하다. 아동의 시각적 주의를 촉진하기 위해 대상을 비추는 보조 조명을 사용할 때 전체 조명을 어둡게 하고 창문으로 들어오는 자연광도 차단하는 것이 더 효과적일 수 있다.

손전등과 색 필터(APH)

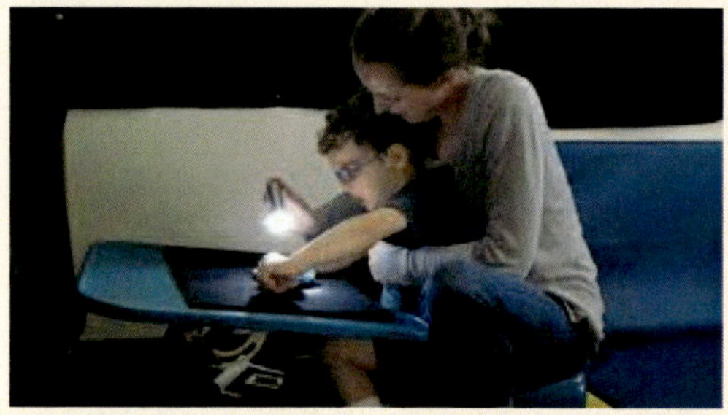

손전등을 비추어 대상에 시각적 주의 촉진하기

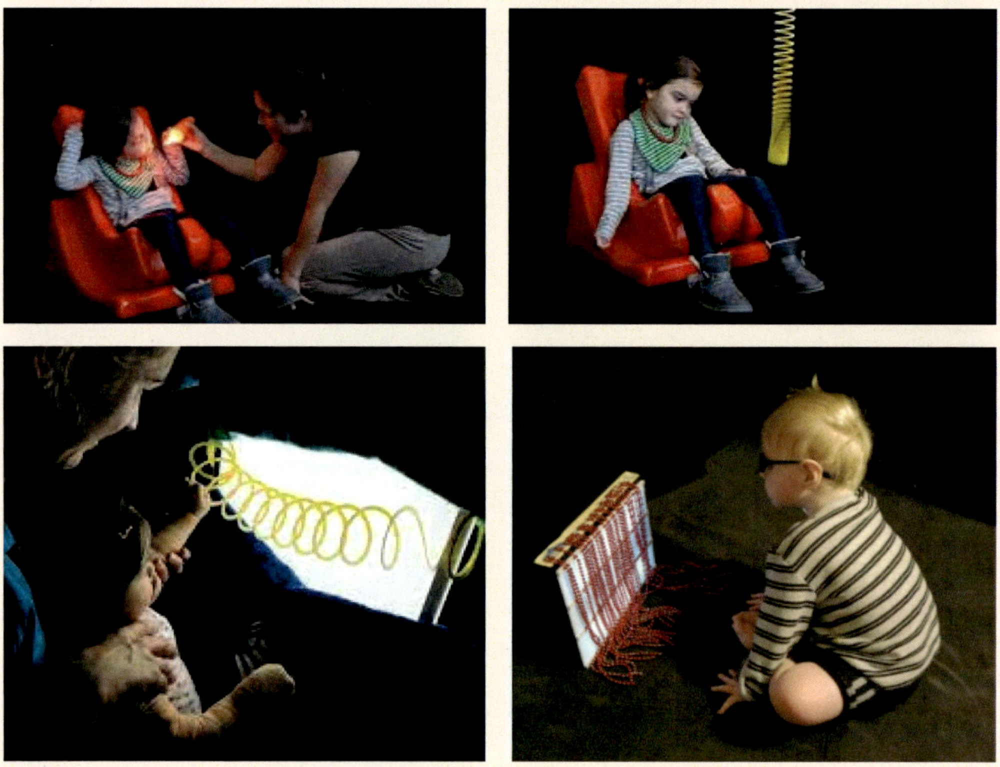

백라이트를 활용해 대상의 시각적 주의 촉진하기

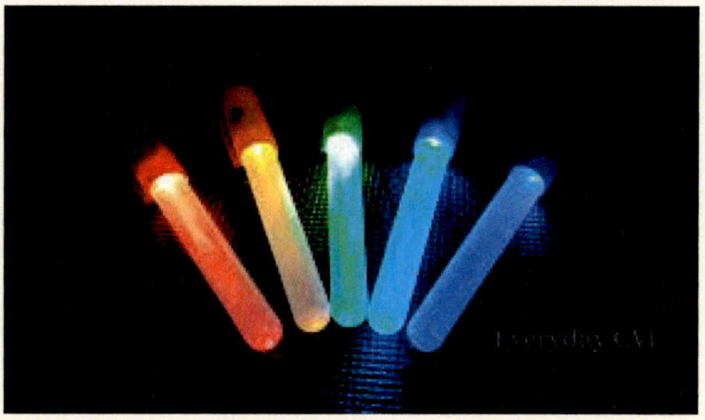

어두운 방에 조명이 나오는 사물 사용하기

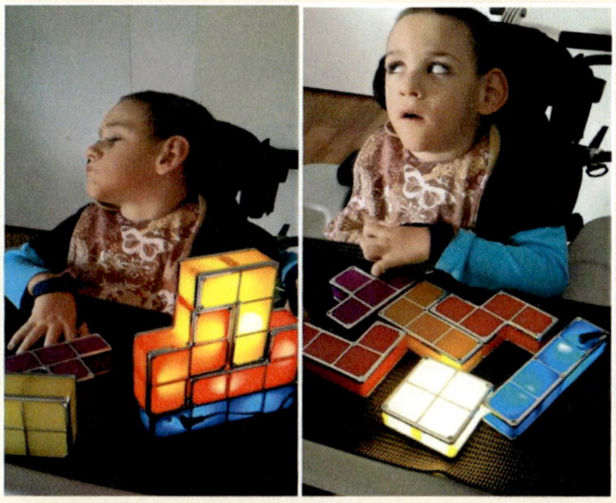

조명이 들어오는 블록

라이트 박스 사용하기

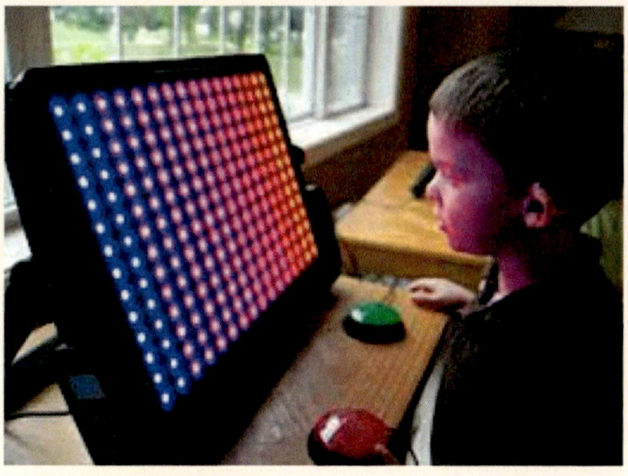

라이트에이드(LightAide)

나의 경험에 비추어 볼 때 손가락 끝에 조명 장치가 달린 검은색 장갑을 사용하는 것도 이제 시각을 막 사용하기 시작한 아동의 시각적 응시 행동(looking behavior)을 촉진하는 훌륭한 방법이다. 이 장갑을 활용하는 방법은 다음을 포함한다.

- 머리 위의 조명을 어둡게 한다.
- 아동 얼굴과 장갑 간에 90cm 이내 거리를 유지한다.
- 검은색 배경에서 장갑을 손에 낀 후 손가락을 천천히 움직인다.
- 아동의 왼쪽이나 오른쪽 시야 영역(방향)에 장갑을 제시한 후 중앙 시야 방향으로 천천히 이동한다.
- 검은색 긴팔 옷을 입으면 조명이 나오는 장갑 손끝이 더욱 두드러지게 보일 수 있다.

일부 CVI 아동은 광선공포증(photophobia: 빛 민감성)을 가지고 있다. 아동의 안과 진단서를 확인하고, 학부모 면담에 이를 질문하거나 아동에게 이러한 징후가 있는지 관찰한다. 아동이 이러한 증상을 가지고 있다면 필요에 따라 밝은 조명 장치를 사용하는 것을 삼가해야 할 수도 있다.

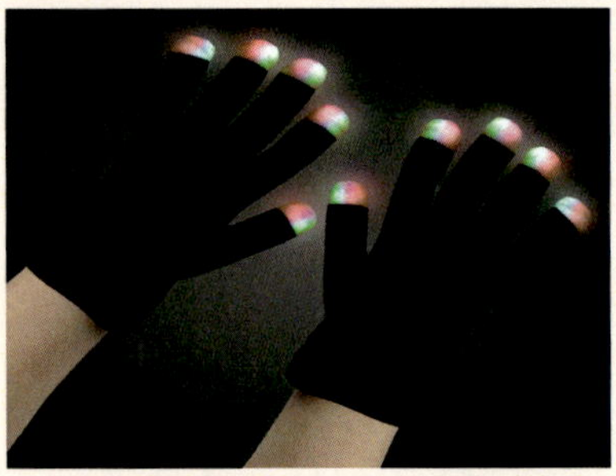

조명이 들어오는 손가락 장갑

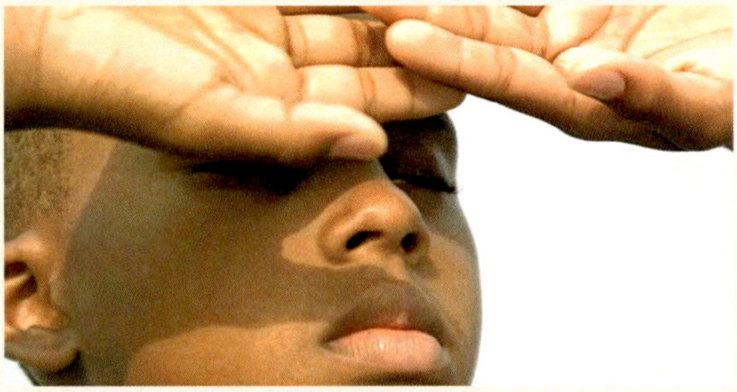

광선공포증(빛 민감성)

09 친숙성 - 레벨 1

시각을 이제 막 사용하기 시작한 CVI 아동과 함께 일하는 교사, 부모, 치료사 등은 아동이 시각적 주의를 하는 친숙하고 선호하는 시각적 대상(사물)을 알고, 이를 학습 및 치료 활동에 적극 활용해야 한다. 부모 면담을 통해 이와 관련된 내용을 파악하는 것이 중요하다. 아동이 선호하고 친숙한 시각적 대상을 사용하면 아동의 대상을 보는(응시하는) 행동이 증가한다. 아동에게 다른 대상을 사용해 활동하기 전 또는 새로운 활동을 시작하기 전에 '워밍업(준비) 보기'로 친숙하고 선호하는 대상을 먼저 제시하는 것이 도움이 될 수 있다.

사 례

나는 뇌실내출혈(IVH: intraventricular hemorrhage) 병력으로, 피질 시각장애 진단을 받은 3세 유아의 평가를 요청받았다. 부모 면담 과정에서 어머니에게 아동이 가장 좋아하고 친숙한 시각적 대상(물체 등)을 말해달라고 요청했다. 어머니는 아이가 바라볼 수 있는 시각적 대상이 몇 개밖에 되지 않는다고 말했다. 그 중 한 가지가 금색 마일라 종이로 된 쇼핑백이었다.

어머니는 이것이 '장난감'이 아니기 때문에 처음에는 나에게 보여주기를 주저하였지만, 유아는 이것을 보는 것을 좋아하고 손을 뻗어 잡으려고 하는 것이 관찰되었다. 나는 어머니에게 마일라 재질의 선물 가방이 아동의 CVI 중재를 위한 효과적인 도구가 될 수 있다고 설명하였다. 나는 금색 마일라 종이 쇼핑백을 여러 조각들로 잘라서 음식이나 간식을 담는 스낵 컵 같이 아동의 시각적 주의가 필요한 다른 물체에 붙이면 아동의 시각적 주의를 유도할 수 있다고 말했다.

금색 마일라 종이 쇼핑백

스낵용 컵

제4장

CVI 레벨 2 지원 전략

01 일반 고려 사항 - 레벨 2

CVI 레벨 2 전략이 도움이 되는 아동은 일반적으로 시각을 더 일관되게 사용할 수 있게 되었지만, 여전히 효율적으로 사용하지는 못한다. 따라서 현재 시각 사용 능력으로는 학습 및 일과 활동에서 시각을 사용해 기능적 목적을 달성하지 못하는 경우가 많다. 레벨 2 아동은 CVI Range 평가에서 CVI Ⅱ단계에 해당하는 아동으로 볼 수 있다.

부모 또는 교사는 간식이나 식사 같은 매일 반복되는 일과 활동들(routines)에 시각을 사용하도록 촉진해야 한다. 레벨 2의 아동은 작고 친숙한 배경 소음과 목소리 및 촉각 자극 정도만 참아내며 시각을 사용할 수 있다. 때때로 최대 120~180cm의 거리만큼 떨어져 있는 시각적 대상을 눈으로 찾거나 알아볼 수 있다. 다만 이들 대상의 크기, 색상, 주변 배경 등에 따라 인식 가능한 거리가 달라질 수는 있다. 레벨 2 아동은 이제 2가지 이상의 색상으로 된 대상들을 넓은 간격을 두어 배열하면 시각적 주의나 인식을 할 수 있다.

레벨 2 아동에게 시각적 대상과 배경 간의 대비가 여전히 중요하지만, 일반적으로 근거리에서는 여러 색상과 단순한 패턴(무늬)의 배경 속에 있는 대상에 시각적 주의를 할 수 있다. 또한 시각적 대상을 좌우 측면 시야 영역(방향)이 아닌 시야 중앙에 가깝게 제시하더라도 더 나은 시각적 주의를 보이기 시작한다. 여전히 아동은 광원(빛, 조명)에 시각적으로 끌리면서 동시에 기능적 목적으로 대상과의 상호 작용을 촉진하는 데 조명(빛)이 자주 사용될 수 있다(예: 불빛이 나오는 컵 사용). 레벨 2 아동이 선호하고 시각적 반응을 잘하는 시각적 대상의 '속성(특징)'을 확인하고, 이것을 시각 사용을 촉진하고 강화하는 데 적극 활용할 필요가 있다. 시각적 피로 역시 계속 문제로 남아 있기 때문에 적절한 자세 및 자리배치, 그리고 시각적 휴식을 고려해야 한다.

레벨 2의 아동의 중재 전략 계획과 실행에 다음 사항을 고려하는 것이 도움이 될 수 있다

- 부모 면담 결과
- Rx 약물(Rx medications)에 대한 이해와 시각 관련 부작용

- 하루 중 아동의 주의력이 활성화되고 학습할 준비가 되어 있는 시간
- 아동이 뇌에 션트 수술을 한 경우 태블릿 기기 사용 시 주의

레벨 2 아동은 더 기능적인 목적을 위해 시각을 사용할 수 있으므로, 집과 학교 모두에서 아동의 일과 활동들을 주의 깊게 관찰해 필요한 수정을 제공해야 한다. 아동이 처음에는 교사나 부모의 설명을 이해하지 못할 수 있지만, 시각적 대상에 대해 이야기할 때 대상의 '두드러진 시각적 특징(예, 공은 노란색이고 둥글다)'을 지속적으로 말하는 것이 도움이 된다. 그리고 레벨 2 아동에게는 일반적으로 3차원 사물의 사용이 여전히 필요하며, 매일 반복되는 일과 활동을 통한 중재가 계속 효과적이다.

시각적 대상을 아동에게 제시하는 속도와 아동의 반응을 기다려 주는 시간이 적절한지 주의 깊게 살펴보는 것이 필요하다. 여전히 레벨 2 아동은 시각적 대상이나 정보를 처리하고 반응하는 데 시간이 걸리므로, 필요한 시간만큼 기다려 주는 시간 지연 전략이 필요하다. 레벨 2의 아동에게 단서(cues), 신호(signals), 상징(symbols)의 사용을 고려할 수 있다. 이 책에서 언급한 텍사스 맹학교의 '비구어 의사소통: 단서, 신호 및 상징(Non-Verbal Communication: Cues, Signals and Symbols)을 참고할 수 있다. 또한 릴리 닐슨(Lilli Nielsen) 박사의 능동적 학습(Active Learning)을 활용하는 것도 도움이 된다.

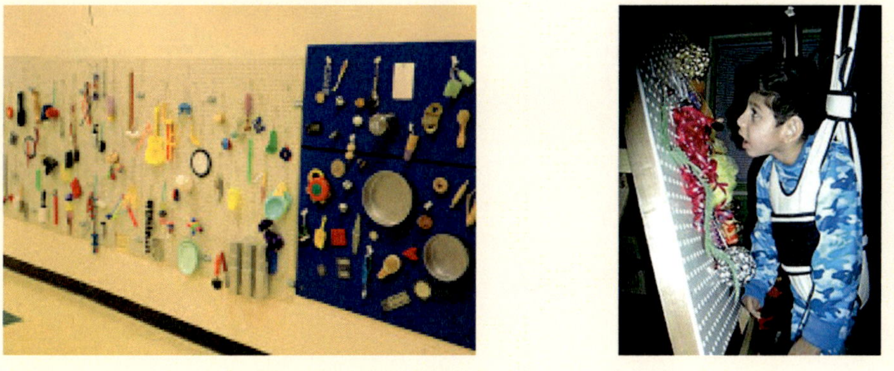

Lilli Nielsen의 능동적 학습(Active Learning) 장면

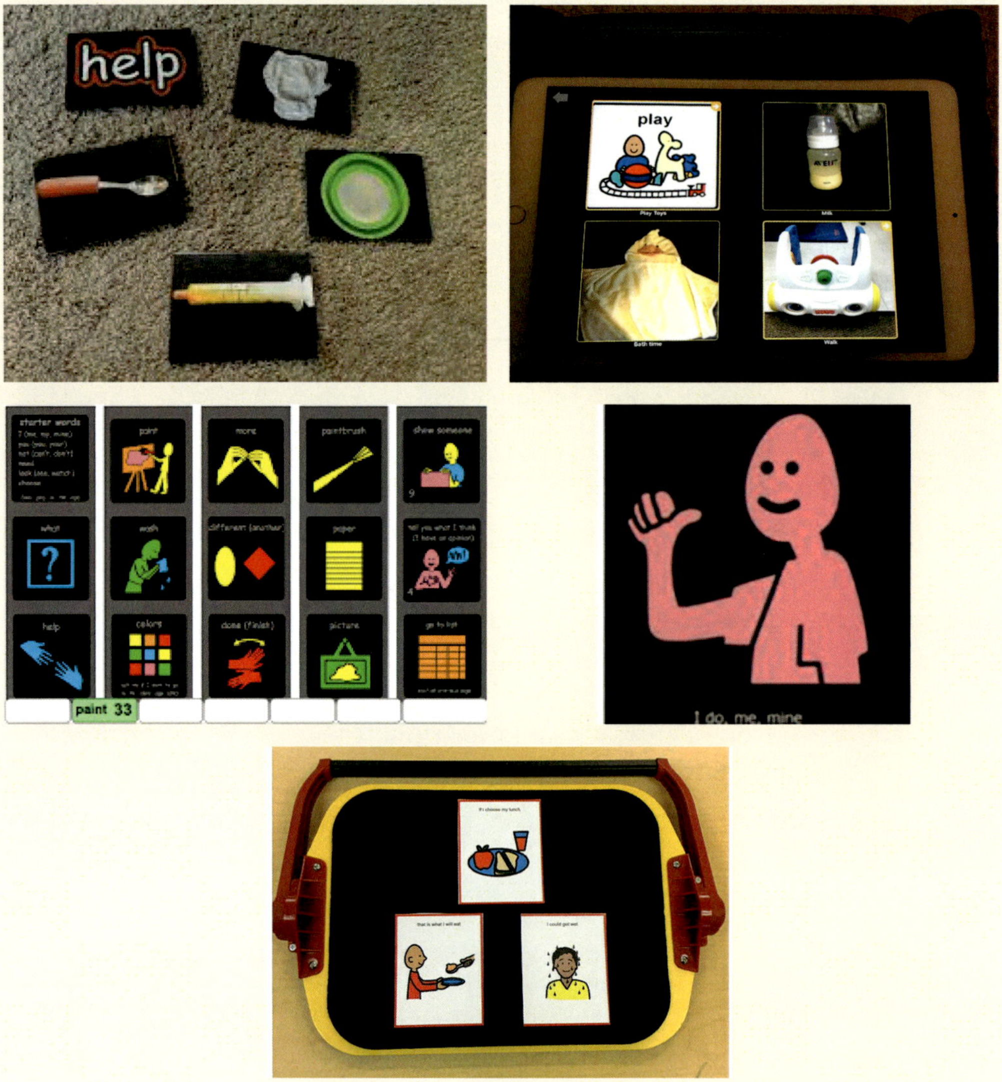

사물과 그림 상징 의사소통 도구

02 환경 및 감각 정보의 제시 - 레벨 2

레벨 2의 아동에게도 청각적 방해 요소를 줄이는 것이 필요하다. TV와 라디오를 끄고, 말을 많이 하거나 큰 소리를 내는 친구들로부터 멀리 떨어뜨려 자리를 배치한다. 시각적 학습이 진행되는 동안 휴대폰을 끄거나 무음으로 바꾸고, 교실에 있는 다른 성인 및 지원 인력에게도 소음이 발생하지 않도록 요청한다.

아동의 보는 행동(viewing behaviors)을 촉진하고 언어를 발달시키기 위해 다음의 청각 중재 전략을 사용할 수 있다.

- 아동이 무엇을 찾기를 원하는지, 어디를 보아야 할지를 간단한 단어로 명확하게 전달한다. 예를 들어, 아동에게 '공이 발 옆에 있어'라고 위치를 말해 줄수 있다.
- 대상의 두드러진 시각적 특징이나 시각적 상황에 대해 잘 묘사하는 단어를 사용한다. 예를 들어, 공의 두드러진 특징을 설명하기 위해 '빨간색 불빛이 나오는 공이야'라고 말할 수 있다.
- 아동에게 사용하는 단어나 말은 메시지와 어울리는 어조로 말한다. 예를 들어, '슬링키가 올라가고 내려가는 것을 봐'라고 말할 때 '올라가고'는 목소리를 높이고, '내려가는'은 목소리를 낮춘다.
- 시각적 대상과 함께 흥미로운 소리(마일라 털뭉치를 흔들거나 마찰하는 소리)나 칭찬을 사용해 '보는 행동'을 촉진한다.
- 좋아하는 소리가 아동의 보는 행동에 대한 자연스러운 '보상'이 되도록 한다. 아동이 대상을 보는 행동을 하면 그 다음 칭찬하거나 좋아하는 소리로 강화한다.

검은색 보드에 슬링키 제시

마일라 털뭉치

아동이 시각을 사용해 학습을 수행할 때 시각적 주의와 사용을 방해하는 촉각 정보나 자극도 가급적 줄인다.

- '잘했어, 수고했어'라는 표시로 아동의 등을 쓰다듬거나 어깨를 두드리는 행위를 삼가한다.
- 아동이 무언가를 만져보게 하려고 아동의 손을 잡는 것(예, 손 위 손 안내법 등)도 가급적 피한다.
- CVI 아동과 활동 중에 다른 친구들과 신체적으로 부딪치지 않도록 일정 거리를 두어 자리를 배치한다.

아동의 보는 행동을 촉진하기 위해 촉각 단서가 필요할 때 다음의 전략을 고려할 수 있다.

- 아동의 손이나 다른 신체 부위에 아동이 관심을 가지는 대상을 접촉함으로써 시각적 주의를 유도할 수 있다
- 아동이 관심을 가지는 물체를 아동의 손 옆에 둔 다음, 다시 손으로 옮겨 시각적 주의를 유도한다.
- 바닥에서 놀 때 공으로 발을 접촉하도록 하여 시각적 주의를 공으로 유도한다.

시각을 사용해 학습을 수행할 때는 다른 시각적 방해 요소를 줄인다.

- 창문으로 들어오는 햇빛이나 조명이 아동이 보아야 하는 대상이나 과제에 주의하는 것을 방해할 수 있다.
- 선풍기나 장식물의 움직임이 아동이 보아야 하는 대상이나 과제에 주의하는 것을 방해할 수 있다.
- 아동의 주변 시야에서 갑작스러운 움직임이 일어나면 필요한 시각적 주의를 방해할 수 있다.

아동의 과제 수행 공간이나 테이블에 시각적으로 어수선한 것이 없도록 하되, 특히 밝고 반짝이는 종류의 물체들은 꼭 치워 두어야 한다. 아동의 학습 환경에서 청

각적 방해, 촉각적 방해, 시각적 혼란 등 경쟁하는 다른 정보와 자극을 줄이기 위해 아동이 보아야 하는 대상이나 과제에 더 가까이 다가가는 것을 허용한다.

03 근거리/중간 거리/원거리 보기 - 레벨 2

시각을 더 기능적 목적으로 사용하기 시작한 CVi 레벨 2 아동은 이제 크고 밝은 색의 대상들을 120~80cm 거리에서 시각적 주의를 하기 시작한다. 빨간색 마일러 재질의 털뭉치(mylar pom pom) 같이 아동이 선호하는 시각적 대상들을 사용하되, 손이 닿지 않는 거리에 놓아두면 아동이 그것을 잡으려고 다가가고 손을 뻗도록 촉진할 수 있다. 교사와 부모는 레벨 2 아동이 필요한 만큼 대상에 다가가는 것을 계속 허용해야 하며, 이를 통해 아동의 시야에 보이는 시각적 복잡성을 감소하게 된다.

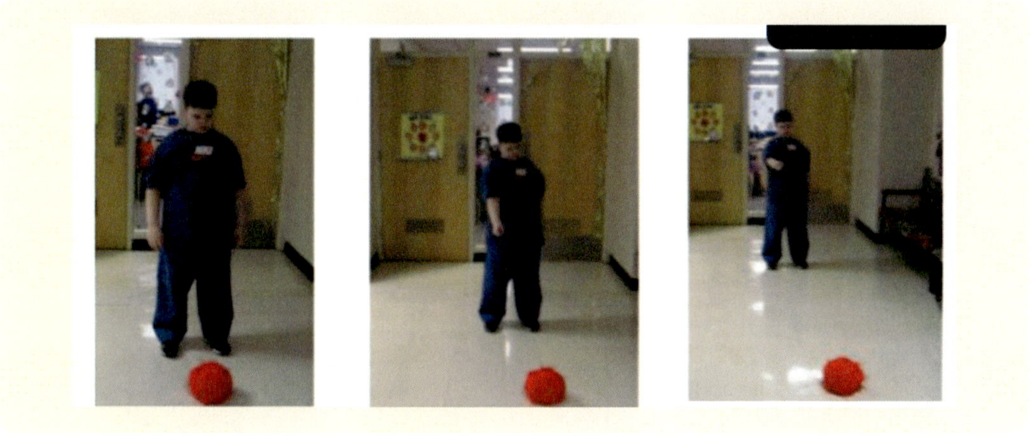

아동이 선호하는 시야 영역(방향)에 시각적 대상을 계속 제시하고, 특히 새로운 일과 활동을 시작하거나 새로운 대상을 학습에 도입할 때 더욱 그렇다. 경사 보드, 독서대, 수직 보드 등을 사용하면 시각적 대상을 아동의 눈에 더 가까이 유지할 수 있어 하측 시야 결함을 보상하는 데 도움이 된다.

마일러 털뭉치

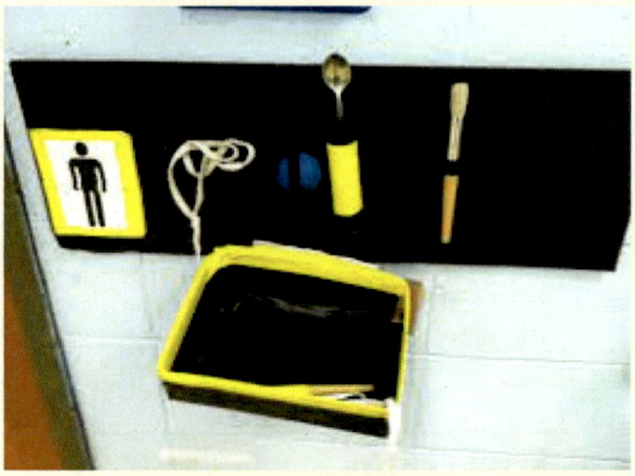

접이식 수직 보드

올인원보드(APH)

경사 보드

때때로 아동이 시각적 대상으로부터 시선을 피하는, 즉 다른 곳을 쳐다보는 것을 이해하고 허용해야 한다. 부모나 교사는 아동이 바라보고 있다고 생각되는 곳, 즉 시선이 향하는 곳으로 대상을 옮기려고 시도하지 말아야 한다. CVI의 고유한 시각 특성인 '시각적으로 안내된 신체 도달의 어려움'으로, 아동은 손을 뻗어 대상을 접촉할 때 고개를 돌려 다른 쪽을 바라보는 방법을 사용해 대상을 관찰할 수 있기 때문이다.

그리고 아동이 더 멀리서도 시각적 대상을 볼 수 있게 움직이는 대상을 사용하거나 대상을 움직여 주는 것이 도움이 된다. 아동이 선호하는 '속성(특징)'이 있는 시각적 대상을 사용하는 것도 더 멀리서 대상에 시각적 주의를 하고 인식하도록 하는 데 도움이 된다. 예를 들어, 아동이 빨간색 마일라를 보는 것을 좋아한다면,

120~180cm거리에 있는 시각적 대상에 빨간색의 마일러를 부착하거나 대상을 빨간색으로 강조 표시하는 것이다. 예를 들어, 빨간색의 폭이 넓고 빛을 반사하는 속성의 테이프를 사용해 검은색 경사 보드에 있는 학습 자료의 윤곽을 강조 표시할 수 있다. 국부 조명법(SpotLIGHTing technique)을 사용해 120~180cm 거리에 있는 대상을 강조할 수 있다. 먼저 과제 수행 공간이 시각적으로 어수선함이 없도록 정리정돈을 해야 한다.

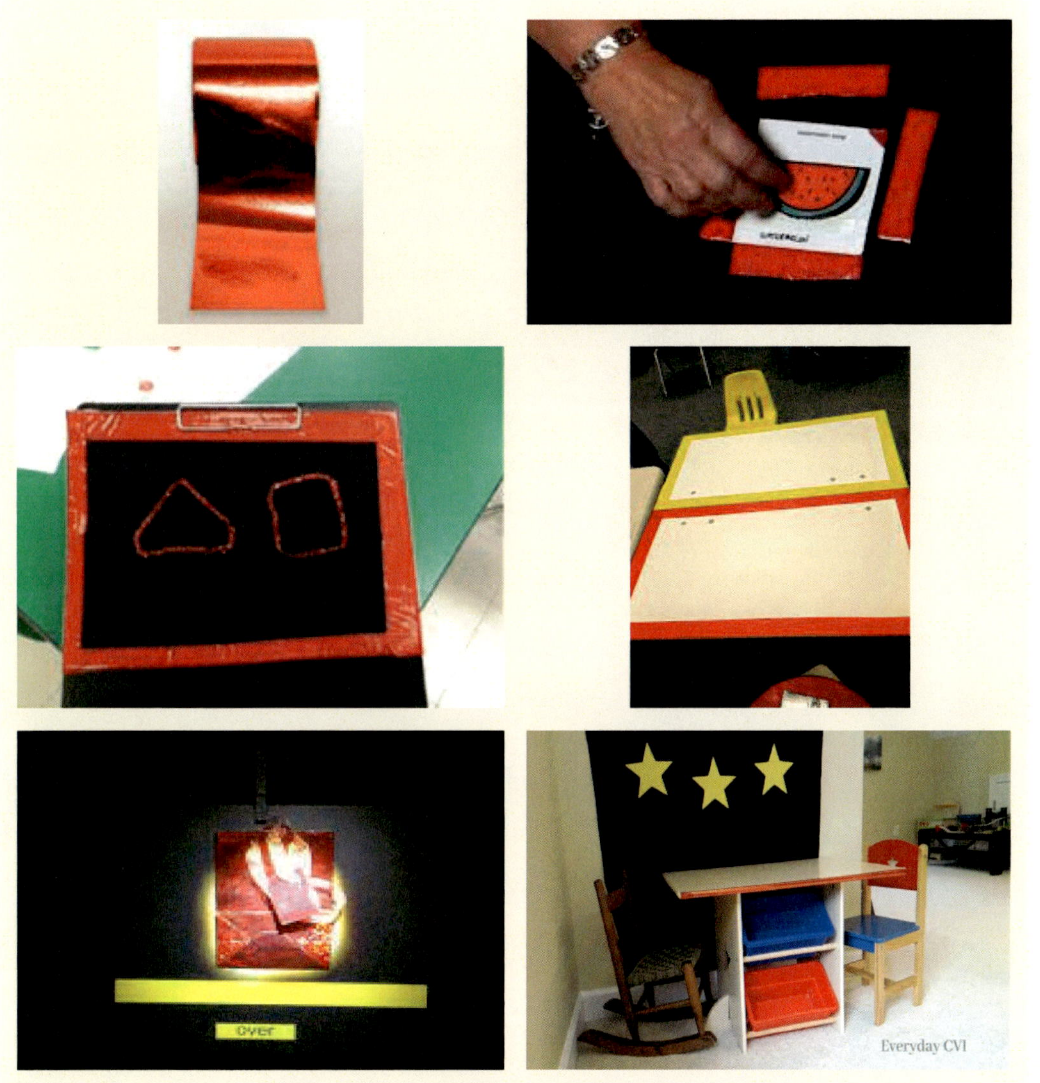

선호하는 색상이나 조명을 활용한 시각적 대상의 강조 사례

그리고 밝은 색상의 재료를 사용해 보행의 랜드마크를 강조 표시한 다음, 단계적으로 이를 제거해 나가면 방향정위에 일반적인 랜드마크를 이용할 수 있다. 예를 들어, 정수기가 교실 문을 찾기 위한 랜드마크인 경우, 빨간색 마일라 재질의 리본을 정수기에 부착한 다음, 아동이 정수기에 친숙해지면 리본을 제거하는 것이다

조명이 있는 형광 오렌지색 교통안전 콘을 사용해 아동이 교실로 가는 경로를 표시할 수도 있다 예를 들어, 아동이 서클 타임 시간이 끝나고 다음 활동인 소근육 운동 장소로 이동하도록 조명이 켜진 주황색 콘을 사용해 이동 방향을 표시해 줄 수 있다.

조명이 들어오는
교통안전 콘

문을 강조하기 위한
줄 조명 사용

방향 정위를 돕기 위한
벽부착 조명등 사용

04 시각적 대상 - 레벨 2

레벨 2 전략이 도움이 되는 아동은 일반적으로 기능적 활동을 위해 시각을 사용하기 시작하므로, 식사하기, 옷 입기 같은 일과 활동들을 주의 깊게 점검하는 것이 중요하다. 특히 간식이나 식사 시간은 아동의 동기를 유발하는 일과 활동이기 때문에 식기, 음식, 컵, 접시를 준비할 때 CVI 아동의 시각 특성과 시각 사용 수준을 고려해 선정하는 것이 필요하다. 그래야 아동이 시각을 사용해 식사 관련 도구나 음식의 위치를 찾고 손을 뻗어 집어 먹을 수 있다. Munchkin Easy Squeezy Spoon 등 밝은 색상의 단색 수저 또는 불빛이 나오는 수저를 구입하거나 일반 수저를 아

동의 시각적 선호를 고려해 수정할 수 있다.

빨간색(또는 아동이 선호하는 밝은 다른 색상) 마일라 종이와 유사한 재료로 '컵 홀더'를 만들어 젖병, 컵, 스낵 용기 등을 둘러 감는 것도 아동의 시각적 주의에 도움이 된다. 필요한 경우 손전등으로 시각적 대상에 빛을 비추어 시각적 주의를 높일 수 있다. 반짝거리고 스팽글로 장식된 머리 띠를 아동이 사용하는 병, 컵, 장난감에 감싸면 시각적 주의를 높일 수 있다.

조명 기능이 있는 수저

컵 홀더(Koozie)의 수정 사례

선호하는 빨간색의 사용

아동이 손을 뻗고 잡는 행동을 촉진하기 위해 대비되는 색상과 조명 기능이 있는 (빛이 나오는) 칫솔만 남겨두고 욕실의 다른 어수선한 것들을 치워 시각적 복잡성 수준을 낮추는 것이 필요하다. 검은색 또는 대비되는 다른 색상의 식사 매트에 밝은 색상의 수저와 그릇을 사용한다. 흡착판이 부착된 밝은 색상의 그릇은 손으로 집어 먹는 음식을 제공할 때 유용하다. 조명이 있는 빨간색 또는 밝은 색상의 컵을 사용한다. 밝은 색상의 단색 머리 빗과 브러시를 구입하고, 검은색이나 대비되는 색상의 수건과 함께 제공한다. 아동의 독립적인 화장실 이용을 위해 항상 욕실의 어수선한 부분을 치우거나 정리 정돈하는 것이 필요하다.

스팽글 밴드

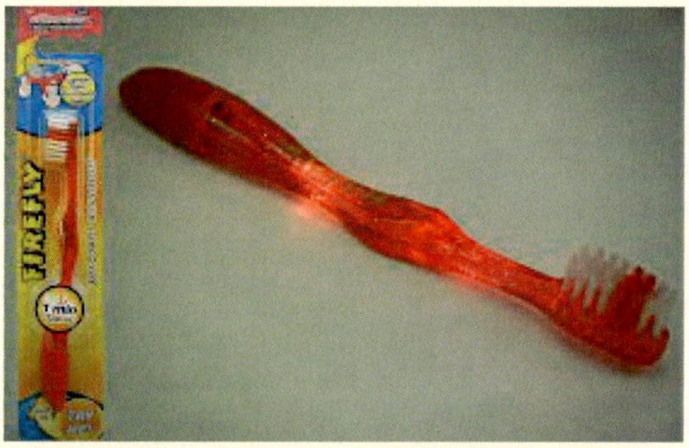

조명 기능이 있는 칫솔

흡착판이 있는 빨간색 그릇

조명 기능이 있는 컵

의사소통을 위해 단일 색상의 녹음 스위치(예/아니요)를 한 개나 두 개 정도만 사용한다. 이러한 스위치는 'Answers: Yes No' 아이패드용 앱과 함께 사용할 수 있다.

CVI Yes No Questions 앱(가정용품 학습)

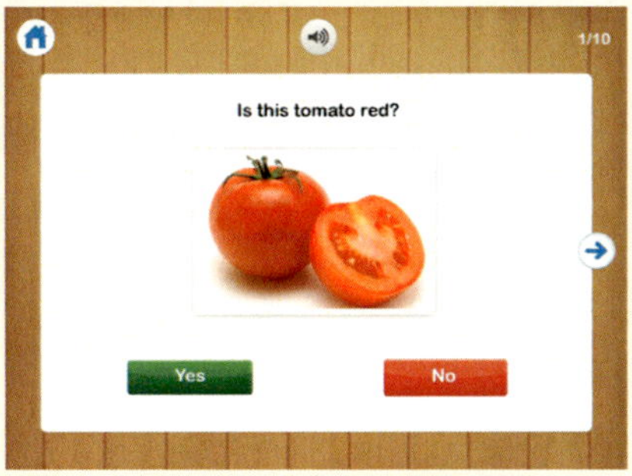

Answers: Yes No 앱(과일 학습)

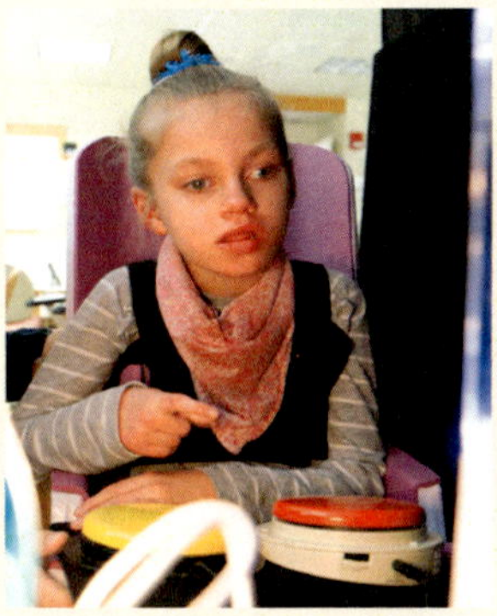

‘스위치(switch)’ 사용

밝고 선호하는 색상의 사물을 사용하거나 선호하는 색상이 포함된 2~3가지 색상이 섞인 사물을 사용한다. 아동이 매일 사용하는 사물에 반사하거나 반짝이는 재료를 부착하면 시각적 주의를 유도하거나 유지하는 데 도움을 준다. 빨간색이나 노란색 등의 반사하는 재질의 종이, 리본 등을 사용할 수 있다.

반짝이 종이

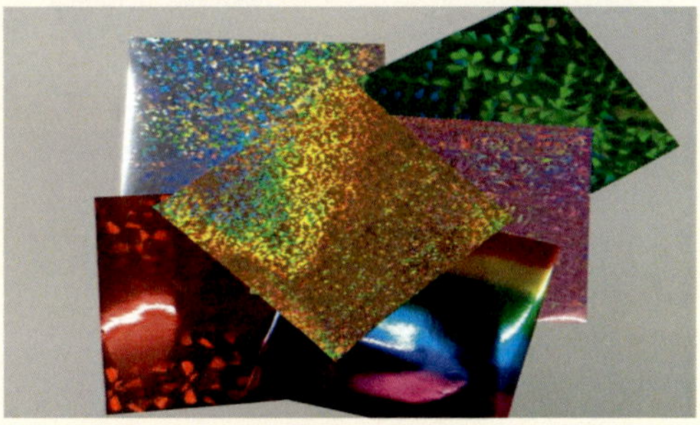

반짝이는 포일 아트

아동에게 친숙한 사물을 사용해 일과표를(calendar)를 만든다. 2개 이상의 사물이 사용되는 경우, 사물 간의 배치 간격이 중요하고, 아동에게 제시되는 사물의 개수를 제한하는 것도 필요하다. 가급적 한 번에 1-개 정도를 제시하는 것이 가장 좋다. CVI 중재는 아동의 매일 반복되는 일과 활동들에 통합하고, 시각 정보는 단순하며, 아동이 일과를 예측 할 수 있도록 일관되게 유지하는 것이 중요하다. 배경과 사물/그림 상징 간에 색상 대비를 고려하는 것이 계속 중요하다. 상징이 시각적으로 눈에 띄게 만드는 데 단색 배경이 효과적이고, 패턴(무늬)이 있는 배경은 사용하지 않는 것이 좋다. 밝은 빨간색 Neat Solutions Sili-Stick 쟁반이나 테이블보 같은 단색 배경에 손으로 집어 먹는 간식을 제공한다.

일과 활동 사물 캘린더

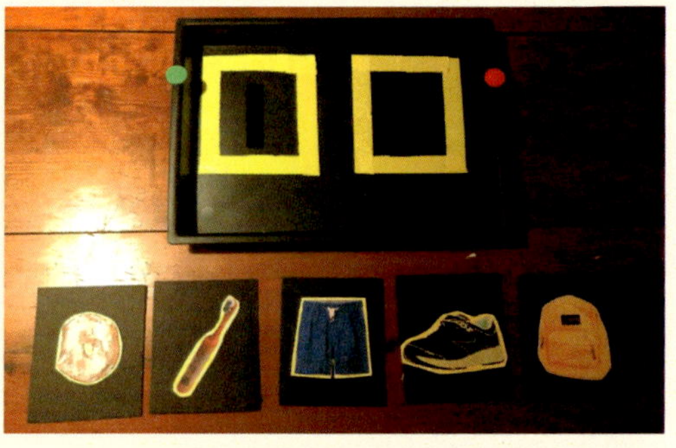

일과 활동 그림/사진 캘린더

일과 활동 사물 캘린더

Neat Solutions Sili-Stick tray

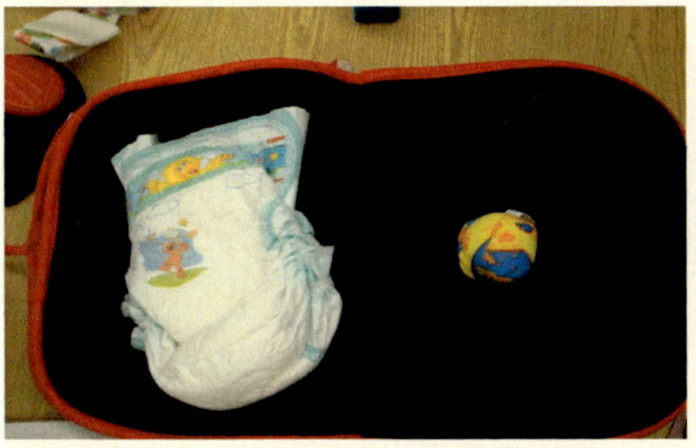

검은색 밸크로 보드 캘린더:
화장실과 물리치료 사물 상징

빨간 테두리의 '종료 상자'

사 례

몇 년 전 출생 시 무산소증으로 CVI 진단을 받은 4세 유아 Charlie를 평가해 달라는 요청을 받았다. 나는 점심 시간에 유아의 집에 방문했다. 나는 이전에도 CVI 유아들이 식사하는 동안 시각 사용 능력에 대한 유용한 관찰 정보를 자주 얻었던 경험이 있다. 나는 Charlie가 점심을 먹는 동안 관찰 내용을 기록하고 어머니와 면담했다. 관찰 결과,Charlie는 쟁반에 음식이 4조각 정도만 남게 되었을 때 음식 위치를 잘 찾는 것 같았다. 쟁반의 색상은 황갈색이라 밝은 색상의 음식이 눈에 잘 띄었다. 'Charlie가 음식을 찾아 집을 때 시각을 잘 사용하는 것 같다'고 말하자, 어머니는 잘하는 날도 있고 그렇지 못한 날도 있다고 말했다. 나는 어머니에게 Charlie가 음식을 찾는 데 어려움을 보인 날에 대해 자세히 이야기해달라고 부탁했다. 나는 그 당시 식당의 조명, 소음 수준, Charlie가 앉은 위치 그리고 Charlie가 먹은 음식과 그릇에 대해서도 물었다. 어머니는 'Charlie가 식당에서 흔히 볼 수 있는 나무로 된 유아용 높은 의자에 앉았고, 식당의 세균이 걱정되어 무늬가 있는 일회용 식탁 매트를 Charlie의 테이블에 깔아 놓은 다음, 그 위에 음식을 올려놓았다'는 이야기를 들었다. 또한 어머니는 '식당이 꽤 시끄러웠고 많은 사람들이 돌아다니고 테이블 위로 샹들리에가 켜져 있었다'고 말했다. 나는 그 당시 식당에서 Charlie에게 사용했던 것과 동일한 일회용 식탁 매트를 보여달라고 했다. 그 식탁 매트에는 매우 복잡한 무늬가 있었다.

나는 왜 Charlie가 음식을 찾을 수 없는지 알 수 있었다. 나는 집에서 재연하고자 복잡한 무늬의 일회용 식탁 매트에 음식을 놓았다. 그러자 Charlie는 좀 전에는 찾을 수 있었던 동일한 음식을 이번에는 찾지 못했다. 나는 어머니에게 복잡한 환경(사람들이 움직이고 소음이 많은)으로 Charlie가 음식에 시각적 주의를 하지 못할 수 밖에 없었을 것이라고 설명했다. 그리고 그 식당의, 테이블 위의 샹들리에 조명이 Charlie가 음식에 시각적 주의를 하는 데 방해가 되었을 것(빛에 대한 끌림 특성과 관련됨)이라고 말했다. 어머니는 Charlie가 점심 내내 샹들리에를 쳐다보았고 다른 곳으로 시선을 돌리는 데 어려움이 있었다고 말했다. Charlie의 사례는 아동의 시각이 변하는 것이 아니라 아동이 처한 시각적 환경이나 상황이 변하는 것이라는 것을 보여준다.

빛을 반사하는 속성(reflective qualities)의 재료를 사용해 제작한 도서는 레벨

2 아동의 시각적 주의와 독서 활동에 도움이 될 수 있다. 레벨 2의 아동이 아직 책이 어떠한 이야기를 담고 있다는 것을 이해하지 못할 수도 있지만, 아동이 책을 보게 하고 페이지를 넘기는 등의 문해 기초 활동도 가치가 있다.

레벨 2 아동(특히 CVI Ⅱ단계에 막 진입한 아동)은 여전히 2차원 그림을 바라보고, 그림이 무엇을 나타내는지 인식하는 데 어려움이 있을 수 있다. 'CVI Range' 평가 결과, 아동의 시각 기능이 6.5-7(점)이라면 아동이 선호하는 3차원 장난감이나 물건을 인식하는 단계에서 동일한 장난감이나 물건을 찍은 컬러 사진을 인식하는 단계로 전환할 수 있다. 태블릿 기기에 이들 사물의 컬러 사진을 제시하면 태블릿 모니터의 밝은 화면 때문에(빛에 대한 끌림 특성 고려) 아동이 더 주의 깊게 그림을 살펴보고 무엇인지 인식할 수 있다.

교사나 부모는 아동이 가장 좋아하는 5가지 사물을 찍은 컬러 사진(무광택 종이에 인쇄)을 사용해 아동의 시각 발달 수준에 적합한 도서를 만들 수 있다. 도서에 사진을 사용할 때 사진은 단순해야 하며, 사진에 아동이 좋아하는 한 개의 사물이 있고 대비되는 배경이어야 하며, 컬러 사진은 한 페이지에 한 개만 제시하여 시각적 복잡성을 줄이는 것이 좋다. 그리고 아동이 선호하는 색상(빨간색, 노란색 등)을 사용해 물체, 모양, 인쇄 글자의 두드러진 시각적 특징을 강조한다.

대비되는 배경과 선호하는 색상으로 강조 표시

05 공간 구성과 시각적 배열 - 레벨 2

CVI 레벨 2 전략이 도움이 되는 아동은 2~4개 정도의 시각적 대상들을 간격을 넓게 배치하면 눈으로 보거나 주의할 수 있는 경우가 많다. 특히 아동이 가장 선호하는 시야 영역(방향)에 대비되는 배경과 함께 제시할 경우 더 잘 인식한다.

06 대비 - 레벨 2

CVI 레벨 2 전략을 사용하는 아동은 새로운 대상을 도입해 활동을 하거나 새로운 일과 활동이나 수업을 시작할 때 여전히 색상 대비가 필요하다. 친숙하거나 선호하는 시각적 대상을 사용하는 경우, 일반적으로 대비에 대한 아동의 요구가 상대적으로 감소한다. 예를 들어, 아동이 불빛이 나오는 노란색 공에 아주 친숙하다면 노란색 공을 금색 깔개 위에 놓더라도 시각적으로 그 공을 찾을 가능성이 높다.

목욕 시간에는 욕조 주변의 단색(흰색 선호) 벽이나 바닥 타일에 밝은 색상의 Crayola 목욕용 손가락 페인트 비누로 아동이 선호하는 시야 영역(방향)에서 그리기 활동을 하도록 한다.

Crayola 목욕용 손가락 페인팅 비누와 그리기활동

그리고 태블릿기기와 앱을 사용하면 눈에 두드러지며 느리게 움직이는 대상(이미지)을 구현할 수 있다. 레벨 2 아동에게 사용할 수 있는 이미지 제작 및 편집 프로그램에는 'Tap-N-See Now' 또는 'Big Bang Pictures' 등이 있다. 특히 Tap-n-See Now는 피질 시각장애(CVI)가 있는 아동을 위해 특별히 개발된 아이패드와 아이폰용 앱이다.

'Tap-N-See Now 앱'과 제작 도서

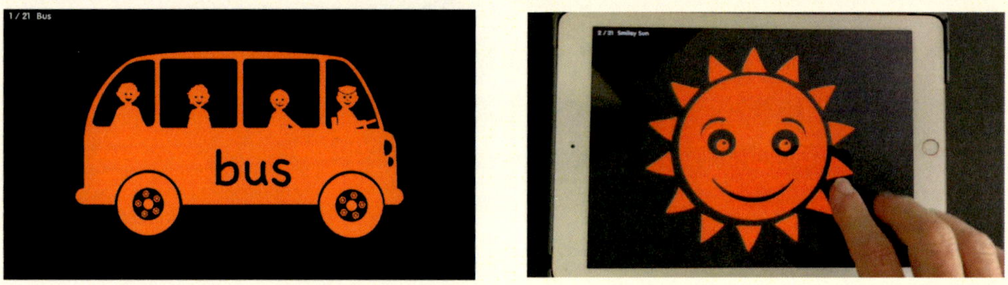

퍼킨스맹학교의 'Big Bang Pictures 앱' 도서

07 특정 시야 선호 - 레벨 2

CVI 아동은 하측 시야를 사용하는 데 어려움을 자주 보이기 때문에 계단 같은 단차가 보행 장애물이 되기도 한다. 이때 빨간색 반사 띠나 테이프를 사용해 계단이 두드러지게 보이도록 할 수 있다. 빨간색 덕 테이프(duct tape)를 사용해 출입구의 윤곽, 복도의 이동 경로, 계단 입구나 단차 등을 강조 표시하면 CVI 아동의 독립적이고 안전한 이동에 도움이 된다.

빨간색/노란색 반사 테이프

계단에 반사 테이프

테이블 모서리에 반사 테이프

벨크로 기능이 있는 검은색 보드(All-In-One Board, Invisiboard, APH)를 사용해 아동이 선호하는 시야 영역(방향)에 대상을 부착해 제시한다. 스마트 기기를 사용할 때 아동이 선호하는 시야 영역(방향)으로 스마트 기기를 사용하도록 기기의 위치나 자리 배치를 조정한다.

올 인 원 보드(All-In-One Board)

검은색 수직 보드 (Invisiboard)

판서용 블랙 보드

08 빛(조명) - 레벨 2

빛(조명)은 레벨 2 전략이 도움이 되는 아동이 대상을 '바라보는 행동(looking behavior)'을 시작하고, 시각적 주의를 유지하는데 여전히 중요하다. 라이트 박스 위에 시각적 대상을 제시하는 것도 도움이 된다. 일부 라이트 박스는 아동이 눈높이에서 더 잘 볼 수 있도록 각도를 조절할 수 있으며, 태블릿 기기나 아이패드용 '라이트 박스 앱'을 다운로드해 사용할 수 있다. 이 때 밝은 색상의 윈도우 젤 스티커(window gel stickers)는 라이트 박스 기기 또는 앱과 함께 사용하면 아동의 흥미를 높이는 데 효과적이다.

반투명 스티커(window gel stickers)

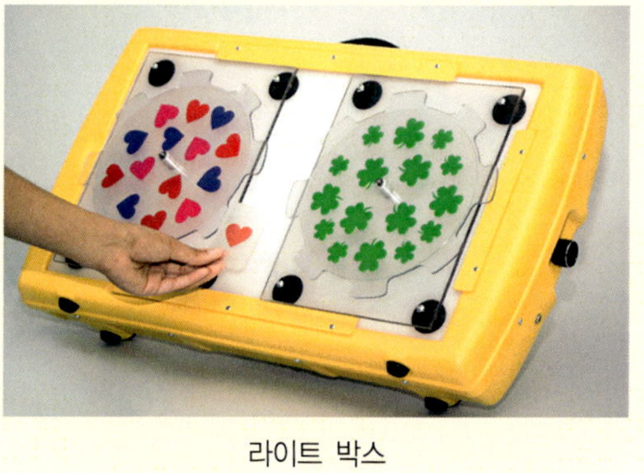

라이트 박스

조명 기능이 있는 오렌지색 교통 안전 콘

그리고 아동의 독립 보행을 위해 조명이 있는 주황색 교통안전 콘(lighted orange safety cone)을 사용한다. 조명이 부착된 안전 콘은 상단에 깜박이는 빨간색 표시등이 있고 내부에도 흰색 표시등이 있다. 교통안전 콘을 방 안의 여러 위치로 두고, 이동할 때 조명을 켜준다.

시각적 대상을 비추는 손전등(최소 300루멘 이상) 또는 책상 보조 조명을 사용하는 것도 계속 필요하다. 이 때 테이블 등 아동 주변의 표면들로부터 눈부심이 발생하지 않는지 확인한다. 불빛이 나오거나 손전등을 비추는 대상을 더욱 강조하기 위해 방의 전체 조명을 어둡게 하면 대상이 더 두드러져 보이고, 주변 환경의 어수선함과 복잡성을 안보이게 하는 효과도 있다.

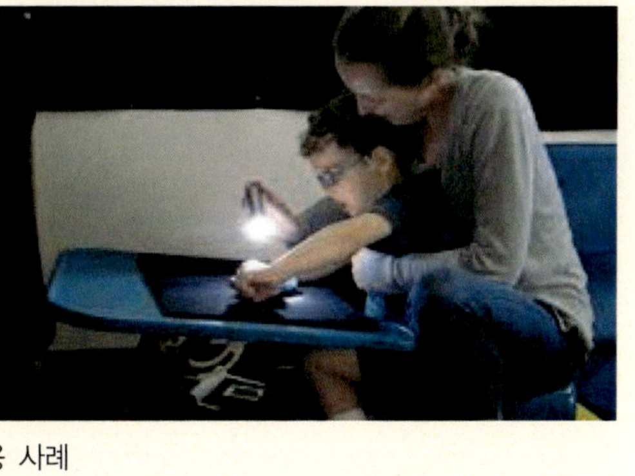

조명 활용 사례

09 친숙성 - 레벨 2

일단 CVI 아동과 함께 일하는 교사와 치료사 및 부모는 아동이 선호하는 대상을 알게 되면, 이들 대상의 '일부 속성(특징)'과 공통점이 있거나 그러한 속성을 새로운 대상에 부착하면 아동이 친숙하지 않은 대상들을 더 잘 볼 수 있다. 예를 들어, 아동이 선호하고 친숙한 대상이 빨간색 마일라 털뭉치라면, 빨간색 마일라 털뭉치 조각을 아동의 컵에 부착하거나 감싸면 컵을 더 잘 인식하고 잡을 수 있다.

물병과 마일라 리본의 조합

반짝이는 빨간색 플라스틱 컵

제5장

CVI 레벨 3 전략

01 일반 고려 사항 – 레벨 3

CVI 레벨 3의 전략이 도움이 되는 아동은 또래에 근접하는 시각 사용과 행동을 자주 보여준다. 그러나 멀리 있는 대상을 볼 때 주변의 경쟁하는 환경 및 감각 정보에 의해 계속 어려움을 겪기 때문에 복잡성을 최소화하는 것이 필요하다. 레벨 3 아동은 여전히 특정 시야 영역(방향)을 선호하고, 하측 시야에 위치한 대상을 보는 데 어려움이 남아있을 수 있다.

레벨 3 아동은 한 번에 너무 많은 시각적 대상들을 제시하면 시각적으로 주의하거나 인식하는 데 어려움을 보이는 경우가 많다. 특히 원거리 대상을 볼 때 자동적으로 시각적 복잡성이 증가하기 때문에 더욱 그렇다. 단색의 대비되는 배경을 사용하면 아동이 배경이나 전경으로부터 시각적 대상을 분리해서 보는, 즉 식별하는 데 도움이 된다. 조명 장치도 아동이 보행 경로를 인식하도록 돕는 데 계속 활용될 수 있다.

레벨 3 아동은 보다 다양한 시각적 대상에 반응하지만, 시각 사용을 위한 지원 요구도 증가하게 된다. 아동의 시각적 피로를 주의 깊게 관찰하여 주기적으로 휴식 시간을 주고, 눈으로 대상을 찾고(특히 멀리 있는 경우) 반응할 수 있도록 충분한 시간을 준다. 특히 아동이 피곤하거나 스트레스를 받거나 아프거나 방금 발작을 일으킨 경우에는 이전 보다 더 긴 시간을 기다려줄 필요가 있다. 교사와 부모는 아동이 보기를 바라는 대상에 대해 구체적이고 정확하게 설명해야 한다.

학교 교사와 부모 간의 원활한 의사소통도 중요하다. 아동에게 대상의 두드러진 시각적 특징을 잘 묘사하는 단어(descriptive words)를 사용해 설명하되, 가정과 학교에서 이를 일관되게 사용해야 한다. 아동의 사진이나 그림에 대한 '시각적 혼란(visual clutte)' 여부를 계속 점검하면서 아동이 제대로 인식할 수 있는 사진이나 그림을 사용해야 한다.

레벨 3 아동은 학교와 집에서 교사, 보조교사, 부모로부터 동일한 CVI 중재 방법과 절차를 따라 지원받도록 하는 것이 중요하다. 예를 들어, 아동이 답안 작성란에 답을 적는 위치를 강조 표시하기 위해 학교에서 노란색 형광펜을 사용하였다면 집에서도 숙제를 수행하는 데 동일한 방식을 적용해야 한다.

02 환경 및 감각 정보의 제시 - 레벨 3

레벨 3 전략이 도움이 되는 아동은 또래수준에 근접한 시각 사용과 행동을 보이지만, 여러 감각 정보의 제시, 특히 시각적 주의와 경쟁할 수 있는 청각 정보 및 자극에 계속 부정적인 영향을 받을 수 있다. 부모와 교사는 레벨 3 아동에게 효과적인 시각 정보의 제시 방법을 사용해야 하고, 아동이 얼마나 많은 감각 정보를 참아내며 시각적 대상에 대한 주의와 인식을 할 수 있는지 계속 살펴봐야 한다.

특히 일반학교의 리소스룸(Resource Room)이나 일반 학급은 시각적으로 복잡하고 산만하고, 멀리서(원거리) 칠판과 스마트 TV를 보는 것이 필요하며, 교과에 따라 수업 장소를 이동하는 여러 가지 환경적 문제들이 있다.

사 례

뇌병변으로 CVI 진단을 받은 15세 Molly는 CVI 고유한 시각 특성들이 대부분 해결되어 시각 사용에 어려움이 적은 편이다. 그러나 Molly는 여러 감각 기관을 통해 동시에 들어오는 정보를 처리해야 할 때 여전히 어려움을 보인다. 쉬는 시간에 복도에 친구들이 없을 때는 교실에서 체육관, 보건실, 교무실까지 찾아 가도록 하면, Molly는 안내자의 도움 없이도 찾아갈 수 있다.

그러나 복도가 학생들의 떠드는 소리로 시끄럽고 빠르게 움직이며 신체적 접촉도 일어나는 혼잡한 환경일 때 Molly는 시각을 사용해 목적지를 찾아가는 데 어려움을 보인다. 이러한 복도 환경에서 Molly는 청각 및 촉각 정보를 주로 사용하고, 어디로 가야 하는지 물어보면서, 벽을 따라 손으로 스쳐가기 기술을 사용해 천천히 이동한다. Molly는 아직 해결하지 못한 이 부분에서 여전히 보행 교육을 필요로 한다.

복도나 계단 같은 환경에서 조명의 밝기를 증가시키는 것이 CVI 아동에게 도움이 될 수 있다. 아동은 주변의 청각적, 촉각적 방해 요소들로 여전히 어려움을 느낄 수 있다. 교사와 부모는 시각을 사용한 학습이 이루어질 때 다른 감각 자극이나 정보를 가급적 최소화하도록 노력한다.

복잡하고 혼잡한 환경에서 이동할 때는 바닥이나 복도 벽에 빨간색 덕트 테이프로 만든 직선을 따라가게 하거나 천장 부근에 연속적으로 설치한 조명 장치를 보며 가도록 하는 것도 도움이 될 수 있다.

체육관에서 구기 활동을 할 때 CVI 아동에게 여전히 공이 어디로 굴러가고 있는지 알려 주어야 할 수도 있다. 야외에서 노란색 또는 호박색의 선글라스를 착용하면 대비가 증가하여 물체를 더 잘 보는 데 도움이 된다.

CVI 아동을 위한 보행 안내 선

03 근거리/중간 거리/원거리 보기 - 레벨 3

CVI 레벨 3의 전략이 도움이 되는 아동은 원거리 보기에 여전히 어려움이 남아 있을 수 있으며, 원거리에서 학습이 이루어져야 할 때 시각적 지원을 필요로 하는 경우가 많다. 일반 교실 환경이나 리소스룸에서 화이트 보드나 전자칠판을 사용해 교육이 이루어지는 경우가 많다. 아동이 교실에서 무광택 화이트 보드의 판서 내용을 보는 데 어려움이 있을 경우, 빨간색 덕트 테이프와 노란색 아세테이트지를 이용해 칠판의 중요한 부분을 강조 표시할 수 있다. 또는 화이트 보드의 중요한 부분을 빨간색의 자석 테이프를 사용해 사각형으로 표시해 강조할 수 있다.

아세테이트지

자석 테이프

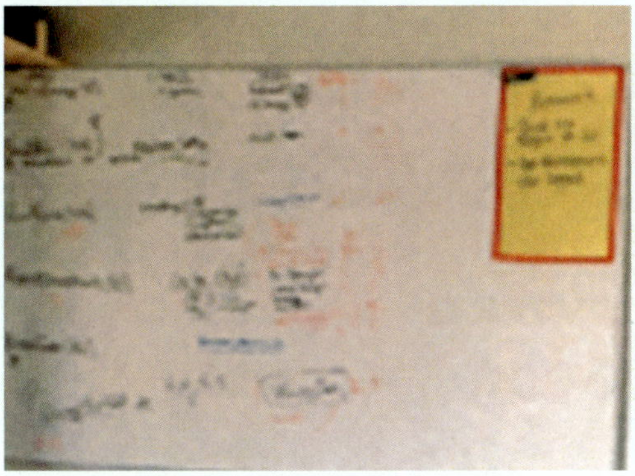

아세테이트지와 빨간색 테이프로 강조 표시

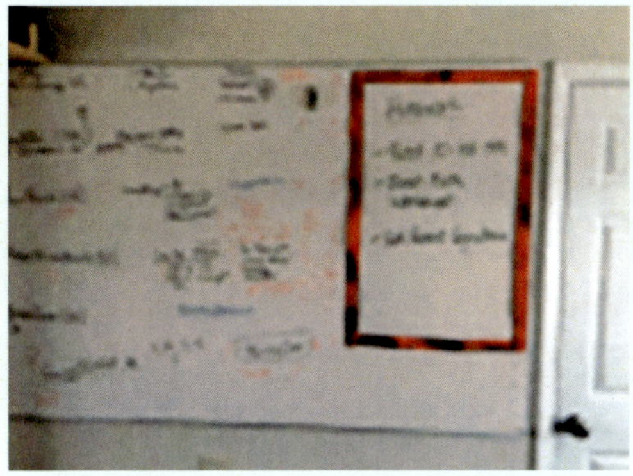

빨간색 자석 테이프로 강조 표시

멀리 있는 대상(3~4.5m)은 어떤 방식으로든 아동의 눈에 시각적으로 두드러지게 보이도록 해야 한다. 특히 시각적 대상의 주변 환경이 산만하거나 복잡할수록 더욱 대상이 두드러지게 하는 것이 필요하다. 이를 위한 전략으로 다음을 포함할 수 있다.

- 학생들이 붐비는 운동장에 밝고 반짝거리는 빨간색 셔츠를 입고 서 있는 친구 또는 현장 학습에서 노란색 우산을 들고 있는 교사는 시각적으로 더 쉽게 찾을 수 있다. 밝은 형광색이거나 강렬한 색상은 아동의 시각적 주의를 유도하는데 여전히 도움이 된다.
- 제출할 과제에 이름을 쓸 때 손전등으로 이름을 써야 할 빈칸을 비추어주면 아동이 더 쉽게 빈칸을 찾아 이름을 쓸 수 있다.
- 깃대에서 펄럭이는 깃발은 움직이지 않는 깃발보다 찾기가 더 쉽다. 움직임에 대한 끌림 특성을 활용할 수 있다.
- 아동은 주변의 혼잡함과 시각적 방해 요소를 줄이기 위해 시각적 대상에 더 가까이 다가갈 수 있으므로, 이를 허용한다.
- 과제를 수행하는 테이블을 어수선하지 않게 정리 정돈한다. 과제에 사용하지 않는 노트북, 펜, 휴대폰 등을 치운다.
- 컴퓨터에서 파워포인트를 사용할 때 마우스 포인터의 '움직임'을 이용해 특정한 대상에 대한 시각적 주의를 유도할 수 있다.
- 멀리 있는 랜드마크에 대한 시각적 주의를 돕기 위해 여전히 색상을 사용하는 것이 도움이 된다. 예를 들어, 아동이 출입문을 찾는 데 어려움이 있는 경우 문

테두리를 따라 빨간색 로프 조명을 부착한다. 아동이 문을 찾고 인식하기 시작하면 점차 로프 조명의 길이를 줄여 나가며(문틀의 한쪽 면에만 로프 조명 설치), 나중에는 로프 조명을 완전히 제거한다.

- 빨간색 테이프로 강조 표시한 사각형 프레임(frames)을 사용해 원거리에 있는 대상에 시각적 주의를 유도할 수 있다. 그리고 빨간색 마일라 장식용 줄로 대상의 윤곽을 강조 표시할 수도 있다.
- 아동이 멀리 있는 원거리 대상을 찾도록 언어적 단서, 커다란 시각적 단서, 또는 이 두 가지 모두를 제공할 수 있다. 예를 들어, "먼저 커다란 녹색 나무를 보고 그 아래에 서 있는 교사를 찾아라." 또는 "먼저 나를 보고, 그 다음 내 손이 화이트 보드의 가리키는 곳을 보거라."
- 과제수행 공간에 빨간색이나 노란색 스티커 종이(ConTac Paper)를 붙이면 테이블이나 책상을 멀리서도 잘 찾을 수 있다.
- CVI 아동은 친구들과 다른 색상의 의자를 사용하게 하거나 등받이에 밝은 색상의 털뭉치를 부착하여 멀리서도 두드러지게 보이게 한다.
- 물리치료나 작업치료 기구를 밝은 색상으로 사용하면 아동이 시각적으로 찾고 사용하기 쉽다. 예를 들어, 밝은 빨간색 그네, 형광색 컬러 공 등이 있다.
- 태블릿의 카메라 기능을 사용해 멀리 있는 대상(예: 교사의 판서)의 사진을 찍은 다음 태블릿 기기의 줌(확대) 기능을 사용해 사진의 세부 정보를 더 잘 볼 수 있다
- 일반 교실이나 리소스룸(Resource Room) 환경에 있는 아동은 판서 같은 원거리 보기를 위해 원거리용 확대독서기를 사용하는 것이 도움이 될 수 있다.

조명이 나오는 모자

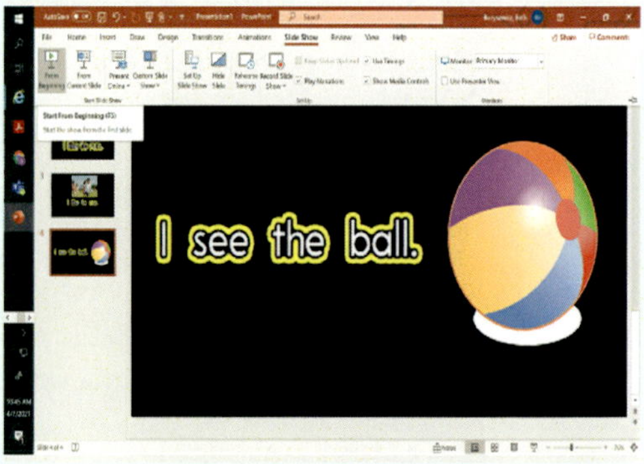

파워포인트로 자료 제작

로프 조명

빨간색 마일라 재질의 장식용 줄

검은색 보드

일과 활동의 순서를 나타내는 캘린더

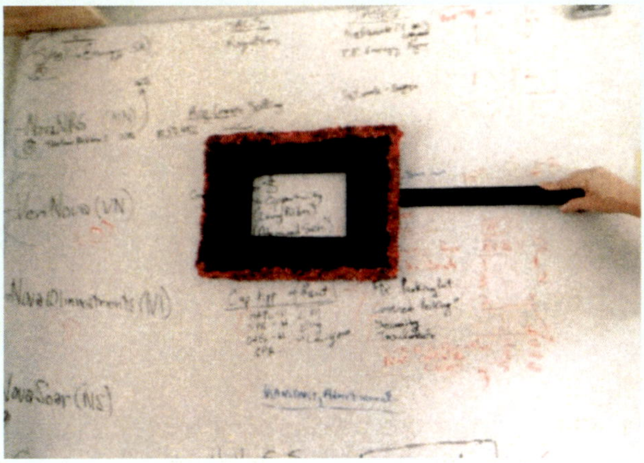

빨간색 테이프로 테두리를 강조 표시한 검은색 사각형 프레임

반짝이는 스티커 종이(ConTac Paper)

책상 모서리에 빨간색 테이프로 강조 표시

형광색 컬러 공

형광색 배드민턴 공

다목적용 확대독서기와 확대 기능 활용

원거리용 확대독서기와 줌 기능 사용

사 례

피질 시각장애로 진단을 받은 7세 Casey는 여름 방학에 수영을 배우고 있었다. 나는 우연히 Casey의 어머니를 만나 수영 강습이 어떻게 진행되고 있는지 물었다. 어머니는 Casey가 물에 점점 더 적응하고 있으며, 벽을 밀면서 나가고 물에 뜨는 방법을 익히고 있다고 말했다. 어머니는 Casey가 물에 떠 있을 수 있고 팔을 몇 번 휘젓기 시작했지만, Casey는 어머니를 알아볼 수 없는 2m 이상 멀리 가려고 하지 않는다고 말했다. 우리는 수영 활동에서 '원거리 보기의 어려움' 특성에 따른 이러한 문제를 해결하기 위해 토론하였다.

우리는 Casey가 어머니를 발견하는 데 도움이 되도록 야외 수영장에서 빨간색의 햇빛 가림 모자(sun hat)을 어머니가 쓰도록 하였다. 이를 통해 Casey가 수영해서 점점 더 멀리 가기를 바랐다. 몇 주 후, 나는 Casey의 어머니를 만났을 때 빨간 모자를 사용하는 중재 전략이 효과가 있었는지 물었다. 어머니는 그러한 중재가 매우 효과적이었으며, 이제 Casey가 더 멀리까지 수영을 해서 가고 있다고 말했다.

어머니는 '빨간 모자'를 쓴 것 외에도 수영장 데크(pool deck)와 주변 지역에도 약간의 환경 수정을 하였다고 말했다. 어머니는 수영장 주변을 살펴보니 화분에 심은 빨간색 꽃, 라운지 의자, 쿠션 등으로 주변 배경의 복잡함과 시각적 혼란이 있었다. 따라서 Casey가 엄마가 있는 방향을 바라볼 때 빨간 모자만 잘 보이도록 주변 배경에 있는 다른 빨간색 사물들을 다른 곳으로 옮겼다. 나는 Casey의 부모가 내가 제시한 중재 전략을 일상생활에 적용하기를 기대했고, 이제 그들 스스로가 Casey의 일과 활동에 다양한 중재 전략을 개발해 활용할 수 있게 되었다.

[빨간색 햇빛 가림 모자]

04 시각적 대상 - 레벨 3

레벨 3 전략이 도움이 되는 아동은 책, 학습지, 그림 및 그 밖의 2차원 자료들의 수정이 필요할 수 있다. 레벨 3 아동은 컬러 사진, 단순한 흑백 선 그림을 포함해 많은 그림들을 알아보기 시작할 수 있다. 일상생활훈련 교실이나 리소스룸에서 일과 시간표(Daily Calendar)을 보고 이용할 수 있다.

매일의 일과 활동들을 나타내는 친숙한 사물의 사진(예: 점심시간을 나타내는 아동에게 친숙한 도시락 사진)을 촬영하고, 사각형의 검은색 폼 보드(black foam core board)에 부착해 일과 시간표를 만들 수 있다. 그런 다음 밸크로 기능이 있는 경사 보드나 수직 보드에 '지금 활동'과 '다음 활동'으로 구분해 이들 사진을 부착할 수 있다.

시각적 복잡성을 줄이기 위해 초기에는 한 번에 두 장의 사진만 부착해 사용하고, 사진 사이에 넓은 간격을 두어 배치한다. '지금 활동'이 끝나면 아동은 밝은 빨간색 또는 노란색 상자인 '종료 상자'에 해당 사진을 넣는다. 그 다음 아동은 '다음 활동' 사진을 '지금 활동'으로 이동하고, 그 다음 활동을 위한 사진을 '다음 활동'에 부착한다.

책의 페이지에서 중요하지 않은 세부 사항은 제거한다. 예를 들어, 쪽 번호 등 불필요한 부분은 수정액이나 수정테이프로 지울 수 있다. 여러 가지 모양, 숫자 또는 문자를 보아야할 때 아동에게 손가락으로 따라가며 눈으로 보도록 한다.

아동이 선호하는 색상을 대상에 사용하는 전략을 계속 적용할 수 있다.

- 빨간색 마커로 문자 또는 숫자의 윤곽선을 그려 시각적으로 두드러지게 강조한다.
- 모양, 사물 그림, 문자의 두드러진 시각적 특징에 컬러 형광펜을 칠해 시각적으로 두드러지게 강조한다.
- 학습지의 답안 작성 란을 두드러지게 보이도록 강조 표시한다. 모든 답안 작성 란은 일관되게 한 가지 색상을 사용해 표시하는 것이 효과적이다.
- 노란색 아세테이트지를 사용해 대비를 높인다.
- 파스텔 색상의 그림은 명확하게 보이지 않으므로, 유성 마커로 윤곽선을 그려주고 밝은 원색으로 다시 내부를 칠할 수 있다.
- 컬러 박스(tote boxes)를 사용해 자료들을 구분한다. 예를 들어 한 개 컬러 박스에는 수행할 학습지를 놓고, 다른 컬러 박스에는 완료한 학습지를 놓도록 한다.
- 마커 또는 형광펜을 사용해 문장의 시작과 끝을 두드러지게 표시한다. 예를 들어, 각 줄의 첫 글자에 녹색 마커로 밑줄, 각 줄의 마지막 글자에 빨간색 마커로 밑줄 긋기, 또는 녹색 원 스티커로 시작 부분을 표시하고 빨간색 원 스티커로 끝 부분을 표시할 수 있다.
- 빛을 반사하는 컬러 스티커 종이를 아동이 보아야 하는 대상의 한 부분에 부착하거나 테두리를 만들어 강조 표시를 할 수 있다.
- 좌측 시야 영역(방향)을 보는 데 어려움이 있는 아동이 페이지의 왼쪽 시작 지점부터 읽거나 쓰는 것을 돕기 위해 페이지의 왼쪽 가장자리에 형광펜이나 형광 테이프로 수직선을 표시해 줄 수 있다.

아동이 선호하는 색상으로 시각적 특징을 강조 표시하기

그림과 단어에 노란색으로 강조 표시

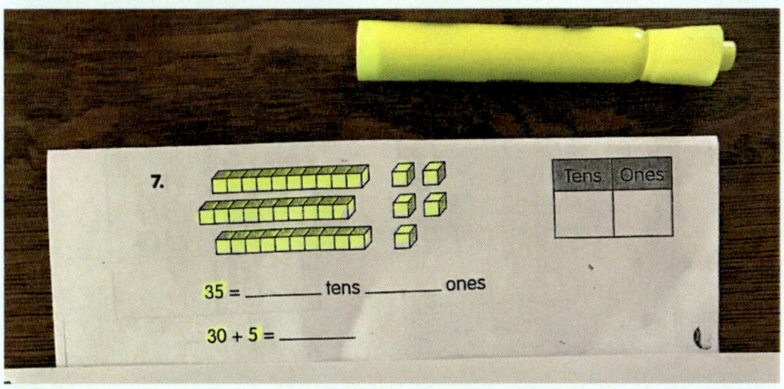

형광펜을 사용해 강조 표시

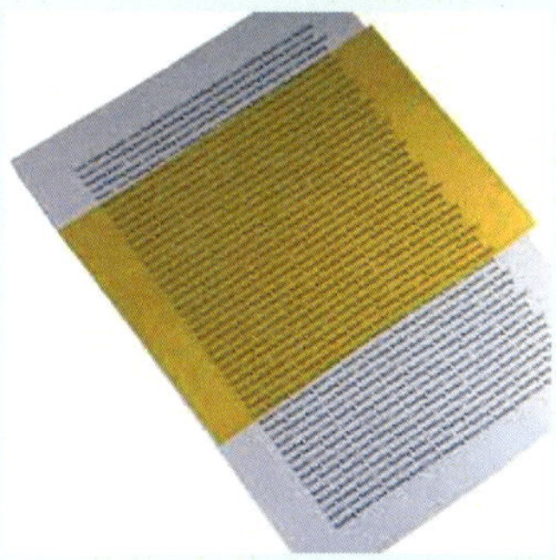

노란색 아세테이트지 사용

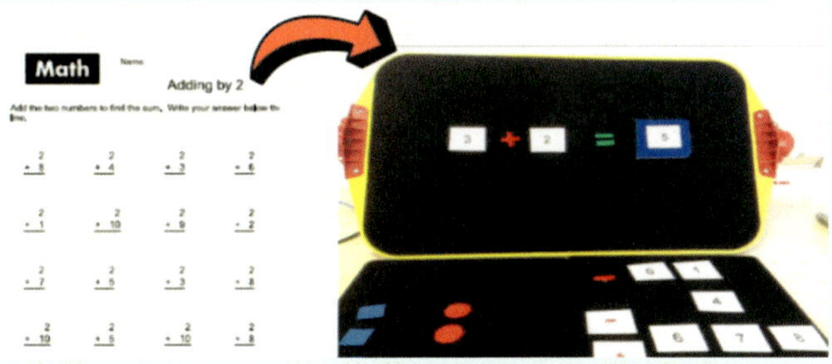

수학 학습지의 수정

컬러 박스

컬러 원 스티커

컬러 스티커 종이

컬러 강조 표시 테이프
(highlighter tape)

시각적 복잡성을 줄이기 위해 시각적 대상을 단순화하는 전략을 계속 사용할 수 있다.

- 여러 가지 유형의 가림판(window markers) 또는 타이포스코프 및 라인 가이드를 구입해 시각적 대상만 보이거나 두드러지도록 강조한다. 부모나 교사가 검은색 도화지를 '창문' 모양으로 직접 잘라서 만들 수 있다.
- 산만하고 불필요한 세부 사항을 제거하는 데 수정액이나 수정테이프를 사용할 수 있다.
- 학습지에 필요한 부분만 보이도록 오리거나 종이를 접어서 제시하면 시각적 정보의 양을 줄일 수 있다.
- 아동은 밝은 색상의 공, 형광색 배드민턴 공 등을 사용하거나 체육 장비와 교구를 일부 수정하면 신체 활동 참여에 도움이 될 수 있다. 야구 경기에서는 밝은 색상의 베이스를 사용하고, 팀원 모두가 동일하고 눈에 띄는 밝은 색상의 티셔츠를 입게 하면 경기장에서 더 쉽게 서로를 찾거나 알아볼 수 있다

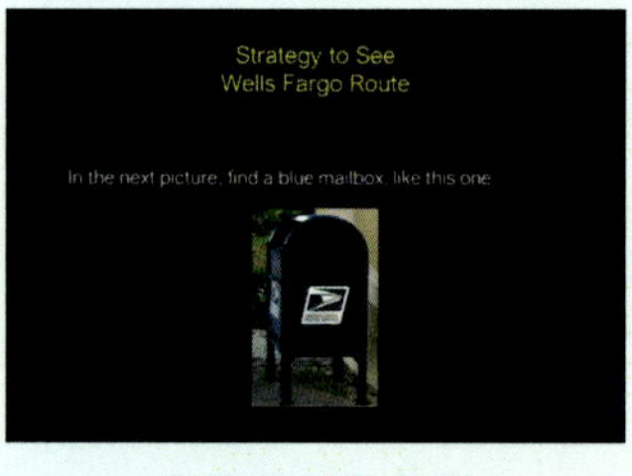

가림판 사용 사례

여러 가지 가림판
(window markers)

타이포스코프

라인 가이드/라인 마커

일반 교실이나 리소스룸에 배치된 아동은 원거리용 확대독서기를 사용하면 원거리의 시각적 대상을 가까이 있는 모니터로 볼 수 있다. 확대독서기를 사용하면 아동이 보아야 하는 대상을 적정 크기로 확대함으로써 주변 배경이 보이지 않게 하며, 선호하는 색상과 대비로 변경할 수 있다.

05 공간 구성과 시각적 배열 – 레벨 3

아동이 보아야하는 대상들 간에 적절한 간격을 두어 배치(배열)하는 것(배열의 복잡성으로 인한 어려움 고려)이 계속 중요할 수 있다. 레벨 3의 아동은 더 많은 개수의 시각적 대상을 볼 수 있지만, 부모와 교사는 여전히 주변의 복잡성을 줄이는 데 신경을 써야 한다.

CVI 아동에게 효과적인 보완대체의사소통 기기(AAC)를 선택하거나 수정해 사용해야 한다. 시중에 판매되는 많은 보완대체의사소통 기기는 화면에 한두 개부터 수십 개의 그림 상징들을 넣을 수 있는 격자 모양의 공간들을 구성하고 있다. 레벨 3 아동이라도 많은 격자 배열의 공간들은 여전히 너무 복잡하고 혼란스럽게 느껴질 수 있다. CVI 아동이 사용하는 보완대체의사소통 기기는 2~4개 정도의 단순한 공간 배열이 적절할 수 있다.

우선 검은색 종이로 보완대체의사소통 기기의 그림 상징들이 몇 개만 보이도록 제한할 수 있다. 그러면 덜 복잡한 그림 상징 배열을 만들고, 아동이 그림 상징들을 식별할 수 있다. 그리고 아동에게 실물을 찍은 사진, 그림, 추상적 기호 중 어떤 것이 적절한지 평가하여 아동에게 사용할 상징의 유형을 결정해야 한다. 크리스틴 로만-란치 박사와 그의 동료들이 개발한 평가도구('What's the Complexity?' Framework)를 활용하는 것이 도움이 된다.

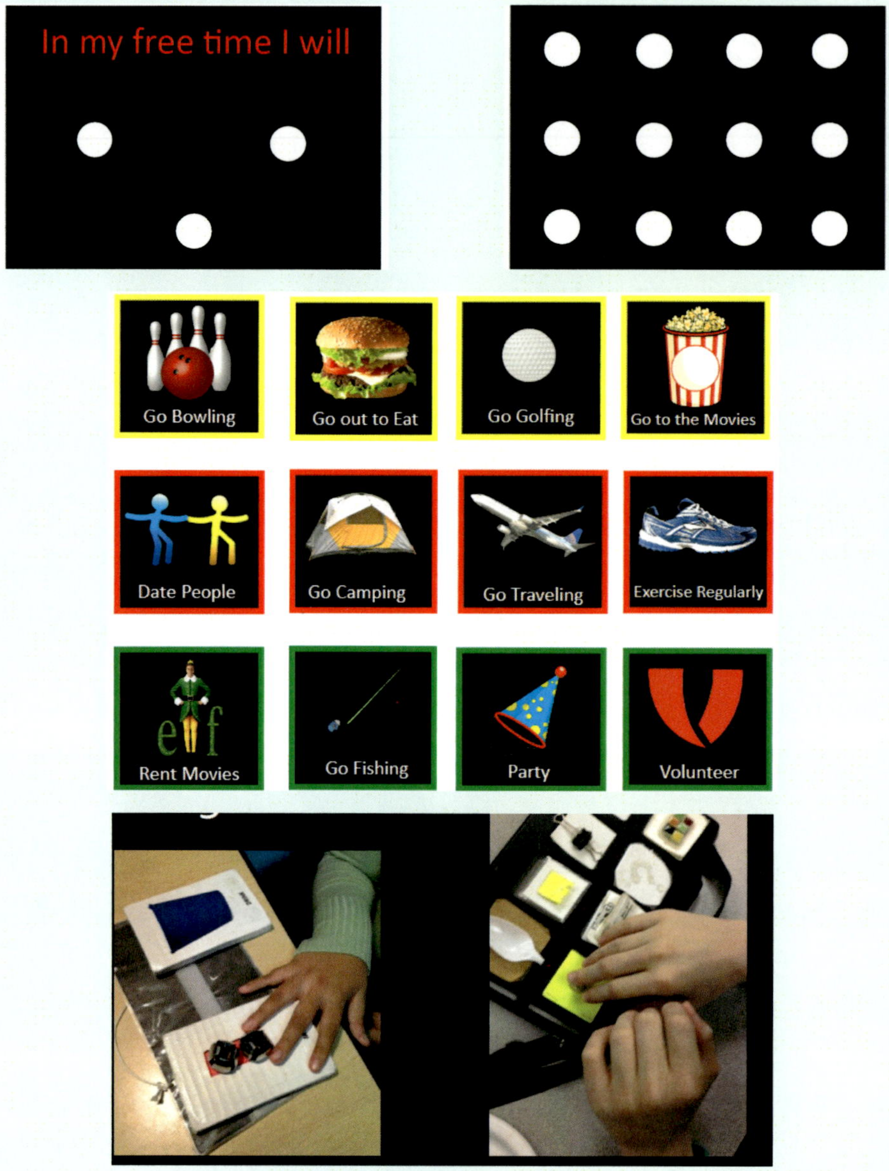

CVI 아동 특성을 고려해 수정한 그림 상징과 밸크로 방식의 AAC
(위쪽: 여가 활동 선택 AAC)

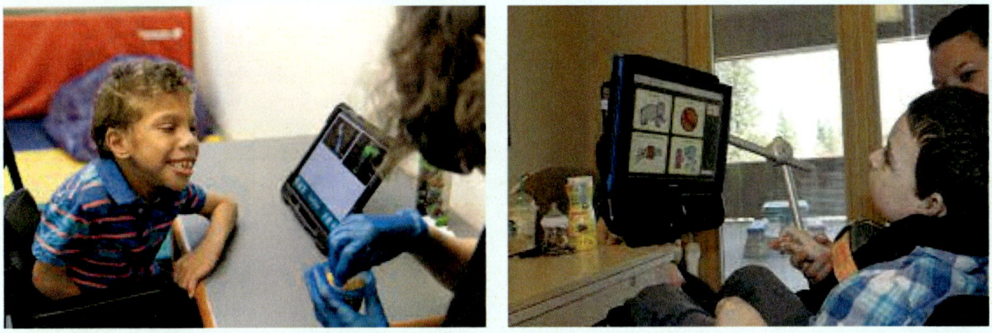

다양한 보완대체의사소통 기기 사용 사례

아동이 이제 막 읽기를 시작하였다면 페이지의 단어와 그림 간에 넓은 여백이 있는 책이나 자료를 사용하는 것이 필요하다 'Primary Phonics(K-2)'가 좋은 사례이다. 이에 더해 CVI 아동별로 맞춤형 학습자료를 만드는 것이 필요할 수 있다.

CVI 아동을 위한 도서와 자료는 대비되는 단순한 배경에 선명하고 단순한 그림들을 사용해야 한다. 개별 아동의 시각 사용 능력에 따라 단어들이나 문장들 사이에 더 넓은 간격을 유지하는 것이 필요하다. 원본 파일이 있다면 컴퓨터에서 학습지를 수정하는 것이 더 편리하다. 학습지의 페이지별로 들어갈 단어와 문장 수를 제한하고, 수정액이나 수정테이프를 사용하여 불필요한 요소를 지운다. 필요한 부분만 보이게 종이를 접어서 제시하거나 보아야 하는 부분만 복사기에 확대복사하면 시각적 복잡성을 줄일 수 있다. 그리고 검은색 가림판을 사용해 불필요한 세부 사항이 안보이게 하는 '차단 기술(blocking techniques)'을 사용할 수 있다

또한 책상에 책이나 학습지만 남겨 두고, 나머지는 치우거나 정리 정돈한다. 아동에게 학습 자료는 종류에 따라 컬러 색인 폴더(color-coded folders)에 정리하면 나중에 찾기 쉽다.

초급 음소 학습(Primary Phonics) 시리즈

컬러 색인 폴더

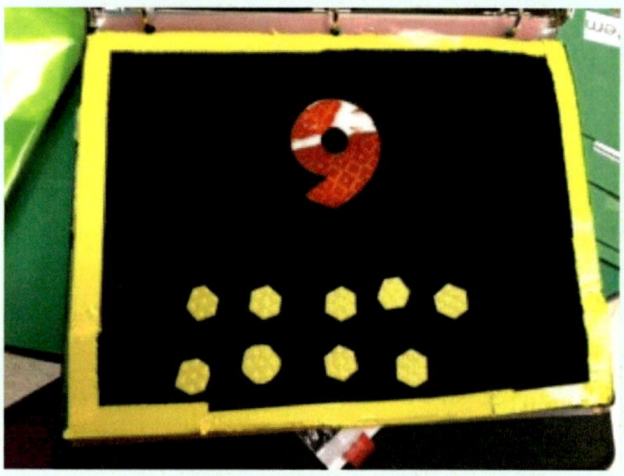

숫자 학습지의 수정

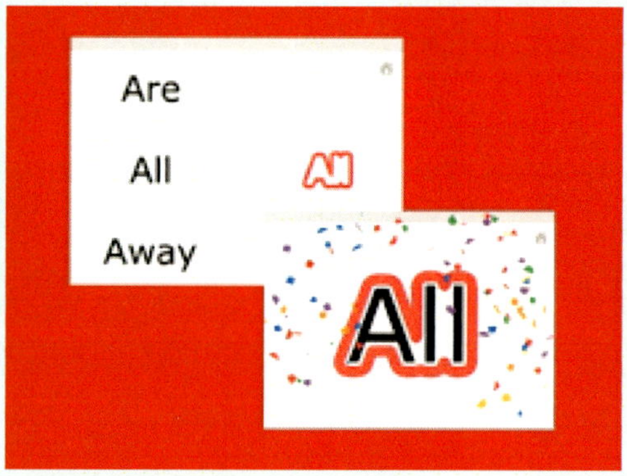

단어 학습지

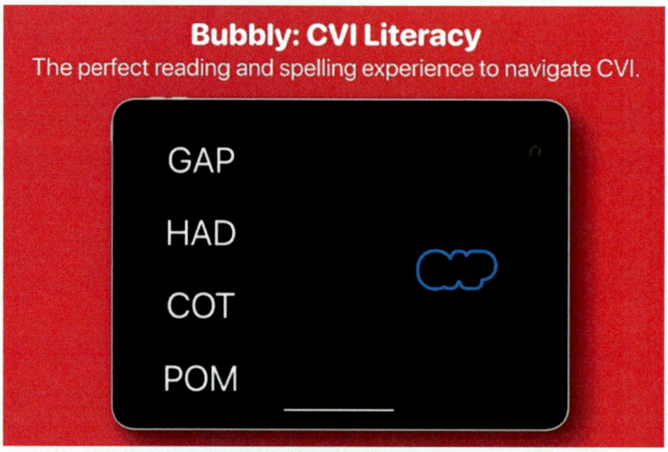

CVI 아동용 단어학습 앱

06 대비 – 레벨 3

레벨 3의 전략이 도움이 되는 아동은 근거리에 있는 대상을 둘러싼 주변 환경의 복잡성을 참아낼 수 있지만, 원거리에 있는 대상을 보아야 할 때는 주변 환경의 복잡성으로 어려움을 갖는 경우가 많다. 따라서 아동이 선호하는 색상, 움직임, 조명, 청각 단서(auditory cue) 등을 통해 멀리 있는 대상이 두드러지게 보이도록 지원하는 것이 여전히 필요하다

사 례

CVI로 진단받은 고등학생인 George는 대비가 낮은 배경에서도 멀리 있는 대상을 잘 찾는 편이다. 나는 체육 시간에 배드민턴을 하고 있는 George와 친구들을 보았다. George는 네트 위를 넘나드는 배드민턴 공을 찾는 데 어려움을 겪고 있었다. 나는 George 시야에서 체육관 환경을 살펴보고자 George의 옆에 서서 배드민턴 공이 다가올 때 시야에 보이는 것들을 살펴보니 체육관의 하얀 천장과 하얀 벽으로 흰색 배드민턴 공이 시각적으로 두드러지게 보이지 않았다. 그리고 천장 조명의 눈부심으로 흰색 공이 잠시 사라지는 현상도 있었다. 나는 흰색 공 대신에 형광 오렌지색 공을 사용하도록 추천했다. 체육 교사에게 George가 서 있는 위치의 천장 조명의 방향을 조정하도록 요청했고, 친구들에게 George에게 공이 다가갈 때마다 구어로 신호를 주도록 부탁했다. 이러한 수정으로 George는 배드민턴 활동에 더 잘 참여하게 되었다.

확대독서기는 화면의 배경색을 대상과 대비되는 색상으로 변경하는 기능이 있어 CVI 아동에게 도움이 된다. 교사가 전자칠판에서 파워포인트 자료를 사용해 지도할 때 파워포인트의 템플릿(배경)이 어두운 계열의 색상이고 화면에서 보아야 할 대상(이미지)이 밝은 색상이면 아동은 파워포인트 자료를 눈으로 더 잘 인식할 수 있다. 또한 CVI 아동을 위한 도서를 만들 때 태블릿 기기에서 다양한 배경색과 글자색을 제공하는 앱(Book Creator 등)을 사용할 수 있다.

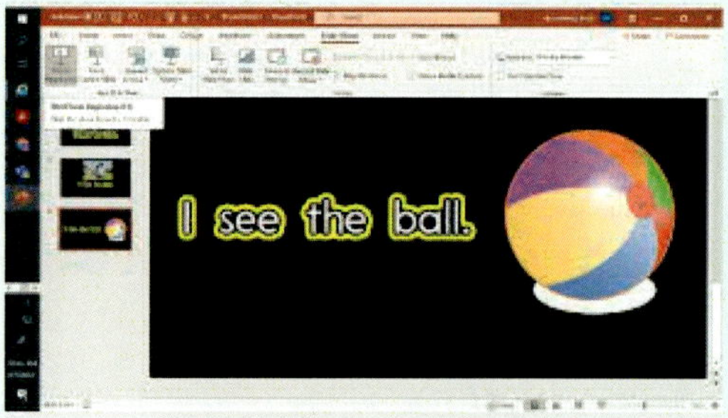

파워포인트로 제작한 학습자료

Book Creator 앱

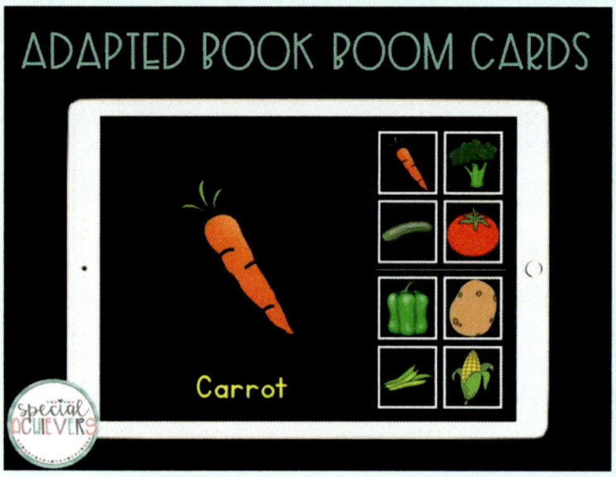

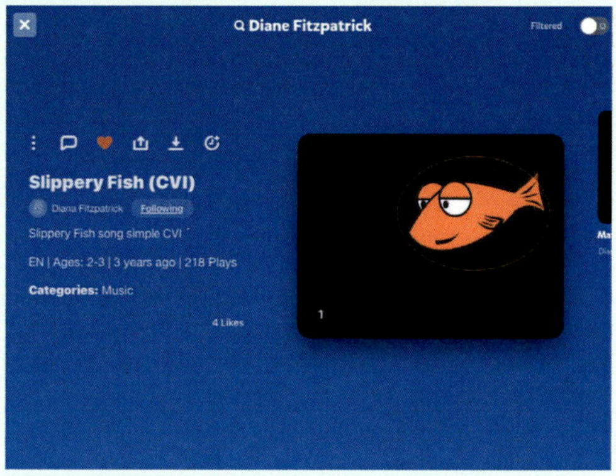

CVI 아동을 위한 다양한 디지털 학습 자료

07 특정 시야 선호 – 레벨 3

아동이 선호하는 시야 영역(방향)에 시각적 대상을 제시하는 전략이 여전히 도움이 된다.

- 아동이 가장 효율적으로 볼 수 있는 곳으로 자료를 옮겨서 보는 것을 허용하거나 제안한다.
- 아동이 자료를 가장 효율적으로 볼 수 있는 신체 자세나 위치로 바꾸는 것을 허용하거나 제안한다.

- 아동이 사분면(1사분면, 2사분면, 3사분면, 4사분면) 중 자료를 가장 효율적으로 볼 수 있는 위치를 확인한다.
- 경사 보드와 독서대를 사용해 하측 시야 결함을 보상한다.
- 휠체어를 사용하는 아동을 위해 휠체어 트레이용 경사 보드를 사용한다.
- 아동이 자료를 보고 읽기에 가장 적합한 각도로 머리를 기울이거나 돌리는 것을 허용한다.
- 태블릿 기기를 사용하는 아동은 태블릿용 거치대를 사용해 태블릿 기기를 원하는 높이와 각도로 조정한다.

그리고 CVI 아동이 걸어가거나 휠체어로 이동할 때 하측 시야 결함을 보상해 주는 지원이 필요할 수 있다. 그리고 CVI 아동이 선호하는 시야를 더 잘 사용할 수 있도록 신체 자세나 자리 배치를 조정할 수 있다. 예를 들어, 아동이 오른쪽 시야를 더 잘 사용할 수 있다면 교실 왼쪽에 자리 배치를 할 수 있다. 아동이 경사진 길이나 단차가 있는 곳을 이동하거나 계단을 이용하는 데 하측 시야 결함으로 어려움이 있는지 확인한다. 빨간색 덕트 테이프나 빨간색 반사 테이프로 계단이나 단차를 표시해 줄 수 있다. CVI 아동이 이동할 때 밝은 조명이 있는 복도와 계단으로 이동하도록 한다. 계단에 어두운 구역이 있다면 추가 조명을 설치하는 것이 필요하다. 바닥면이 고르지 않거나 하측 시야 결함으로 넘어질 수 있는 곳에 다다르면 '천천히', '아래를 잘 봐' 같은 구어 신호나 어깨 두드리기 같은 촉각 신호로 알려준다.

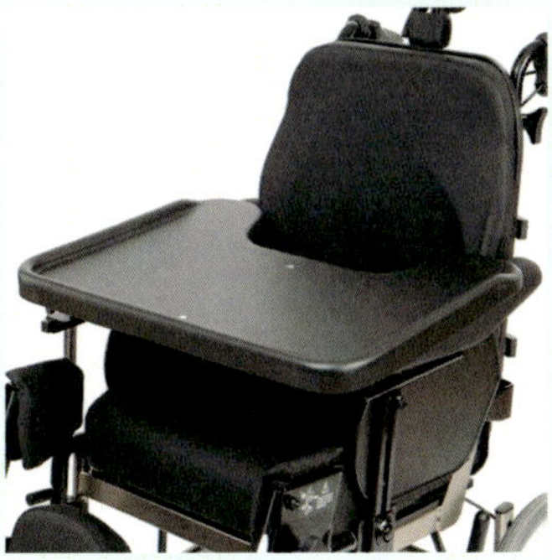
휠체어와 트레이

경사 보드

태블릿용 거치대

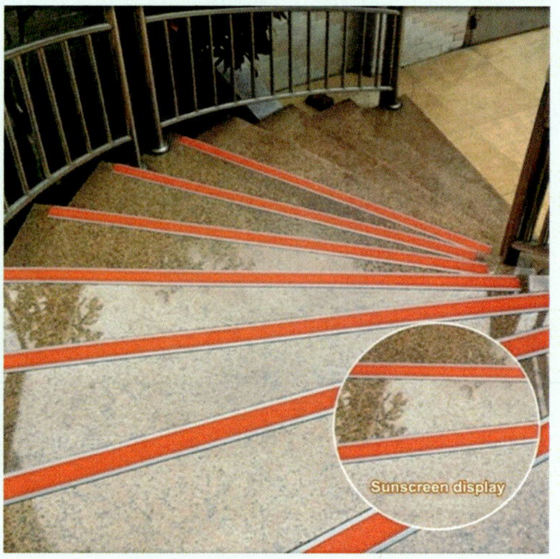

빨간색 테이프를 부착한 계단

08 빛(조명) - 레벨 3

레벨3 아동에게 조명이 밝은 곳에서 활동이나 과제를 수행하는 것이 여전히 도움이 된다. 일반 교실이나 리소스룸에 배치된 아동의 경우, 책상이나 사물함에 작은 배터리용 보조 조명(손전등 등)을 구비하면 아동이 필요한 책과 용품을 찾는 데 도움이 된다. 또한 천독서 활동이나 여러 가지 근거리 활동에 그림자가 생기지 않도록 조명 기구의 위치나 자리배치를 조정한다.

교실의 전체 조명을 어둡게 하고, 전자칠판에 파워포인트 자료를 제시하면 도움이 된다. 파워포인트로 자료를 만들 때 대상이 움직이도록 하는 기능을 적용하거나 슬라이드 쇼 보기에서 마우스 포인터를 아동이 선호하는 색상으로 레이저 포인터를 바꾸면 아동의 시각적 주의를 유도하거나 유지할 수 있다. 컴퓨터 모니터와 과제 수행 테이블로부터 눈부심이 발생하는지 확인하여 자료의 위치나 각도를 조절한다. LED 조명 기능이 있는 검은색 전자 보드(Dry Erase Board)를 사용하면 초보 읽기 학습자의 문해 학습에 도움이 된다. 그리고 형광색의 마커를 사용하면 판서하는 글자와 단어를 시각적으로 더 잘 볼 수 있다.

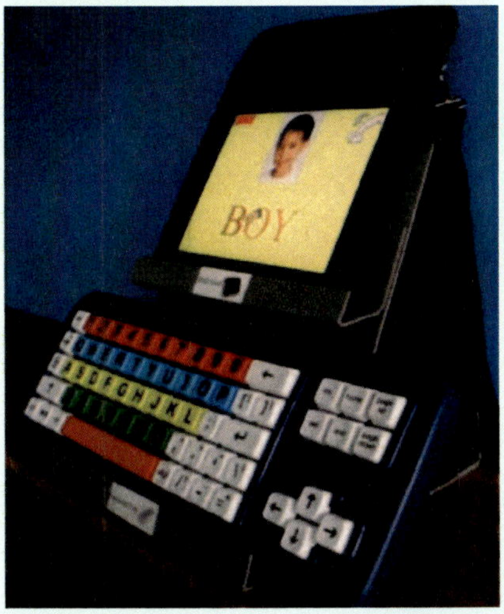

태블릿 및 키보드 거치대

조명 기능이 있는 블랙 보드

판서용 형광색 마커

09 친숙성 - 레벨 3

일반적으로 레벨 3의 전략이 도움이 되는 아동은 친숙한 것들을 보고 인식하는 데 거의 어려움이 없다.

제6장

추가적인 고려 영역

01 시각적 피로

CVI 아동의 시각적 피로는 시각적 주의와 과제 수행에 부정적인 영향을 미치므로 주의 깊게 살펴 휴식 시간을 제공해야 한다.

- CVI 아동의 시각적 피로 여부를 주의 깊게 살핀다. 아동이 보이는 시각적 피로의 징후로는 하품, 집중력 저하, 과민성, 울음, 졸음 등이 있다.
- CVI 아동별로 시각적 피로가 발생하는 환경과 조건을 기록하고, 학습 환경 조성에 활용한다.
- CVI 아동이 시각을 얼마나 오랜 시간 효율적으로 사용할 수 있는지, 즉 시각적 피로가 발생하기 전까지의 소요 시간을 확인하여 적절한 과제 수행 시간을 결정한다.
- CVI와 안구 시각장애가 모두 있는 아동은 안구 시각장애 질환이 시각적 피로를 유발할 수 있는 지 확인하고, 시각적 피로의 모든 원인을 고려한다.
- 학습 환경과 자료를 평가하고, 어떻게 수정하는 것이 CVI 아동의 시각적 피로를 줄일 수 있는지 확인한다.
- CVI 아동의 시각적 피로를 고려해 주기적인 휴식 시간을 가지도록 한다.

02 자리 배치와 신체 자세

CVI 아동의 자리 배치와 신체 자세는 시각을 더 효율적이고 안정적으로 사용하는 데 영향을 준다.

- CVI 아동에게 편안하고 적절한 자리 배치와 신체 자세로 시각을 효율적으로 사용하고 있는지 확인한다.
- 시각을 사용하는 활동이나 과제를 수행할 때 가급적 새로운 착석 기구(의자, 앉기 보조기구, 서기 보조기구 등)로 바꾸지 않도록 한다. 아동은 새로운 기구에 적응하는 데 집중함으로써 시각을 사용해 과제를 수행하는 데 집중하기 어려울 수 있다.

앉기 보조기구(positioning chair)

서기 보조기구(stander)

- 물리치료사나 작업치료사와 협력해 CVI 아동이 안전하고 편안함을 느낄 수 있는 가장 적합한 신체 자세를 결정한다. 아동에게 가장 적합한 착석 보조 장치 및 트레이 종류를 비교해 결정한다.

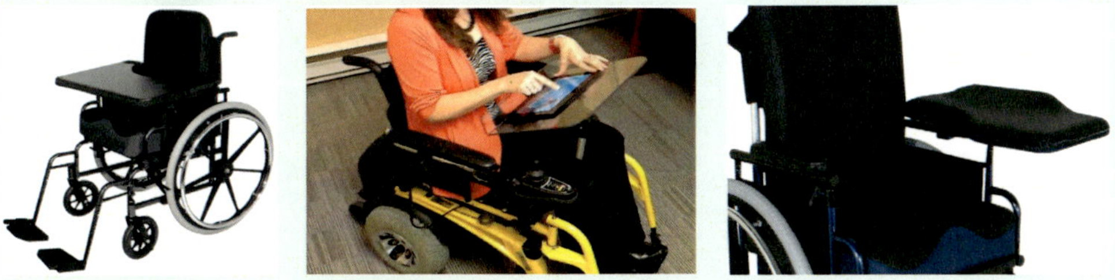

휠체어용 트레이의(tray) 종류: 여러 가지 색상, 각도 조절, 부착 위치, 탈부착 가능 등

- CVI 아동이 팔과 손을 가장 효율적으로 사용할 수 있는 신체 자세를 확인하고, 필요 시 해당 자세를 지원하는 보조 기구를 사용한다.
- CVI 아동의 자리 배치나 신체 자세를 조정할 때 머리 위 조명이나 창문이 아동의 시야 내에 들어오는 지 확인한다. 적절한 자리 배치와 자세로 빛이나 조명에 대한 지속적 응시 및 눈부심 문제를 줄일 수 있다.
- CVI 아동이 시각을 사용해 과제를 수행할 때 주변에서 의도하지 않은 사람들의 움직임이 아동의 시야에 보이지 않는지 확인한다. 특히 이제 시각을 막 사용하기 시작한 레벨 1의 아동 경우, 주변의 움직임이 시각를 사용하는 과제에 대한 아동의 시각적 주의를 크게 방해할 수 있다.
- 휠체어에서 스스로 신체 균형을 유지하지 못하는 아동의 경우, 아동별로 적절한

벨트와 지지대를 사용해 몸이 의자 아래로 미끄러지거나 옆으로 기울어지거나 또는 머리가 한쪽으로 숙여지지 않도록 한다. 의자에서 떨어질 것 같은 느낌이 드는 아동은 신체 균형을 유지하는 데 신경을 집중하게 됨으로써 시각을 사용하는 과제나 대상에 시각적 주의를 하거나 시각을 효율적으로 사용하기 어렵다.

- 아동의 머리가 특정 방향을 향하게 되면 아동의 시야에 보이는 것들이 달라진다. 아동이 적절한 시야를 확보하도록 머리 자세를 고정하려면 머리 지지 장치를 사용하는 것이 필요할 수 있다.
- 아동에게 다양한 신체 자세를 취해 보도록 하면서 시각적 주의가 가장 잘 이루어지는 자세를 확인한다.

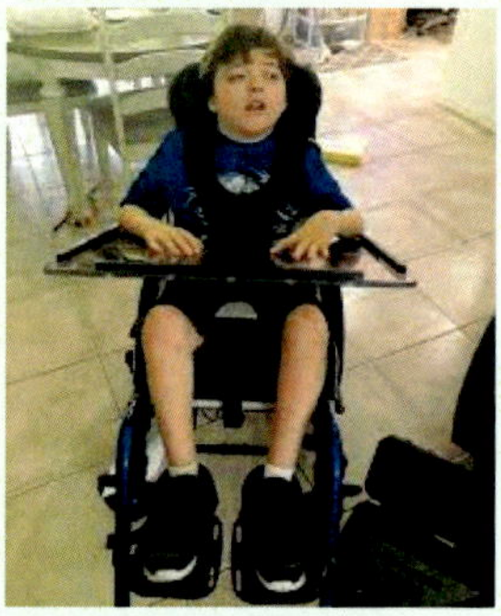

효율적인 시각 사용을 위한 신체 자세와 머리 위치 조정

03 눈-손 협응

일부 CVI 아동, 특히 CVI 레벨 1 아동은 손과 팔을 자신의 의도대로 사용하는 데 어려움이 있을 수 있다.

- CVI 아동은 대상을 바라보고 대상에 손을 뻗어 잡는 행위들이 동시에 이루어지는 지 평가하는 것이 필요하다. 아동이 대상을 바라본 후, 대상에 손을 뻗어 잡으려고 할 때 시선을 다른 곳으로 돌린다면 눈-손 협응이 필요한 활동들에 어려움을 겪을 것이다. 일반적으로 눈-손 협응 활동들은 아동이 대상을 눈으로 계속 응시하면서 대상을 손으로 잡고 조작하는 것을 요구한다.

- 일부 CVI 아동은 의사소통을 위해 보완대체의사소통 기기를 사용하며, 그림 상징을 손으로 선택할 수 있어야 한다. 아동들이 원하는 그림 상징을 선택하려면 눈으로 그림 상징을 바라보고 손가락으로 상징을 가리키거나 터치하는 것이 필요하다.

CVI 아동을 위한 다양한 보완대체의사소통 기기의 사용 사례

제7장

CVI 기술 평가와 전략 개발 양식

'CVI 기술 평가 및 전략 개발 양식(CVI Skills Inventory & Strategies Worksheet)'은 CVI 아동이 시각을 보다 일관되고 효율적으로 사용하는 데 도움이 되는 전략을 개발하고 결정하는 데 유용하다.

01 CVI 아동의 배경 정보 양식

'CVI 기술 평가 및 전략 개발 양식'을 작성하기 전에 아동을 대상으로 기능시각 평가와 학습매체 평가를 실시하는 것이 필요하다. CVI 아동의 기능시각 평가는 안구 시각장애 아동에게 사용하는 기능시각 평가 도구들에 더해 크리스틴 로만 박사가 CVI의 고유한 시각 특징을 고려해 개발한 'CVI Range' 평가 도구를 사용하는 것이 중요하다. 'CVI Range' 평가는 아동의 시각 기능 수준에 대한 정보, 즉 아동이 CVI 중증도(심각도)를 의미하는 3가지 단계(Ⅰ－Ⅱ－Ⅲ단계) 중 어디에 속하는지와 CVI의 고유한 10가지 시각 특성 각각의 영향 정도 등을 확인할 수 있다. 앞 장들에서 살펴보았듯이, CVI 레벨 1, 레벨 2, 레벨 3의 전략은 'CVI Range'의 CVI Ⅰ단계(중도 CVI), Ⅱ단계(중등도 CVI), Ⅲ단계(경도 CVI) 아동과 관련된다.

'CVI 기술 평가 및 전략 개발 양식'의 첫 페이지의 배경 정보는 가능한 철저하게 작성해야 한다. 아동이 약물을 복용하고 있는지, 해당 약물로 발생할 수 있는 부작용이 무엇인지, 청각장애를 수반하고 있는지(시청각중복장애 여부: 미국의 경우 시청각장애 아동 중 CVI 진단 비율이 높음) 등은 주의 깊게 작성할 필요가 있다. 또한 아동이 간질(뇌전증)이 있는지와 뇌에 션트 수술(shunt)을 하였는지도 기록해야 한다. 간질이 있거나 션트 수술을 한 아동은 불빛이 깜박거리는 물체나 태블릿 기기를 너무 가까이서 바라보는 것을 삼가야 한다.

아동의 배경 정보 양식

■ 작성자(교사): ■ 작성 일자:

■ CVI 아동 이름: ■ 성별: ■ 연령:

■ CVI 아동의 특수교육 및 치료 지원 서비스

(1) __________

(2) __________

(3) __________

■ 아동의 교육배치 환경: □일반학교 □특수학교 □기타 (   )

CVI Range 평가 결과: 점수(   )

□ CVI 1단계 □ CVI 2단계 □ CVI 3단계

의학적 병력(아동의 해당 질환에 모두 ☑)

□ 조산

□ 저체중 출생

□ 뇌실주위백질연화증(PVL)

□ 산소 결핍증(Anoxia)

□ 허혈성 저산소 뇌병증(HIE)

□ 뇌실내출혈(IVH)

□ 발달 지체(Developmental Delay)

□ 뇌성마비Cerebral Palsy)

□ 미숙아 망막병증(ROP)

□ 두개내출혈/뇌졸중(Intracranial Hemorrhage/Stroke)

□ 뇌 기형(Brain Malformations)

□ 외상성 뇌손상(TBI)

□ 중추신경계 감염(CNS Infections)

□ 수두증/션트수슬(Hydrocephalic/Shunt)

□ 발작/간질(eizures/Epilepsy)

□ 피질 시각장애(Cortical Visual Impairment)

□ 기타_______

안과 의사 성명: 병원명/연력처: 검진 일자:

아동의 안과 질환(진단)명:

청각장애 및 약물 복용

■ 청각 이상과 질환 소견:

- 청성뇌간 반응검사(ABR) 소견:
- 이과(귀) 검사(Otological Examination):
- 청각 검사 일자:
- 처방 약물과 부작용:

현재 특수교육대상자 선정 및 관련 서비스(해당되는 곳에 ☑)

☐ 건강장애(OHI) ☐ 시각장애(VI) ☐ AI ☐ 농맹(D/B)

☐ 정형외과적 장애(OI) ☐ 감각통합(SI) ☐ 지적장애(ID)

☐ 보행(O&M) ☐ ABM ☐ 작업치료(OT) ☐ 물리치료(PT)

☐ 기타 ______

■ CVI 관련 질환 정의(네이버 지식백과)

- 뇌실주위백질연화증(PVL): 조산아에게 보이는 특징적인 뇌장애로, 혈관의 미성숙, 뇌혈류의 저하때문에 뇌실 주위 백질에 연화가 발생하여 뇌성마비의 원인이 된다.
- 산소 결핍증(Anoxia): 신체조직에 산소의 공급이 부적절하여 일어나는 증상. 심한 경우에는 두뇌손상(頭腦損傷)이나 기관(organ)손상을 일으킨다. 특히 출산 시 탯줄이 엉키거나 분만시간이 긴 경우에 태아가 산소 결핍증에 걸릴 확률이 많으며 이로 인해 정신지체 현상을 낳는 수도 있다.
- 허혈성 저산소 뇌병증(HIE): 질식, 호흡마비 등으로5분 이상 산소공급이 중단될 경우 신경세포는 영구적으로 손상을 입게 되고 결국 세포사에 이르게 된다. 저산소증(hypoxia)에 따른 뇌손상의 정도는 저산소증의 정도, 허혈부위, 지속 시간, 신체의 대사요구상태 등에 의해 영향을 받는다.
- 뇌실내출혈(IVH): 뇌실 주위 또는 맥락총(맥락얼기, choroid plexus)의 혈관이 파열되어 뇌실 내에 혈액이 고인 상태이며, 미숙아에게서 많이 발병한다.
- 미숙아망막병증(ROP): 미숙아에게 일어나는 망막혈관의 증식성 병변으로, 조산으로 망막혈관이 미발달함에 따라 발생하지만 고농도의 산소투여도 한 원인이 된다.
- 두 개내출혈(Intracranial Hemorrhage): 대부분 교통사고, 작업장에서의 안전사고에 의해 발생하거나 어린이의 경우 계단이나 의자에서 떨어지거나 야구방망이 등에 머리를 맞았을 경우 등 머리부분에 손상을 입었을 때 생긴다. 태아의 경우는 분만 곤란 때문에 태아의 두개가 계속하여 강한 압박을 받음으로써 뇌막출혈(腦膜出血)이 일어나게 되어 생긴다. 경막하출혈은 분만외상으로, 뇌실 내 출혈은 저산소증으로 일어나는 경우가 많다. 이 외에도 뇌내출혈(腦內出血) 등이 있다.
- 뇌졸중(Stroke): 뇌혈관장애(Cerebrovascular accident; CVA)라고도 함. 뇌의 혈액 공급 불균형으로 인한 급격한 뇌기능 손상을 뜻하며 유발 원인에 따라 두 가지로 구분될 수 있다.

- 외상성 뇌손상(TBI): 두개(頭蓋)나 그에 가까운 부위에 외부의 물리적 힘이 주어져 뇌에 손상이 일어난다. 손상의 부위나 정도에 따라 차이가 있으나 신체적 기능, 인지기능, 정신적 기능 등에 악영향을 미친다.
- 중추신경계 감염(CNS Infections): 원은 감영섬 뇌염, 뇌수막염, 경막외농양, 전염성 해면뇌병증, 뇌농양 등이 있다.
  - 감염성 뇌염이란 뇌 실질에 생긴 염증으로, 주로 단순 포진 바이러스에 의한 바이러스성 감염이 가장 흔하고, 헤모필루스 인플루엔자, 네이세리아 뇌염균, 폐렴알균이 세균성 뇌염의 원인이다.
  - 뇌수막염은 뇌를 싸고 있는 뇌수막의 염증으로, 바이러스, 세균, 곰팡이 등이 뇌척수액으로 들어가 발생한다.
  - 경막외농양은 두개골 부위의 경막 밖에 나타나며 보통 황색포도알균이 원인이며, 곰팡이가 원인인 경우도 있다.
  - 전염성 해면뇌병증은 감염에 의해서 뇌가 해면처럼 변하며, 비정상적인 프리온 단백질이 서로 뭉쳐서 뇌조직이 쌓일때 발생한다.
  - 뇌농양은 뇌조직 내로 세균이 침임해 생긴 국소적인 농양을 말한다.
- 수두증/션트Hydrocephalic/Shunt): 수두증은 뇌 안에 뇌척수액(cerebrospinal fluid)이 축적되는 현상을 말한다. 이러한 상태는 대개 두개골내압 상승을 동반한다. 션트 수술(shunt)은 단락술이라고도 하며 수두증 치료에 가장 기본이되는 처방이다. 뇌실에서 복강이나 흉강으로 뇌척수액을 보내 다시 흡되도록 하는 우회술이다.
- 청성뇌간 반응검사(ABR)은 소리 자극을 들려주고 청각계로부터의 전기반응을 두피에 부착한 전극을 통해 기록하는 검사이다. 이를 통해 청력 역치를 측정하고 뇌간 청각 경로의 신경을 진단하며, 청신경이나 중추신경로의 병변 여부를 확인한다. 또한 유소아나 의식 상태가 좋지 않거나 주관적 청력검사가 어려운 대상자에게 실시할 수 있으며, 신생아와 영유아의 난청 조기 발견을 위한 검사로도 사용할 수 있다.

02 CVI 기술 평가 및 전략 개발 양식과 작성법

이제 'CVI의 8가지 핵심 전략 영역(CVI Strategy Areas)'과 CVI 중증 정도인 3가지 레벨(레벨 1 - 레벨 2 - 레벨 3)에 따른 평가 문항들을 읽어보고, 아동이 문항별로 기술된 시각 기능을 가지고 있다면 '예'에 ◯ 표시를 한다. 아동에게 문항별로로 기술된 시각 기능이 없다면 '아니오'에 ◯ 표시를 한다. 첫 번째 양식에는 레벨 1 전략과 시각 기능들, 두 번째 양식에는 레벨 2 전략과 시각 기능들, 세 번째 양식에는 레벨 3 전략과 시각 기능을 기술하고 있다. 이들 양식을 작성하면 개별 CVI 아동에 따라 맞춤형 CVI 중재 전략을 선택하고 계획하는 데 도움이 될 것이다.

다음으로, 아동 관찰을 통해 '8가지 핵심 전략 영역'에서 아동이 어려움을 겪고 있는 일반 교과 교육과정(수학, 미술, 체육 등 일반 교과)과 확대공통교육과정(보행, 일상생활 등 특수한 영역)의 활동들을 확인하여 상세히 기록한다.

그 다음 CVI 중재 전략을 개발하기 위한 양식을 작성한다. 이 양식에는 CVI로 어려움을 겪는 학습 활동별로 시각을 보다 효율적으로 사용하도록 촉진하는 중재 방법과 전략, 그리고 추천 사항을 결정해 작성한다. CVI 8가지 핵심 전략 영역에 더해 CVI 시각 기술 평가 양식에서 ○ 표시가 된 '예' 또는 '아니요'가 중재 전략의 선정 및 개발에 기초가 된다. 예를 들어, 아동이 CVI 전략 영역의 첫 번째 시각 기술 문항에서 '예'에 ○ 표시를 하고, 나머지 두개의 시각 기술 문항에서 '아니요'에 ○ 표시를 한 경우라면 4장의 'CVI 레벨 2 전략'에서 중재 아이디어를 찾아볼 수 있다.

다음은 CVI 아동에 따라 적용할 'CVI 전략의 레벨(레벨 1, 레벨 2, 레벨 3)'을 결정하기 위한 지침이다.

■ CVI 레벨 결정 지침

- CVI 8가지 전략 영역에서 첫 번째, 두 번째, 세 번째 시각 기술 문항들이 '아니요'에 ○ 표시가 된 아동은 3장의 CVI 레벨 1 전략을 적용한다.
- CVI 8가지 전략 영역에서 첫 번째 시각 기술 문항이 '예'에 ○ 표시가 되고, 두 번째와 세 번째 시각 기술 문항이 '아니요'에 ○ 표시가 된 아동은 4장의 CVI 레벨 2 전략을 적용한다.
- CVI 8가지 전략 영역에서 첫 번째와 두 번째 시각 기술 문항이 '예'에 ○ 표시가 되고, 세 번째 시각 기술 문항이 '아니요'에 ○ 표시가 된 아동은 5장의 CVI 레벨 3 전략을 적용한다.

- CVI 8가지 전략 영역에서 첫 번째, 두 번째, 세 번째 시각 기술 문항 모두에 ○ 표시가 된 아동은 앞장에서 제시된 CVI 전략을 거의 또는 전혀 사용하지 않을 수도 있다. 예를 들어, 'CVI Range' 평가 결과 CVI Ⅲ단계에 해당하는 아동은 CVI 8가지 핵심 전략 영역 중, '친숙성'의 전략 영역에서 첫 번째, 두 번째, 세 번째 시각 기술 문항들 모두가 '예'에 ○ 표시가 될 가능성이 높다.

〈CVI 레벨 1 전략 및 시각 기술 평가 양식〉

CVI 8가지 전략 영역		시각 기술 보유 여부	**영향을 미치는 활동** 평가 문항이 아동에게 영향을 미치는지 판단하고자 다음의 활동 영역에서 아동을 관찰한다. – 일상생활, 보행, 여가생활, 자기 결정, 감각 효율성, 사회적 상호작용, 보상/접근성, 보조공학, 직업교육, 소/대근육 운동, 체육, 언어 등 일반 교과
환경 및 감각 정보	모든 환경적, 감각적 자극이 통제되어야 대상에 시각적 주의를 한다.	예 아니요	
	작은 배경 소음이나 목소리 또는 사소한 촉각 자극이 있어도 대상에 시각적 주의를 한다.	예 아니요	
	일반적인 다중 감각 환경(일반적인 유치원 환경과 유사)에서도 대상에 시각적 주의를 하는 데 어려움이 없다.	예 아니요	
근거리/중간 거리/원거리 보기	90cm 이내 거리의 대상에 시각적 주의를 한다.	예 아니요	
	1.8~3m 거리의 대상에 시각적 주의를 한다.	예 아니요	
	3–6m 거리의 대상에 시각적 주의를 한다.	예 아니요	
시각적 대상	단색 또는 빛이 나오는 대상에 시각적 주의를 한다.	예 아니요	
	2~3가지 색상이 섞인 단순한 사진이나 컬러 사진에 시각적 주의를 한다.	예 아니요	
	또래가 사용하는 글과 그림이 포함된 교육 자료(학습지/책)에 시각적 주의를 한다.	예 아니요	

마지막으로 아동의 효율적인 시각 사용을 촉진할 수 있는 CVI 중재 전략 및 추천 사항, 그리고 확대공통교육과정(ECC)에서 다루어질 영역을 확인한다. 이 양식에 작성된 사항은 CVI 아동의 연간 개별화교육계획에 반영할 필요가 있다.

〈CVI 레벨 1 중재 전략 개발 양식〉

CVI 전략 영역에서 시각의 효율적인 사용을 촉진할 수 있는 중재 전략 및 추천 사항	보조공학, 진로교육, 보상/접근성, 일상생활, 보행, 여가, 자기 결정, 감각 효율성, 사회적 상호작용

〈CVI 레벨 2 전략 및 시각 기술 평가 양식〉

CVI 8가지 전략 영역		시각 기술 보유 여부	**영향을 미치는 활동** 평가 문항이 아동에게 영향을 미치는지 판단하고자 다음의 활동 영역에서 아동을 관찰한다. - 일상생활, 보행, 여가생활, 자기 결정, 감각 효율성, 사회적 상호작용, 보상/접근성, 보조공학, 직업교육, 소/대근육 운동, 체육, 언어 등 일반 교과
공간 구성과 시각적 배열	근거리에 넓은 간격으로 배치한 1–2개의 대상들에 시각적 주의를 한다(배경과 대상 간의 색상 대비가 높음).	예 아니요	
	일반적으로 근거리 또는 원거리에 적절한 간격으로 배치한 3–10개 대상들에 시각적 주의를 한다(이 때 대상과의 거리, 손전등을 비추어 강조 표시하거나 높은 대비가 요구되는지 기록한다).	예 아니요	
	근거리 또는 원거리에 있는 여러 개의 대상들에 시각적 주의를 하는 데 어려움이 없다(시각적 복잡성이 있거나 낮은 대비라도 어려움이 없음)	예 아니요	
대비	근거리에서 단색 배경에 대상을 제시할 때 대상에 시각적 주의를 한다.	예 아니요	
	근거리에서 여러 가지 색상/패턴이 있는 배경에 대상을 제시해도 대상에 시각적 주의를 한다.	예 아니요	
	보편적인 집/교실의 '시각적 복잡성'을 배경으로 원거리에 있는 대상에 시각적 주의를 한다.	예 아니요	

〈CVI 레벨 2 중재 전략 개발 양식〉

CVI 전략 영역에서 시각의 효율적인 사용을 촉진할 수 있는 중재 전략 및 추천 사항	**ECC 중 다루는 영역:** 보조공학, 진로교육, 보상/접근성, 일상생활, 보행, 여가, 자기 결정, 감각 효율성, 사회적 상호작용

〈CVI 레벨 3 전략 및 시각 기술 평가 양식〉

CVI 8가지 전략 영역		시각 기술 보유 여부	**영향을 미치는 활동** 평가 문항이 아동에게 영향을 미치는지 판단하고자 다음의 활동 영역에서 아동을 관찰한다. – 일상생활, 보행, 여가생활, 자기 결정, 감각 효율성, 사회적 상호작용, 보상/접근성, 보조공학, 직업교육, 소/대근육 운동, 체육, 언어 등 일반 교과
특정 시야 선호	(근거리에서 눈 높이로 왼쪽이나 오른쪽 시야 방향에 제시하는 대상에 시각적 주의를 한다.	예 아니요	
	왼쪽, 오른쪽 또는 중앙 시야 방향에 제시한 대상에 시각적 주의를 한다(하측 시야 방향에 있는 대상에 시각적 주의에 어려움이 있음).	예 아니요	
	하측 시야 방향을 포함한 모든 시야 방향에 제시한 대상에 시각적 주의를 한다.	예 아니요	
빛 (조명)	시각적으로 빛에 끌린다. 광원(예: 햇빛이나 조명)을 계속 응시한다.	예 아니요	
	시각적으로 빛 또는 빛을 반사하는 속성의 대상에 끌리지만, 그렇지 않은 다른 대상으로 시선을 돌릴 수 있다.	예 아니요	
	빛이 나오는 대상과 그렇지 않은 대상 모두에 동일하게 시각적으로 주의를 한다.광원을 응시하지 않는다.	예 아니요	
친숙성	아동에게 매우 친숙한 대상 또는 계속 보아 온 대상에 시각적 주의를 한다.	예 아니요	
	아동이 선호하거나 친숙한 속성을 포함하도록 '수정한' 대상(예: 반사하는 마일라를 대상에 부착)에 시각적 주의를 한다.	예 아니요	
	친숙한 대상과 친숙하지 않은 대상 모두 똑같이 시각적 주의를 잘 한다.	예 아니요	

〈CVI 레벨 3 중재 전략 개발 양식〉

CVI 전략 영역에서 시각의 효율적인 사용을 촉진할 수 있는 중재 전략 및 추천 사항	ECC 중 다루는 영역: 보조공학, 진로교육, 보상/접근성, 일상생활, 보행, 여가, 자기 결정, 감각 효율성, 사회적 상호작용

추가 고려 영역

□ 시각적 피로

1. 아동이 시각적 피로를 보입니까? 예를 들어, 시각적 피로의 징후로 하품, 집중력 저하, 과민성, 졸음, 울음 등이 있음.

2. 아동에게 시각적 피로가 발생하는 상황이나 조건이 있습니까?

3. 아동은 시각적 피로가 발생하기 전까지, 얼마나 오랜 시간 시각을 효율적으로 사용할 수 있습니까?

4. 아동의 시각적 피로를 유발할 수 있는 안구 시각장애 질환이 있습니까?

5. 아동의 시각적 피로를 줄이는 데 어떠한 수정이나 지원이 도움이 됩니까?

□ 신체 자세

1. 아동이 시각을 사용하는 가장 효과적인 신체 자세는 무엇입니까? 아동에게 가장 적합한 자세에 대해 조언할 수 있는 물리치료사와 면담하는 것을 고려한다.

2. 아동이 팔을 가장 효율적으로 사용할 수 있는 신체 자세는 무엇입니까? 예를 들어, 신체 지지용 둥근 쿠션에 몸을 대고 앞으로 기울인 자세

3. 아동에게 가장 적합한 자세 유지 기구 또는 보조 기구(특수 의자, 트레이 등)가 있습니까?

4. 아동의 신체 자세나 위치를 조정할 때 머리 위쪽 조명이나 창문을 고려해야 합니까? 아동의 신체 자세가 학습 자료에 그림자가 생기도록 하지 않습니까?

□ 눈-손 협응

1. 아동은 손으로 물건을 잡을 수 있습니까?

2. 아동은 대상을 바라보면서 동시에 대상에 손을 뻗거나 잡을 수 있습니까(시각적으로 안내된 신체 도달 여부)?

3. 아동은 대상을 바라보고, 다시 시선을 다른 곳으로 돌린 다음 대상에 손을 뻗거나 잡습니까(예: 보는 것과 손으로 접촉하는 것이 동시에 이루어지지 않음)?

4. 아동이 보는 것과 손으로 접촉하는 것이 동시에 이루어지도록 촉진하는 수정이나 방법이 있습니까? 예를 들어, 감각 정보를 통제하는 것, 시각적 대상의 개수를 제한하는 것, 대상과 배경 간의 대비를 높이는 것, 대상에 조명(손전등)을 비추는 것, 대상을 선호하는 시야 영역(방향)에 제시하는 것 등이 있음.

교사 작성란

03 CVI 레벨 1 아동의 'CVI 기술 평가 및 전략 개발 양식' 작성 사례

다음은 레벨 1의 전략이 도움이 되는 'CVI Range' 평가 결과에서 1~2(점)을 받은 아동을 위한 'CVI 기술 평가 및 전략 개발 양식'의 작성 사례이다. 이 양식을 작성할 당시 Amy는 시각을 막 사용하기 시작했다. Amy는 조산아로 태어났고 신경학적 병력(질환)이 있다. Amy는 수두증 진단을 받았고, IV 등급(IVH)의 뇌실내 출혈이 있었다. Amy는 간질이 있으며, 뇌에 션트 삽입 수술을 받았다. 뇌에 션트 수술을 한 아동의 아이패드 사용의 유의 사항을 고려하였다. 또한 Amy는 경도의 청각장애도 있는 것으로 기록되어 있지만, 평가 기간 동안 청력을 상당히 잘 사용하는 것처럼 보였다. 어머니는 청각 전문의에게 심층 진료를 받을 예정이었다.

아동의 배경 정보(양식)

- 작성자(교사): Seewell　　　■ 작성 일자:
- CVI 아동 이름: Amy　　　■ 성별: 여　　　■ 연령: 16개월
- CVI 아동의 특수교육 및 치료 지원 서비스
  (1) ________
  (2) ________
  (3) ________
- 아동의 교육배치 환경: □일반학교　□특수학교　□기타 (　　　)

CVI Range 평가 결과: 1~2(점)
☑ CVI 1단계　□ CVI 2단계　□ CVI 3단계

의학적 병력(해당 질환 모두 ☑)

☑ 조산
□ 저체중 출생
□ 뇌실주위백질연화증(PVL)
□ 산소 결핍증(Anoxia)
□ 허혈성 저산소 뇌병증(HIE)
☑ 뇌실내출혈(IVH)
☑ 발달 지체(Developmental Delay)

☐ 뇌성마비(Cerebral Palsy)
☐ 미숙아 망막병증(ROP)
☐ 두개내출혈/뇌졸중(Intracranial Hemorrhage/Stroke)
☐ 뇌 기형Brain Malformations)
☐ 외상성 뇌손상(TBI)
☐ 중추신경계 감염(CNS Infections)
☑ 수두증/션트수슬(Hydrocephalic/Shunt)
☑ 발작/간질(eizures/Epilepsy)
☐ 피질 시각장애(Cortical Visual Impairment)
☐ 기타_______

안과 의사 성명: 병원명/연락처: 검진 일자:
아동의 안과 질환(진단)명: 피질 시각장애, 시신경 위축증

청각장애 및 약물 복용

- 청각 이상과 질환 소견: 양측 귀의 경도 청력 상실
- 청성뇌간 반응검사(ABR) 소견:
- 이과(귀) 검사(Otological Examination):
- 청각 검사 일자:
- 처방 약물과 부작용:

현재 특수교육대상자 선정 및 관련 서비스(해당되는 곳에 ☑)
☐ 건강장애(OHI) ☑ 시각장애(VI) ☐ AI ☐ 농맹(D/B)
☐ 정형외과적 장애(OI) ☑ 감각통합(SI) ☐ 지적장애(ID)
☐ 보행(O&M) ☐ ABM ☑ 작업치료(OT) ☑ 물리치료(PT)
☐ 기타 _______

<table>
<tr><th colspan="2">CVI 8가지 전략 영역</th><th>시각 기술 보유 여부</th><th>영향을 미치는 활동
평가 문항이 아동에게 영향을 미치는지 판단하고자 다음의 활동 영역에서 아동을 관찰한다.
– 일상생활, 보행, 여가생활, 자기 결정, 감각 효율성, 사회적 상호작용, 보상/접근성, 보조공학, 직업교육, 소/대근육 운동, 체육, 언어 등 일반 교과</th></tr>
<tr><td rowspan="3">환경 및 감각 정보</td><td>모든 환경적, 감각적 자극이 통제되어야 대상에 시각적 주의를 한다.</td><td>예
아니요</td><td rowspan="3">• 부모가 Amy에게 장난감을 제시할 때 애완견의 짖는 소리로 시각적 주의를 방해 받고, Amy는 개가 짖는 소리에만 주의를 기울인다.
• 어머니가 Amy와 놀이를 할 때, Amy의 손에 장난감을 놓아주며 달래는 목소리로 말한다. Amy가 장난감을 떨어뜨리면 장난감을 찾지 못하거나 아예 찾으려고 시도하지 않는다. 단지 어머니의 목소리에만 시각적 주의를 기울인다.
• 식사 시간 동안, TV가 켜져 있고 Amy는 TV에서 나는 소리에 주의를 기울인다. 음식이 들어 있는 수저를 Amy의 입으로 가져가면, Amy 수저가 입으로 다가오는 것을 알아채지 못한다. 어머니가 수저를 Amy의 입술에 대어주면 그때서야 수저를 바라보고 입을 벌린다.</td></tr>
<tr><td>작은 배경 소음이나 목소리 또는 사소한 촉각 자극이 있어도 대상에 시각적 주의를 한다.</td><td>예
아니요</td></tr>
<tr><td>일반적인 다중 감각 환경(일반적인 유치원 환경과 유사)에서도 대상에 시각적 주의를 하는 데 어려움이 없다.</td><td>예
아니요</td></tr>
<tr><td rowspan="3">근거리/중간 거리/원거리 보기</td><td>90cm 이내 거리의 대상에 시각적 주의를 한다.</td><td>예
아니요</td><td rowspan="3">• 놀이 시간 동안, 어머니는 90cm 정도 거리에서 Amy 앞에 천천히 장난감을 움직인다. Amy는 움직이는 장난감에 반응하거나 시선이 장난감의 움직임을 따라가지 않는다.
• 어머니가 Amy 앞으로 걸어갈 때 Amy는 어머니의 움직임을 바라보거나 시선이 따라가지 않는다.
• 놀이 시간에 무늬가 있는 아기용 담요를 배에 덮고 있을 때, Amy가 몇 개의 다른 장난감들 속에 있는 다채로운 색상의 장난감에 다가가도록 격려했지만, 이 장난감에 관심을 보이지 않는다.</td></tr>
<tr><td>1.8~3m 거리의 대상에 시각적 주의를 한다.</td><td>예
아니요</td></tr>
<tr><td>3–6m 거리의 대상에 시각적 주의를 한다.</td><td>예
아니요</td></tr>
<tr><td rowspan="3">시각적 대상</td><td>단색 또는 빛이 나오는 대상에 시각적 주의를 한다.</td><td>예
아니요</td><td rowspan="3">• Amy는 부모의 얼굴을 바라보지 않는다. Amy는 부모의 목소리에는 주의를 기울이지만, 얼굴을 응시하지 않는다.
• Amy의 손에 물체를 놓으면, 물체를 시각적으로 탐색하거나 조사하지 않는다.</td></tr>
<tr><td>2~3가지 색상이 섞인 단순한 사진이나 컬러 사진에 시각적 주의를 한다.</td><td>예
아니요</td></tr>
<tr><td>또래가 사용하는 글과 그림이 포함된 교육 자료(학습지/책)에 시각적 주의를 한다.</td><td>예
아니요</td></tr>
</table>

CVI 전략 영역에서 시각의 효율적인 사용을 촉진할 수 있는 중재 전략 및 추천 사항	**ECC의 관련 영역:** 보조공학, 진로교육, 보상/접근성, 일상생활, 보행, 여가, 자기 결정, 감각 효율성, 사회적 상호작용
• 놀이 시간에 Amy가 시각을 사용하기를 바란다면 애완견이 짖지 않도록 하고, TV를 끄며, 대화를 삼가하도록 한다. Amy에게 한 번에 한 개의 단색 장난감이나 물체를 제시하되, 대비되는 색상의 배경에 제시한다. • 의사는 Amy에게 경도의 청력 문제가 있다고 하였으나, Amy는 청각 정보에 주의를 잘 기울이는 것 같다. 따라서 Amy가 시각을 사용하기를 바란다면, 주변을 조용한 상태로 유지하는 것이 필요하다. • 식사나 간식 시간에는 음식에 시각적 주의를 기울이도록 TV를 끈다. Amy가 빛이 나오는 물체를 바라보는 경향이 있기 때문에 불빛이 나오는(조명 기능이 있는) 수저를 사용하고, 선호하는 우측 시야 영역(방향)에 수저를 제시한다.	□ 보조공학 □ 진로교육 ☑ 보상적 기술/접근성 □ 일상생활 □ 보행 ☑ 여가 □ 자기 결정 ☑ 감각 효율성 ☑ 사회적 상호작용
• Amy가 엄마의 얼굴에 시각적 주의를 기울도록 빛을 반사해 반짝거리는 재질의 빨간색 안경을 착용하게 한다. 이 때 어머니가 안경을 쓰고 말을 하지 않도록 하고, 주변 소음도 차단하며, 머리 위쪽 조명의 밝기를 낮추어 준다. 다만 반짝거리는 안경은 발작을 촉발할 수 있으므로, 아동의 상태를 주의 깊게 살피며 사용한다. 다른 방법으로, 어머니가 밝은 빨간색 립스틱을 바르고, Amy가 선호하는 우측 시야 영역(방향)에 서서 입술을 조금씩 움직여 준다(움직임의 끌림 특성 고려). 또는 마일라 재질과 유사한 빨간색 두건이나 스카프를 머리에 두르는 것이다. • Amy의 시각적 호기심을 유도하기 위해 손에 불빛이 나오는 물체를 놓아 준다. 이러한 물체 유형에는 플라스틱 조명봉(light stick)이 있다. 조명봉은 다양한 색상이 있지만, 빨간색 조명봉을 추천한다. 다만 조명이 자동으로 켜졌다 꺼졌다를 반복하는 깜박거리는 제품을 사용하지 말고, 버튼을 눌러 끄거나 켜는 제품을 사용하는 것이 좋다. 아동의 간질을 촉발할 수 있기 때문이다. 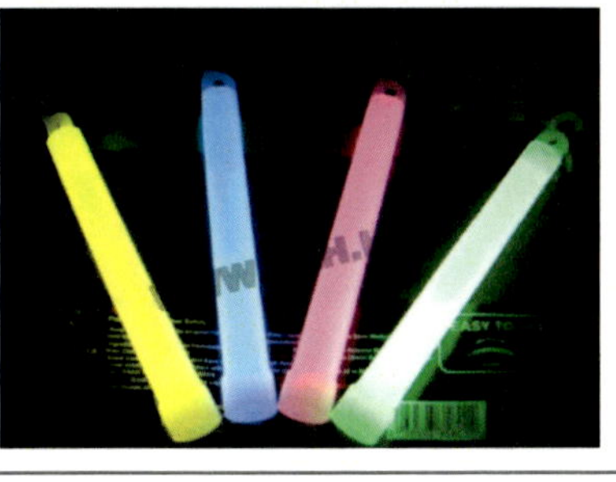	□ 보조공학 □ 진로교육 ☑ 일상생활 □ 보행 □ 여가 □ 자기 결정 ☑ 감각 효율성 ☑ 사회적 상호작용

<table>
<tr><th colspan="2">CVI 8가지 전략 영역</th><th>시각 기술
보유 여부</th><th>영향을 미치는 활동
평가 문항이 아동에게 영향을 미치는지 판단하고자 다음의 활동 영역에서 아동을 관찰한다.
– 일상생활, 보행, 여가생활, 자기 결정, 감각 효율성, 사회적 상호작용, 보상/접근성, 보조공학, 직업교육, 소/대근육 운동, 체육, 언어 등 일반 교과</th></tr>
<tr><td rowspan="6">공간 구성과 시각적 배열</td><td rowspan="2">근거리에 넓은 간격으로 배치한 1–2개의 대상들에 시각적 주의를 한다(배경과 대상 간의 색상 대비가 높음).</td><td><u>예</u></td><td rowspan="6">• 놀이 시간 동안, Amy는 실내 유아용 신체 활동 기구(baby gym) 아래에 누워 있다. Amy는 기구에 매달려 있는 장난감들을 바라보는 것 같지만, 그러한 장난감을 만지거나 상호작용을 하지는 않는다.
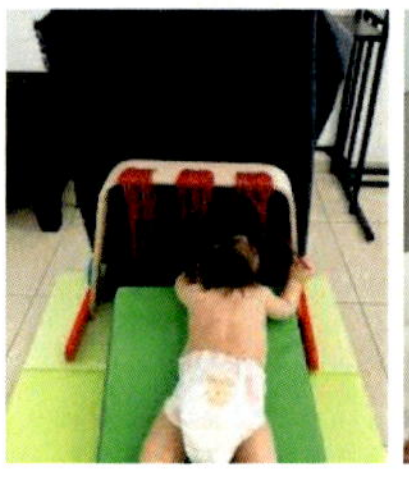 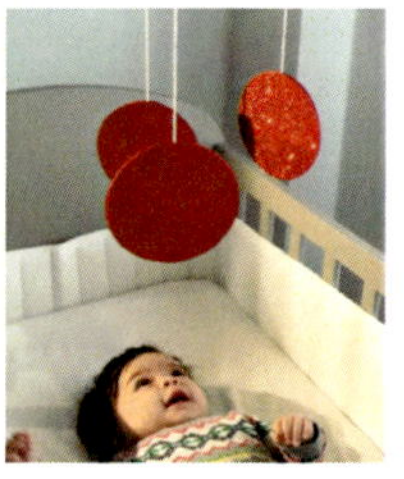
• 욕조에서 목욕하는 동안, Amy의 주변에 물에 뜨는 장난감들을 여러 개 놓아 보지만, Amy는 그러한 장난감들과 상호작용하지 않는다.
• Amy에게 밝은 색상의 물체 2개를 제시할 때 두 개의 물체를 번갈아 보지 않는다.</td></tr>
<tr><td>아니요</td></tr>
<tr><td rowspan="2">일반적으로 근거리 <u>또는 원거리에</u> 적절한 간격으로 배치한 3–10개 대상들에 시각적 주의를 한다(이 때 대상과의 거리, 손전등을 비추어 강조 표시하거나 높은 대비가 요구되는지 기록한다).</td><td>예</td></tr>
<tr><td><u>아니요</u></td></tr>
<tr><td rowspan="2">근거리 또는 원거리에 있는 여러 개의 대상들에 시각적 주의를 하는 데 어려움이 없다(시각적 복잡성이 있거나 낮은 대비라도 어려움이 없음)</td><td>예</td></tr>
<tr><td><u>아니요</u></td></tr>
<tr><td rowspan="6">대비</td><td rowspan="2">근거리에서 단색 배경에 대상을 제시할 때 대상에 시각적 주의를 한다.</td><td><u>예</u></td><td rowspan="6">• 식사 시간 동안, Amy의 접시에 많은 과자(Cheerios)를 놓았지만, 눈으로 과자를 찾는 데 어려움이 있다.
• 어머니가 Amy에게 장난감이나 물체를 제시할 때(어머니는 여러 색상이 섞인 블라우스를 입고 있음) Amy는 장난감을 알아채지 못한다.
• 놀이 시간 동안, Amy는 양손이나 양발을 사용하며 놀지 않는다.</td></tr>
<tr><td>아니요</td></tr>
<tr><td rowspan="2">근거리에서 여러 가지 색상/패턴이 있는 배경에 대상을 제시해도 대상에 시각적 주의를 한다.</td><td>예</td></tr>
<tr><td><u>아니요</u></td></tr>
<tr><td rowspan="2">보편적인 집/교실의 ‘시각적 복잡성’을 배경으로 원거리에 있는 대상에 시각적 주의를 한다.</td><td>예</td></tr>
<tr><td><u>아니요</u></td></tr>
</table>

CVI 전략 영역에서 시각의 효율적인 사용을 촉진할 수 있는 중재 전략 및 추천 사항	**ECC 중 다루는 영역:** 보조공학, 진로교육, 보상/접근성, 일상생활, 보행, 여가, 자기 결정, 감각 효율성, 사회적 상호작용
• 실내 유아용 신체 활동 기구(baby gym)를 사용하는 대신, 1개 물체만 매달 수 있는 'CVI Den' 또는 검은색 팝업 텐트를 사용할 수도 있다. 일반적으로 텐트 중앙에는 손전등을 걸 수 있는 고리가 있어 여기에 물체나 장난감을 매달 수 있다.  유아용 실내 텐트 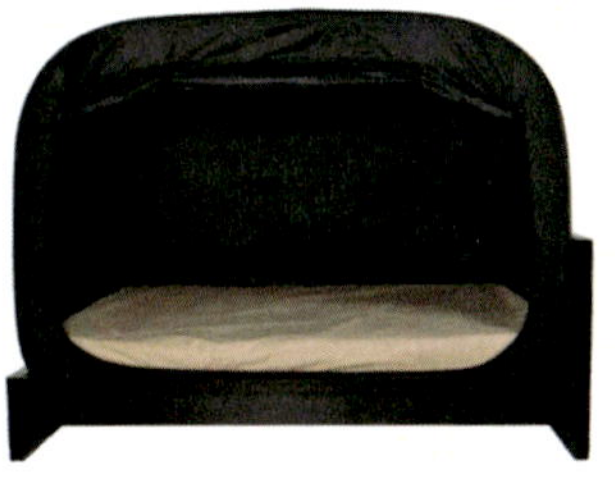 CVI Den • 목욕 시간 동안, 청각적 소리나 자극은 최소화하고, 밝고 짙은 색상의 장난감(물에 뜨는 오리 인형)을 욕조에 놓는다. 이 때 한 번에 한 개의 장난감만 욕조에 넣어 사용해야 한다. 불빛이 나오고(조명 장치가 부착되고) 물에 뜨는 공 등을 사용할 수 있다. • Amy에게 물체를 제시할 때, 대비가 높은 색상의 배경에 제시한다. 이때 검은색 천이나 보드(Invisiboard, APH)를 사용할 수 있다. 빨강, 노랑, 보라 같은 밝은 색상의 불빛이 나오는 물체를 사용한다. 경우에 따라 Amy가 물체에 시각적 주의를 하도록 짧은 청각 신호나 촉각 신호를 줄 수 있다. 청각 신호나 촉각 신호가 길어지면 오히려 시각적 주의를 방해할 수 있다는 점에 유의한다.	☐ 보조공학 ☐ 진로교육 ☑ 보상적 기술/접근성 ☐ 일상생활 ☐ 보행 ☐ 여가 ☑ 자기 결정 ☑ 감각 효율성 ☐ 사회적 상호작용
• Amy가 앉는 유아용 높은 의자에 부착된 트레이(tray)는 황갈색이고, 어머니는 이 트레이에 과자(cheerios)를 놓아준다. Amy는 트레이와 과자의 색상이 비슷해서 과자를 구별하거나 찾는 데 어려움이 있다. 시각적 대상을 제시할 때 항상 배경과 대비되는 색상의 대상을 골라 제시한다. 또한 Amy는 하측(아래) 시야 영역(방향)에 물체를 두면 해당 물체를 알아차리지 못하므로, Amy가 선호하는 시야 영역(방향)에 제시한다. • 물체와 배경 간의 높은 대비를 만들어 주면 CVI Ⅰ단계에 속한 Amy의 시각 사용을 촉진할 수 있다. Amy와 놀이를 할 때도 주변에 검은색 배경을 만들	☐ 보조공학 ☐ 진로교육 ☑ 보상적 기술/접근성 ☑ 일상생활 ☐ 보행 ☐ 여가 ☑ 자기 결정 ☑ 감각 효율성 ☐ 사회적 상호작용

어 주고, 놀아주는 사람도 검은색 옷(큰 티셔츠 등)을 입는 것이 도움이 될 수 있다. Amy에게 장난감을 제시할 때 다양한 색상이 섞인 옷을 입고 있으면 장난감이 옷에 가려지는(마치 숨은 그림 찾기처럼) 효과가 발생한다.

- Amy가 자신의 양손과 양발에 시각적 주의를 하고 양손과 양발로 탐색하는 것을 촉진할 필요가 있다. Amy에게 밝은 색상이나 빛이 나오는 팔찌나 발찌를 착용해 주면 양손과 발을 보는 행동을 촉진할 수 있다. 다만 팔찌나 발찌를 착용해 줄 때 한 번에 한쪽 손이나 한쪽 발에만 착용한다.

빛을 반사하거나 조명 장치가 있는 팔찌

<table>
<tr><th colspan="2">CVI 8가지 전략 영역</th><th>시각 기술
보유 여부</th><th>영향을 미치는 활동
평가 문항이 아동에게 영향을 미치는지 판단하고자 다음의 활동 영역에서 아동을 관찰한다.
– 일상생활, 보행, 여가생활, 자기 결정, 감각 효율성, 사회적 상호작용, 보상/접근성, 보조공학, 직업교육, 소/대근육 운동, 체육, 언어 등 일반 교과</th></tr>
<tr><td rowspan="6">트정 시야 선호</td><td rowspan="2">(근거리에서 눈 높이로 왼쪽이나 오른쪽 시야 방향에 제시하는 대상에 시각적 주의를 한다.</td><td>예</td><td rowspan="6">• Amy의 좌측 시야 영역(방향)에 불빛이 나오는 장난감을 움직일 때, 장난감에 반응을 보이지 않는다.
• 어머니는 Amy의 좌측 옆에 앉아서 음식을 줄 때 Amy는 수저가 자기 입으로 다가오는 것을 알아채지 못한다.
• Amy가 앉아 있는 유아용 의자의 트레이에 과자를 놓으면 과자의 위치를 찾지 못한다.</td></tr>
<tr><td>아니요</td></tr>
<tr><td rowspan="2">왼쪽, 오른쪽 또는 중앙 시야 방향에 제시한 대상에 시각적 주의를 한다(하측 시야 방향에 있는 대상에 시각적 주의에 어려움이 있음).</td><td>예</td></tr>
<tr><td>아니요</td></tr>
<tr><td rowspan="2">하측 시야 방향을 포함한 모든 시야 방향에 제시되는 대상에 시각적 주의를 한다.</td><td>예</td></tr>
<tr><td>아니요</td></tr>
<tr><td rowspan="6">빛 (조명)</td><td rowspan="2">시각적으로 빛에 끌린다. 광원(예: 햇빛이나 조명)을 계속 응시한다.</td><td>예</td><td rowspan="6">• Amy가 유아용 의자의 트레이에 놓은 장난감을 손으로 두드려보도록 격려하지만, 햇빛이 들어오는 창문만 계속 바라본다.
• 놀이 시간에 Amy가 이불에 누워 있을 때 어머니가 제시한 장난감을 바라보지 않고 천장의 조명등을 계속 응시한다.</td></tr>
<tr><td>아니요</td></tr>
<tr><td rowspan="2">시각적으로 빛 또는 빛을 반사하는 속성의 대상에 끌리지만, 그렇지 않은 다른 대상으로 시선을 돌릴 수 있다.</td><td>예</td></tr>
<tr><td>아니요</td></tr>
<tr><td rowspan="2">빛이 나오는 대상과 그렇지 않은 대상 모두에 동일하게 시각적으로 주의를 한다. 광원을 응시하지 않는다.</td><td>예</td></tr>
<tr><td>아니요</td></tr>
<tr><td rowspan="6">친숙성</td><td rowspan="2">아동에게 매우 친숙한 대상 또는 계속 보아 온 대상에 시각적 주의를 한다.</td><td>예</td><td rowspan="6">• 안과 의사가 Amy를 진찰할 때, Amy의 시각적 주의를 끌기 위해 여러 패턴(무늬)이 있는 장난감을 사용했다. 그러나 Amy는 대상을 알아차리지 못했다.
• 할머니는 Amy에게 나비 문양이 있는 봉제 인형을 주었지만 그것을 쳐다보지도 않았다.</td></tr>
<tr><td>아니요</td></tr>
<tr><td rowspan="2">아동이 선호하거나 친숙한 속성을 포함하도록 '수정한' 대상(예: 반사하는 마일라를 대상에 부착)에 시각적 주의를 한다.</td><td>예</td></tr>
<tr><td>아니요</td></tr>
<tr><td rowspan="2">친숙한 대상과 친숙하지 않은 대상 모두 똑같이 시각적 주의를 잘 한다.</td><td>예</td></tr>
<tr><td>아니요</td></tr>
</table>

CVI 전략 영역에서 시각의 효율적인 사용을 촉진할 수 있는 중재 전략 및 추천 사항	**ECC 중 다루는 영역:** 보조공학, 진로교육, 보상/접근성, 일상생활, 보행, 여가, 자기 결정, 감각 효율성, 사회적 상호작용
• Amy로부터 6cm 거리 이내에 눈높이로 우측 시야 영역(방향)에 물체와 자료를 제시한다. • 식사 시간 동안, 어머니는 Amy의 우측 옆에 앉아서 우측 시야 영역(방향)에 눈높이로 음식을 준다(특정 시야 선호와 하측 시야 결함의 고려). • Amy는 하측(아래) 시야 영역(방향)을 보는 데 일반적으로 어려움이 있다. Amy가 선호하는 시야 영역(방향)에 눈높이로 대상을 제시하면 하측 시야 기능 결함을 보상하는데 도움이 된다. 검은색 보드(All In One Board: APH 판매)를 경사지게 기울여 놓고, 거기에 과자(Cheerios)를 올려놓는다. 과자를 검은색 보드에 놓을 때 한번에 2개 정도만 충분히 넓은 간격으로 놓는다. 과자에 Amy의 시각적 주의를 유도하기 위해 손전등을 비추는 방법을 사용할 수 있다.	☐ 보조공학 ☐ 진로교육 ☑ 보상적 기술/접근성 ☑ 일상생활 ☐ 보행 ☐ 여가 ☑ 자기 결정 ☑ 감각 효율성 ☐ 사회적 상호작용
• 시각을 사용해 학습을 할 때, Amy는 햇빛이 들어오는 창문을 계속 응시한다. Amy가 창문을 마주보지 않도록 자리를 배치하거나 창문에 블라인드를 친다. • 천장 조명을 끄거나 조명등의 밝기를 낮추고, 시각적 과제에 빛이 나오는 물체와 자료를 사용해 시각적 주의와 사용을 촉진한다.	☐ 보조공학 ☐ 진로교육 ☐ 보상적 기술/접근성 ☐ 일상생활 ☐ 보행 ☐ 여가 ☐ 자기 결정 ☑ 감각 효율성 ☐ 사회적 상호작용
• 안과 의사와 진료 일정을 잡을 때, Amy가 친숙한 대상을 일관되게 바라본다는 것을 이야기한다. 이러한 대상들에는 불빛이 나오는 장난감이나 물체가 포함된다. • Amy가 더 잘 바라보거나 상호작용하는 시각적 대상(장난감, 물체)을 다른 사람들도 알고, Amy와 활동하거나 놀아 줄 때 이것들을 사용해 시각 사용을 강화하도록 한다.	☐ 보조공학 ☐ 진로교육 ☐ 보상적 기술/접근성 ☐ 일상생활 ☐ 보행 ☑ 여가 ☐ 자기 결정 ☑ 감각 효율성 ☑ 사회적 상호작용

추가 고려 영역

□ 시각적 피로

1. 아동이 시각적 피로를 보입니까? 예를 들어, 시각적 피로의 징후로 하품, 집중력 저하, 과민성, 졸음, 울음 등이 있음.
   네, Amy는 시각적으로 피로해지면 주의력이 낮아진다.

2. 아동에게 시각적 피로가 발생하는 상황이나 조건이 있습니까?
   Amy는 일정 시간 이상 시각을 사용하면 시각적 대상에 흥미를 잃어버리는 것처럼 보인다.

3. 아동은 시각적 피로가 발생하기 전까지, 얼마나 오랜 시간 시각을 효율적으로 사용할 수 있습니까?
   Amy는 5~10분 정도 시각을 안정적으로 사용할 수 있다.

4. 아동의 시각적 피로를 유발할 수 있는 안구 시각장애 질환이 있습니까?
   아니요, Amy에게는 시각적 피로를 일으킬만한 안구 시각장애 질환이 없다.

5. 아동의 시각적 피로를 줄이는 데 어떠한 수정이나 지원이 도움이 됩니까?
   하루 일과 중에 짧은 시간 동안 시각을 사용하도록 한다. 즉 주기적으로 휴식 시간을 준다.

□ 신체 자세

1. 아동이 시각을 사용하는 가장 효과적인 신체 자세는 무엇입니까? 아동에게 가장 적합한 자세에 대해 조언할 수 있는 물리치료사와 면담하는 것을 고려한다.
   Amy는 안전벨트가 있는 유아용 의자에 앉아 있을 때 안전감과 편안함을 느낀다.

2. 아동이 팔을 가장 효율적으로 사용할 수 있는 신체 자세는 무엇입니까? 예를 들어, 지지용 둥근 쿠션에 몸을 대고 앞으로 기울인 자세
   Amy는 트레이에서 팔과 손을 잘 사용한다.

3. 아동에게 가장 적합한 자세 유지 기구 또는 보조 기구(특수 의자, 트레이 등)가 있습니까?
   유아용 의자에 안전벨트만 있으면 된다.

4. 아동의 신체 자세나 위치를 조정할 때 머리 위의 전체 조명이나 창문을 고려해야 합니까? 아동의 신체 자세가 학습 자료에 그림자가 생기도록 만들지 않습니까?
   Amy는 밝은 햇빛이나 천장의 조명등에 여전히 끌리는 것 같다. 따라서 그러한 것을 등지도록 자리를 배치하고, 천장 조명의 밝기를 낮추어 준다.

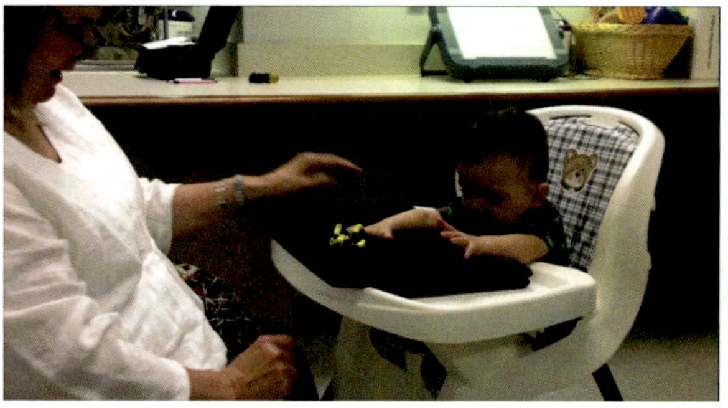 

□ 눈-손 협응

1. 아동은 손으로 물건을 잡을 수 있습니까?
   예, 이제 Amy는 물체를 향해 손을 뻗어 잡기 시작한다.

2. 아동은 대상을 바라보면서 동시에 대상에 손을 뻗거나 잡을 수 있습니까?
   아니요, Amy는 대상을 바라보면서 동시에 손을 뻗어 접촉하지는 못한다.

3. 아동은 대상을 바라보고, 다시 시선을 다른 곳으로 돌린 다음 대상에 손을 뻗거나 잡습니까(예: 보는 것과 손으로 접촉하는 것이 동시에 이루어지지 않음)?
   예, Amy는 대상을 보고나서 시선을 다른 곳으로 돌린 다음 대상에 손을 뻗어 잡는다.

4. 아동이 보는 것과 손으로 접촉하는 것이 동시에 이루어지도록 촉진하는 수정이나 방법이 있습니까? 예를 들어, 감각 정보를 통제하는 것, 시각적 대상의 개수를 제한하는 것, 대상과 배경 간의 대비를 높이는 것, 대상에 조명(손전등)을 비추는 것, 대상을 선호하는 시야 방향에 재시하는 것 등이 있음.
   배경과 대비되는 색상의 대상을 제시하고 손전등을 대상에 비추어 주면 Amy는 대상을 바라보면서 동시에 손을 뻗어 접촉하는 행동(시각적으로 안내된 신체 도달)이 향상된다.

교사 작성란

- Amy는 간질(발작)이 있다. 따라서 빛이 깜박거리는 물체들은 가능한 피하는 것이 좋다. Amy는 빛에 끌리기 때문에 안정적으로 빛을 내는 광원(조명등, 조명 달린 물체 등)을 사용하면 대상을 바로보고 손을 뻗어 잡는 행동을 촉진할 수 있다. 그리고 국부 조명법(SpotLIGHTing technique)를 사용하는 것도 도움이 될 수 있다.

- Amy는 뇌에 션트 수술을 했다. 따라서 자성이 있는 기기들(magnetic programming tools)을 가급적 피하는 것이 좋다. 아이패드를 10cm 이내 거리에서, 즉 너무 까까이 두고 사용하지 않는 것이 좋다.

04 CVI 레벨 2 아동의 'CVI 기술 평가 및 전략 개발 양식' 작성 사례

다음은 레벨 2 전략이 도움이 되는 'CVI Range' 평가에서 5~6(점) 정도의 기능 시각을 가진 아동의 'CVI 기술 평가 및 전략 개발 양식' 작성 사례이다. Will은 출생 시에 무산소증에 의한 합병증으로 뇌성마비와 CVI 진단을 함께 받았다. Will는 일상생활기술 중심 교육이 이루어지는 교실 환경에 배치되어 있고, 이곳에는 12명의 다른 아동들도 함께 교육을 받고 있다. Will의 교육에는 교사와 보조교사가 참여한다. Will은 휠체어를 사용하고 오른 손을 전혀 사용하지 못하지만 왼 손은 제한적으로 사용할 수 있다.

아동의 배경 정보(양식)

- 작성자(교사): ■ 작성 일자: 2014.10
- CVI 아동 이름: Wil ■ 성별: 남성 ■ 연령: 8세
- CVI 아동의 특수교육 및 치료 지원 서비스
  (1) ________
  (2) ________
  (3) ________
- 아동의 교육배치 환경: □일반학교 □특수학교 □기타 ( )

CVI Range 평가 결과: 5-6(점)

□ CVI 1단계 ☑ CVI 2단계 □ CVI 3단계

의학적 병력(해당 질환 모두 ☑)

□ 조산
□ 저체중 출생
□ 뇌실주위백질연화증(PVL)
☑ 산소 결핍증(Anoxia)
□ 허혈성 저산소 뇌병증(HIE)
□ 뇌실내출혈(IVH)
□ 발달 지체(Developmental Delay)
☑ 뇌성마비Cerebral Palsy)
□ 미숙아 망막병증(ROP)

☐ 두개내출혈/뇌졸중(Intracranial Hemorrhage/Stroke)
☐ 뇌 기형Brain Malformations)
☐ 외상성 뇌손상(TBI)
☐ 중추신경계 감염(CNS Infections)
☐ 수두증/션트수술(Hydrocephalic/Shunt)
☐ 발작/간질(eizures/Epilepsy)
☑ 피질 시각장애(Cortical Visual Impairment)
☐ 기타______

안과 의사 성명: **병원명/연락처:** **검진 일자:**
아동의 안과 질환(진단)명: 피질 시각장애(CVI), 안진, 시신경 위축, 저시력 평가 추천

청각장애 및 약물 복용

- 청각 이상과 질환 소견:
- 청성뇌간 반응검사(ABR) 소견:
- 이과(귀) 검사(Otological Examination):
- 청각 검사 일자:
- 처방 약물과 부작용:

현재 특수교육대상자 선정 및 관련 서비스(해당되는 곳에 ☑)
☐ 건강장애(OHI) ☑ 시각장애(VI) ☐ AI ☐ 농맹(D/B)
☐ 정형외과적 장애(OI) ☐ 감각통합(SI) ☐ 지적장애(ID)
☐ 보행(O&M) ☐ ABM ☑ 작업치료(OT) ☑ 물리치료(PT)
☐ 기타 ______

<table>
<tr><th colspan="2">CVI 8가지 전략 영역</th><th>시각 기술
보유 여부</th><th>영향을 미치는 활동
평가 문항이 아동에게 영향을 미치는지 판단하고자 다음의 활동 영역에서 아동을 관찰한다.
– 일상생활, 보행, 여가생활, 자기 결정, 감각 효율성, 사회적 상호작용, 보상/접근성, 보조공학, 직업교육, 소/대근육 운동, 체육, 언어 등 일반 교과</th></tr>
<tr><td rowspan="6">환경 및 감각 정보</td><td rowspan="2">모든 환경적, 감각적 자극이 통제되어야 대상에 시각적 주의를 한다.</td><td><u>예</u></td><td rowspan="2">• 아침 식사 시간에 Will은 컴퓨터를 한다. 아침 식사 시간이 끝나자마자 보조교사가 진공청소기를 사용하는 순간, Will은 깜짝 놀라며 컴퓨터로부터 시각적 주의가 흐트러진다. Will은 진공 청소기가 작동하는 중에는 물론이고 작동이 멈춘 후에도 오랜 시간 원래 과제로 돌아가기 어렵다.</td></tr>
<tr><td>아니요</td></tr>
<tr><td rowspan="2">작은 배경 소음이나 목소리 또는 사소한 촉각 자극이 있어도 대상에 시각적 주의를 한다.</td><td><u>예</u></td><td rowspan="2">• 직접 교수(숫자, 글자, 색상 관련 수업) 동안, Will의 주변을 지나가는 친구들의 움직임이 과제에 집중하는 것을 방해한다. 일단 Will은 움직이는 친구들을 바라보고 나서 학습 자료를 다시 보지만, 이전에 학습한 부분을 찾고 주의를 기울이는 데 시간이 걸린다.</td></tr>
<tr><td>아니요</td></tr>
<tr><td rowspan="2">일반적인 다중 감각 환경(일반적인 유치원 환경과 유사)에서도 대상에 시각적 주의를 하는 데 어려움이 없다.</td><td>예</td><td rowspan="2">• 교사가 직접 교수(direct instruction) 동안, 친구들이 지나가면서 Will의 휠체어를 건드리거나 부딪치면 Will은 과제에 주의를 유지하는 것이 어렵다. 일단 Will은 휠체어에 부딪치는 친구를 바라보게 되면 학습 자료로 주의를 되돌리는 데 상당한 시간이 걸린다.</td></tr>
<tr><td><u>아니요</u></td></tr>
<tr><td rowspan="4">근거리/중간 거리/원거리 보기</td><td rowspan="2">90cm 이내 거리의 대상에 시각적 주의를 한다.</td><td><u>예</u></td><td rowspan="2">• 신체 활동 시간 동안, Will은 수정된 휠체어 의자에 있었다. Will은 1.8~2.4m 거리에서 자신에게 굴러오는 여러 색상이 섞인 작은 공의 움직임을 눈으로 쫓아가는 데 어려움이 있다.</td></tr>
<tr><td>아니요</td></tr>
<tr><td rowspan="2">1.8~3m 거리의 대상에 시각적 주의를 한다.</td><td>예</td><td rowspan="2">• 일과 시간 동안, Will은 손 모양의 흰색 지시 기구(pointer stick)가 가리키는 위치를 찾고 시각적 주의를 하는 데 어려움이 있다. 이 손 모양 지시 기구는 1.8m 거리에 있는 커다란 일과 시간표를 가리키는데 사용된다.</td></tr>
<tr><td><u>아니요</u></td></tr>
</table>

<table>
<tr>
<td rowspan="2"></td>
<td rowspan="2">3–6m 거리의 대상에 시각적 주의를 한다.</td>
<td>예</td>
<td rowspan="2">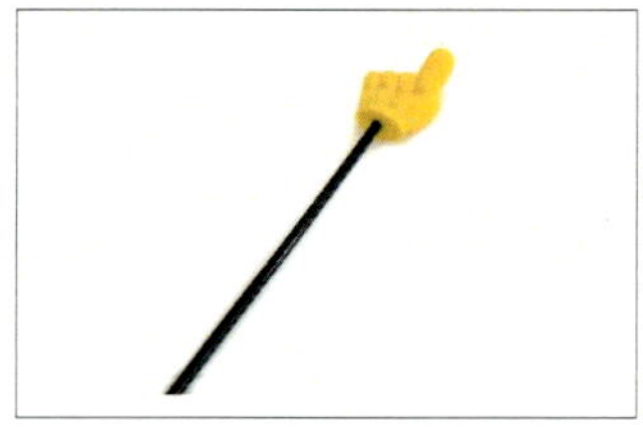
• 하루 또는 주간 일과 시간 동안, Will은 1.8m 거리에 있는 캘린더(달력)에서 오늘 일자(day)나 주차(week)를 찾는 데 어려움이 있다.</td>
</tr>
<tr>
<td><u>아니요</u></td>
</tr>
<tr>
<td rowspan="6">시각적 대상</td>
<td rowspan="2">단색 또는 빛이 나오는 대상에 시각적 주의를 한다.</td>
<td><u>예</u></td>
<td rowspan="4">• Will의 하루 일과 시간표에는 일과 활동들을 나타내는 보드 메이커 그림 상징들(Board maker Pictures)이 많이 배열되어 있다. Will은 각 그림 상징이 어떠한 일과 활동을 의미하는지 구별하는 데 어려움이 있고, 활동을 마치면 태블릿 기기에서 어떠한 그림 상징을 '종료 칸'으로 옮겨야 하는지 알지 못했다.
</td>
</tr>
<tr>
<td>아니요</td>
</tr>
<tr>
<td rowspan="2">2~3가지 색상이 섞인 단순한 사진이나 컬러 사진에 시각적 주의를 한다.</td>
<td><u>예</u></td>
</tr>
<tr>
<td>아니요</td>
</tr>
<tr>
<td rowspan="2">또래가 사용하는 전형적인 글과 그림이 포함된 교육 자료(학습지/책)에 시각적 주의를 한다.</td>
<td>예</td>
<td rowspan="2">• 국어 시간 동안, Will에게 글자나 낱말 카드를 책상 위에 제시하면 Will은 손으로 교사가 말한 글자/단어를 찾아 가리키지 못한다.</td>
</tr>
<tr>
<td><u>아니요</u></td>
</tr>
</table>

<table>
<tr><th>CVI 전략 영역에서 시각의 효율적인 사용을
촉진할 수 있는 중재 전략 및 추천 사항</th><th>ECC의 관련 영역:
보조공학, 진로교육, 보상/접근성, 일상생활, 보행, 여가, 자기 결정, 감각 효율성, 사회적 상호작용</th></tr>
<tr><td>• 진공청소기의 사용은 많은 소음과 움직임을 수반하므로 가급적 쉬는 시간에만 사용한다.
• CVI 아동의 개별 지도(직접 교수)는 다른 학생들의 이동이 없는, 한적한 교실의 한쪽에서 실시하는 것이 좋다. Will이 교실 구석의 벽을 마주보게 책상을 배치한다. 검은색 칸막이를 사용해 책상 주변 배경을 기려 단순화 한다.
• 일과 활동 동안, 친구들이 앉아 있는 곳과 Will의 휠체어 사이에 충분한 간격을 유지해 친구들이 휠체어에 부딪치지 않도록 한다.</td><td>☐ 보조공학
☐ 진로교육
☑ 보상적 기술/접근성
☐ 일상생활
☐ 보행
☐ 여가
☐ 자기 결정
☑ 감각 효율성
☐ 사회적 상호작용</td></tr>
<tr><td>• 빨간색과 노란색의 ‘큰 공(Rib-It Ball, 지름 50cm)’을 사용한다. 아동의 시야에서 한 번에 한 개의 공을 사용한다. Will은 시각적 복잡성이 적은 체육관 한쪽의 빈 벽을 마주보게 한다. Will의 시야에 무엇이 보이는지 확인하기 위해 교사는 Will의 옆에 서서 Will의 시야에 시각적으로 복잡한 것들이 있는지 점검한다. Will에게 공을 굴리기 전에 먼저 공을 흔들어 공의 위치를 확인하도록 돕는다. 그 다음 Will을 향해 공을 천천히 굴린다.
• 빛(조명)이 나오는 지시 기구(pointer stick)나 빨간색의 지시 기구를 사용한다. Will의 눈에 잘 보이도록 지시 기구의 끝에 빨간색의 빛에 반짝이는 마일러 조각을 붙일 수도 있다. Will에게 일과 시간표를 제시할 때 지시 기구를 함께 제공한다. 일과 시간표는 APH의 ‘Individual Calendar’을 사용할 수 있다. 이때 배경색과 숫자 색이 대비되는 것이 좋으며, 숫자의 글자체는 단순하고 굵은 고딕 계열을 사용한다.
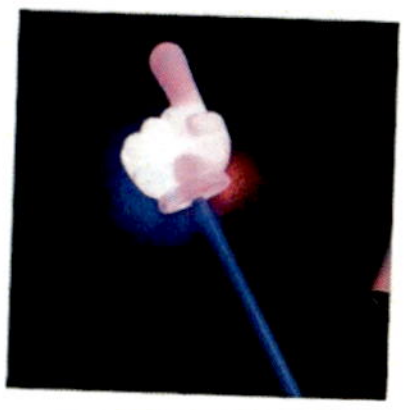
빛이 나오는 지시 기구

빨간색 지시 기구

빨간색 마일러 종이</td><td>☐ 보조공학
☐ 진로교육
☑ 보상적 기술/접근성
☑ 일상생활
☐ 보행
☑ 여가
☐ 자기 결정
☑ 감각 효율성
☐ 사회적 상호작용</td></tr>
</table>

Individual Calendar Kit
(APH)

0123456789

숫자 고딕 글자체
(APH font)

- Will에게 일정표를 가까이 제시한다. 일정표 주변에 시각적으로 혼란을 줄만 한 것을 치운다. 주변의 시각적 복잡성을 가리기 위해 커다란 검은색 보드에 제시할 수 있다. Will이 응시하기를 바라는 곳을 제외한 나머지를 가리는 데 검은색의 가림판(window frame)을 사용할 수 있으며, 이 때 Will의 시각적 주의를 유도하기 위해 가림판을 살짝 움직여 주거나 짧은 청각(소리) 신호를 줄 수 있다.

- 보드메이커 그림상징(BoardMaker piacture)을 사용하지 말고, 친숙한 사물의 컬러 사진(사진 상징)을 사용하는 것이 더 효과적이다. 예를 들어 일과 활동 중 점심시간을 나타내는 상징으로 Will의 실제 도시락을 찍은 사진을 사용한다. 이 때 검은색 보드에 밸크로로 컬러 사진을 붙여 제시할 수 있다. APH에서 판매하는 Invisiboard 또는 All in One board를 절반으로 구획으로 나눈다. 보드의 좌측에는 '지금 활동', 우측에는 '다음 활동'을 나타내는 친숙한 사물의 컬러 사진을 붙인다. 그러면 Will이 컬러 사진을 더 잘 알아보고, 활동이 끝난 후 검은색 보드에서 '지금 활동'에 있는 사진을 떼어내 '노란색 종료 상자'에 넣도록 한다.

All in One board

Invisiboard

- 검은색 카드 보드지(cardstock)로 카드를 만들고, 노란색 카드 보드지를 오려서 알파벳 글자를 만든다. 이때 숫자나 글자 모양으로 잘라주는 'die-cut

☐ 보조공학
☐ 진로교육
☑ 보상적 기술/접근성
☑ 일상생활
☐ 보행
☐ 여가
☐ 자기 결정
☑ 감각 효율성
☐ 사회적 상호작용

machine'을 사용할 수 있다. 검은색 카드에 노란색 글자를 붙이면 시각적으로 두드러지게 보인다. 한번에 2개의 글자만 제시하고, 교사가 말하는 글자를 선택하도록 한다. 그리고 아동의 하측 시야 결함을 보상하기 위해 이들 글자 카드를 검은색 경사 보드나 수직보드에 적절한 간격을 두어 제시할 수 있다.

die-cut machine

노란색 알파벳 글자

경사 보드

경사 보드

검은색 카드 보드지

노란색 카드 보드지

<table>
<tr><th colspan="2">CVI 8가지 전략 영역</th><th>시각 기술 보유 여부</th><th>영향을 미치는 활동
평가 문항이 아동에게 영향을 미치는지 판단하고자 다음의 활동 영역에서 아동을 관찰한다.
– 일상생활, 보행, 여가생활, 자기 결정, 감각 효율성, 사회적 상호작용, 보상/접근성, 보조공학, 직업교육, 소/대근육 운동, 체육, 언어 등 일반 교과</th></tr>
<tr><td rowspan="6">공간 구성과 시각적 배열</td><td rowspan="2">근거리에 넓은 간격으로 배치한 1-2개의 대상들에 시각적 주의를 한다(배경과 대상 간의 색상 대비가 높음).</td><td>예</td><td rowspan="6">• Will은 근거리에 2~5개 물체들을 적절히 간격을 두어 배열하면 대상을 인식할 수 있지만, 6개 이상 되는 대상들은 '시각적 복잡성'으로 인식하기 어렵다. 또한 1m 이상 거리에 대상이 있을 경우에도 대상을 인식하는 데 어려움이 있다. Will은 날씨 차트(weather chart)에서 날씨 심볼(맑음, 비, 눈, 흐림 등)을 찾고 시각적 주의를 하는 데 어려움이 있다. 날씨 차트에 여러 가지 날씨 상징들이 있으면, 배열의 복잡성으로 보는 데 어려움이 있다. 날씨 차트는 1.2~1.8m 거리에 있다.

날씨 차트
• 사회과 수업에서 교사는 지역사회의 다양한 표지판을 전자칠판에 제시해 지도한다. Will은 전자칠판에 제시된 여러 개의 표지판들 중에 교사가 말하는 표지판을 찾는 데 어려움이 있다. Will은 전자칠판 화면에서 해당 표지판을 가리키기 위해 손이 아닌 플라스틱 지시 기구로 전자칠판을 터치하면 화면이 반응을 하지 않는다.</td></tr>
<tr><td>아니요</td></tr>
<tr><td rowspan="2">일반적으로 근거리 또는 원거리에 적절한 간격으로 배치한 3-10개 대상들에 시각적 주의를 한다(이 때 대상과의 거리, 손전등을 비추어 강조 표시를 하거나 높은 대비가 요구되는지 기록한다).</td><td>예</td></tr>
<tr><td>아니요</td></tr>
<tr><td rowspan="2">근거리 또는 원거리에 있는 여러 개의 대상들에 시각적 주의를 하는 데 어려움이 없다(시각적 복잡성이 있거나 낮은 대비라도 어려움이 없음)</td><td>예</td></tr>
<tr><td>아니요</td></tr>
</table>

<table>
<tr><td rowspan="6">대비</td><td rowspan="2">근거리에서 단색 배경에 대상을 제시할 때 대상에 시각적 주의를 한다.</td><td><u>예</u></td><td rowspan="3">• 간식 시간에 Will은 몇 개의 젤리 비타민, 바나나 조각, 모짜렐라 조각, 치즈 스틱을 받는다. 이 때 이들 간식들을 종이 타월(Paper Towel)에 준다. Will은 이들 간식을 시각이 아닌 촉각(손)으로 찾아서 잡곤 하는 데, 종이 타월이 잘 움직여서 간식을 집는 것이 더 어렵다.

종이 타월</td></tr>
<tr><td>아니요</td></tr>
<tr><td rowspan="2">근에서 여러 가지 색상/패턴이 있는 배경에 대상을 제시해도 대상에 시각적 주의를 한다.</td><td>예</td></tr>
<tr><td><u>아니요</u></td><td rowspan="2">• Will은 컴퓨터 시간에 스위치를 사용한다. Will은 60~90cm 거리에 있는 노트북 화면을 바라보고, 화면에 축구공이 나올 때마다 스위치를 눌러야 하는데, 때때로 축구공을 찾는 데 어려움을 보이며, 이로 인해 제 때 스위치를 누를 기회를 놓친다.
</td></tr>
<tr><td rowspan="2">보편적인 집/교실의 '시각적 복잡성'을 배경으로 및 원거리에 있는 대상에 시각적 주의를 한다.</td><td>예</td></tr>
<tr><td><u>아니요</u></td><td>• 체육 시간에 교사가 Will로부터 90~120cm 거리에서 보라색의 스펀지공을 천천히 굴려주면 공을 찾는데 어려움이 있다. 이 공은 교사의 체육복 색상과 비슷한 색상이다.

스펀지 공</td></tr>
</table>

CVI 전략 영역에서 시각의 효율적인 사용을 촉진할 수 있는 중재 전략 및 추천 사항

ECC 중 다루는 영역:
보조공학, 진로교육, 보상/접근성, 일상생활, 보행, 여가, 자기 결정, 감각 효율성, 사회적 상호작용

- 날씨에 대해 학습할 때 날씨 차트에서 보아야 하는 부분이나 날씨 심볼을 제외한 나머지 부분을 검은색 가림판을 사용해 가린다. Will로부터 날씨 차트를 50cm 이내 거리에 가까이 놓는다. Will이 가장 잘 사용하는 우측 시야 영역(방향)에 제시한다. Will이 오늘의 날씨에 해당하는 날씨 심볼을 바르게 선택하도록 지시 기구를 사용하게 한다.

CVI 아동을 위해 수정한 밸크로 날씨 차트

CVI 아동을 위해 수정한 밸크로 날씨 심볼

- 전자칠판을 사용해 지도할 때, 전자칠판 화면에 한번에 2-3개 정도의 표지판만 제시한다(배열의 복잡성으로 인한 어려움 고려). 그리고 표지판들 간에 일정한 간격을 두어 배열하고, 화면 배경과 대비되는 색상의 표지판을 사용한다. 전자칠판이 더 잘 보이도록 교실 전체 조명의 밝기를 낮춘다. 조명의 밝기를 낮추면 전자칠판 주변의 복잡한 환경을 가려주는 효과가 있어 시각적 복잡성을 낮추는 효과가 있다. 지시 기구의 끝에 전자칠판용 펜(stylus)을 부착하면 화면을 지시 기구로 터치할 때 화면이 반응한다.

일반 지시 기구

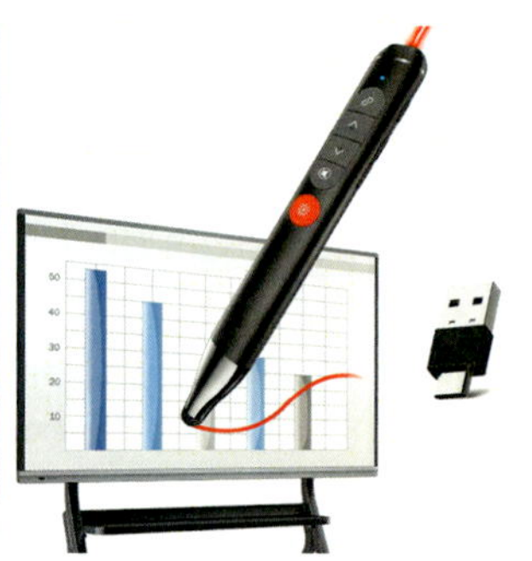

전자칠판용 펜

- ☐ 보조공학
- ☐ 진로교육
- ☑ 보상적 기술/접근성
- ☑ 일상생활
- ☐ 보행
- ☐ 여가
- ☑ 자기 결정
- ☑ 감각 효율성
- ☐ 사회적 상호작용

- 반미끄럼 재질의 대비되는 배경(접시, 쟁반, 식탁매트 등)에 간식을 놓아 시각 사용을 촉진한다. 접시나 식탁 매트는 간식과 대비가 되는 색상으로 선택해 사용한다. 미끄러지지 않는 간식은 경사 보드에 놓아 주는 것이 시각적으로 간식을 찾고 인식하는 데 도움이 된다(하측 시야 결함의 보상).
- 태블릿 기기에서 인과관계(원인과 결과를 배우는) 학습 앱 또는 소프트웨어를 사용할 때 스마트기기 뒤쪽에 검은색 수직 보드를 놓으면 주변의 시각적 복잡성을 가릴 수 있다. 검은색 보드에 의해 태블릿 기기의 화면이 시각적으로 더 두드러져 보이고, Will이 화면 속에서 움직이는 공을 더 잘 찾을 수 있다.
- 체육 교사는 밝은 보라색 공과 대비가 되는 색상의 체육복을 준비해 입는다. 교사가 검은색 체육복을 입으면 밝은 색상의 공이 두드러지게 보여 Will이 교사와 공을 주고 받는 활동을 할 때 공의 움직임을 눈으로 쫓아가며 잡는 데 도움이 된다.

검은색 계열 체육복

- ☐ 보조공학
- ☐ 진로교육
- ☑ 보상적 기술/접근성
- ☑ 일상생활
- ☐ 보행
- ☐ 여가
- ☐ 자기 결정
- ☑ 감각 효율성
- ☐ 사회적 상호작용

<table>
<tr><th colspan="2">CVI 8가지 전략 영역</th><th>시각 기술
보유 여부</th><th>영향을 미치는 활동
평가 문항이 아동에게 영향을 미치는지 판단하고자 다음의 활동 영역에서 아동을 관찰한다.
– 일상생활, 보행, 여가생활, 자기 결정, 감각 효율성, 사회적 상호작용, 보상/접근성, 보조공학, 직업교육, 소/대근육 운동, 체육, 언어 등 일반 교과</th></tr>
<tr><td rowspan="6">특정 시야 선호</td><td rowspan="2">근거리에서 눈높이로 왼쪽이나 오른쪽 시야 방향에 제시하는 대상에 시각적 주의를 한다.</td><td>예</td><td rowspan="6">• Will은 근거리에서 우측, 좌측, 중앙 시야 영역(방향)에 제시되는 대상에 시각적 주의를 잘 한다. 1.2~1.8m 거리에서 Will의 좌측 시야 영역(방향)에 대상을 제시하면 보는 데 어려움이 있다. 특히 서클 타임(circle time) 시간에 좌측에 자리를 배치하면 보는 데 어려움이 있다.
• 수업 시간에 여러 가지 모양에 대해 배울 때 지나가다 Will의 책상에 부딪치는 친구들로 인해 검은색 보드가 넘어지면서 Will의 시야에 친구들의 움직임이 보이게 된다. 또한 플래시 카드들을 경사보드에 제시할 때도 친구들이 책상에 부딪치면서 플래시 카드들이 보드 밑으로 떨어져 Will의 시야를 벗어나게 된다.</td></tr>
<tr><td>아니요</td></tr>
<tr><td rowspan="2">왼쪽, 오른쪽 또는 중앙 시야 방향에 제시한 대상에 시각적 주의를 한다(하측 시야 방향에 있는 대상에 시각적 주의에 어려움이 있음).</td><td>예</td></tr>
<tr><td>아니요</td></tr>
<tr><td rowspan="2">하측 시야 방향을 포함한 모든 시야 방향에 제시한 대상에 시각적 주의를 한다.</td><td>예</td></tr>
<tr><td>아니요</td></tr>
<tr><td rowspan="6">빛 (조명)</td><td rowspan="2">시각적으로 빛에 끌린다. 광원(예: 햇빛이나 조명)을 계속 응시한다.</td><td>예</td><td rowspan="6">• 전자칠판에 '100까지 수세기' 파워포인트 자료를 제시하면 Will은 전자칠판 화면에 제시되는 숫자들을 보는 데 어려움이 있다. 천장 조명 때문에 전자칠판 화면에 빛 반사가 생기고, 전자칠판 주변에 복잡한 것들이 널려 있어 Will이 전자칠판에 시각적 주의를 기울이는 데 방해가 된다.
• 컴퓨터 시간에 노트북 화면으로부터 빛 반사가 생기지 않도록 각도를 조절한다. 이러한 빛 반사 또는 눈부심은 Will의 시각적 주의를 방해하곤 한다.
• Will이 굴러가는 공의 위치를 찾거나 공이 움직임을 눈으로 쫓아가는 활동에 어려움이 있다.</td></tr>
<tr><td>아니요</td></tr>
<tr><td rowspan="2">시각적으로 빛 또는 빛을 반사하는 속성의 대상에 끌리지만, 그렇지 않은 다른 대상으로 시선을 돌릴 수 있다.</td><td>예</td></tr>
<tr><td>아니요</td></tr>
<tr><td rowspan="2">빛이 나오는 대상과 그렇지 않은 대상 모두에 동일하게 시각적으로 주의를 한다.광원을 응시하지 않는다.</td><td>예</td></tr>
<tr><td>아니요</td></tr>
<tr><td rowspan="6">친숙성</td><td rowspan="2">아동에게 매우 친숙한 대상 또는 계속 보아 온 대상에 시각적 주의를 한다.</td><td>예</td><td rowspan="6">• Will은 대부분의 대상들을 바라볼 수 있다. 다만 보드 메이커 그림상징을 포함해 몇 가지 유형의 그림들은 알아보는데 어려움이 있다.</td></tr>
<tr><td>아니요</td></tr>
<tr><td rowspan="2">아동이 선호하거나 친숙한 속성을 포함하도록 '수정한' 대상(예: 반사하는 마일라를 대상에 부착)에 시각적 주의를 한다.</td><td>예</td></tr>
<tr><td>아니요</td></tr>
<tr><td rowspan="2">친숙한 대상과 친숙하지 않은 대상 모두 똑같이 시각적 주의를 잘 한다.</td><td>예</td></tr>
<tr><td>아니요</td></tr>
</table>

CVI 전략 영역에서 시각의 효율적인 사용을 촉진할 수 있는 중재 전략 및 추천 사항	**ECC 중 다루는 영역:** 보조공학, 진로교육, 보상/접근성, 일상생활, 보행, 여가, 자기 결정, 감각 효율성, 사회적 상호작용
• 서클 타임 시간에 Will을 우측 자리에 배치하면 선호하는 우측 시야로 시각을 더 잘 사용할 수 있다. • 대상이 떨어지지 않고 고정되어 있도록 검은색 보드에 미끄럽지 않는 재질이나 밸크로를 부착해 사용한다. 여러 가지 모양 카드를 책상 바닥에 놓지 말고 경사 보드에 놓는다(하측 시야 결함 보상).  모양 학습 교구 (shaped kit, APH)  경사 보드 (All-In-One Board)	☐ 보조공학 ☐ 진로교육 ☑ 보상적 기술/접근성 ☑ 일상생활 ☐ 보행 ☑ 여가 ☐ 자기 결정 ☑ 감각 효율성 ☑ 사회적 상호작용
• 전자칠판에 파워포인트 자료를 제시할 때, 교실 전체 조명을 끄거나 밝기를 낮춘다. 이렇게 하면 전자칠판 화면의 빛 반사(눈부심)를 줄이고, 전자칠판 주변의 복잡한 것들을 가려주며, 화면에 밝게 빛나는 숫자가 더 두드러지게 보이도록 하는 효과가 있다. • 교사는 학생이 바라보는 위치(시야)에 함께 서서 동일하게 바라보며 아동의 시야에 복잡한 것들이 있는지 점검한다. 특히 교사가 서서 볼 때는 보이지 않는 것들이 학생과 같은 위치에 앉아서 보면(아동과 같은 눈높이에서 바라보기) 생각하지 못한 더 많은 복잡한 것들이 나타날 수 있다. 또한 다양한 표면으로부터 눈부심(2차 빛 반사)도 있을 수 있다. 노트북의 경우, 모니터 각도를 조절하면 눈부심을 줄일 수 있다. • 국부 조명법(SpotLIGHTing)을 사용하면 대상이 두드러지게 보일 수 있다. 이 때 주변 환경은 어둡게 하는 것이 효과적이다. 어두운 환경에서 불빛이 나오는 공을 굴리면 공이 두드러져 보이므로, 아동이 공의 위치를 찾고 움직임을 눈으로 쫒아가기 쉽다. 시각적 대상에 손전등을 비추어 시각적으로 강조할 때 300루멘스 이상의 손전등을 사용한다. 이 때 손전등을 학생의 눈에 비추지 않도록 주의한다.	☑ 보조공학 ☐ 진로교육 ☑ 보상적 기술/접근성 ☐ 일상생활 ☐ 보행 ☑ 여가 ☐ 자기 결정 ☑ 감각 효율성 ☑ 사회적 상호작용
• 컬러 사물 사진은 검은색 배경에 제시하되, 사진 한 장에 한 개의 친숙한 사물 이미지가 있어야 한다. 스마트 기기로 컬러 사진을 제시하는 것도 CVI 아동에게 도움이 된다. 밝게 빗나는 모니터 화면은 아동의 시각적 주의와 유지에 효과적이다.	☑ 보조공학 ☐ 진로교육 ☑ 보상적 기술/접근성 ☐ 일상생활 ☐ 보행 ☐ 여가 ☐ 자기 결정 ☑ 감각 효율성 ☐ 사회적 상호작용

추가 고려 영역

□ 시각적 피로

1. 아동이 시각적 피로를 보입니까? 예를 들어, 시각적 피로의 징후로 하품, 집중력 저하, 과민성, 졸음, 울음 등이 있음.
   예. Will은 시각적 피로의 신호로 빈 공간(빈벽, 천장 등)을 바라보기, 부주의한 행동, 초점이 없는 응시, 질문에 엉뚱한 응답 등이 있다.

2. 아동에게 시각적 피로가 발생하는 상황이나 조건이 있습니까?
   Will의 시각적 피로는 아침에 많은 활동을 한 후에 나타나고, 점심 식사 후에 다시 개선되는 것 같다.

3. 아동은 시각적 피로가 발생하기 전까지, 얼마나 오랜 시간 시각을 효율적으로 사용할 수 있습니까?
   Will은 5시간 정도 시각을 사용하면 시각적 피로를 보인다. 그러나 활동이나 과제를 수행하는 환경이나 상황에 따라 차이가 있으므로, Will의 시각적 피로 신호가 나타나는지 계속 살펴봐야 한다.

4. 아동의 시각적 피로를 유발할 수 있는 안구 시각장애 질환이 있습니까?
   아니요. 눈의 피로를 유발하는 안구 시각장애 질환이 없다.

5. 아동의 시각적 피로를 줄이는 데 어떠한 수정이나 지원이 도움이 됩니까?
   교실 환경의 시각적 복잡성을 줄이고, 전자칠판과 파워포인트를 사용해 학습자료를 제시하고 가능한 원거리에서 보는 활동을 최소화한다. 오전에 교과 학습과 시각장애에 대처하는 기술을 배우는 교육 활동이 끝난다. 시각을 사용하는 과제를 수행할 때 주기적으로 시각적 휴식 시간을 준다. 필요 시 시각적 피로를 고려해 청각적 형식(오디오 자료 등) 자료나 지원을 병행한다.

□ 신체 자세

1. 아동이 시각을 사용하는 가장 효과적인 신체 자세는 무엇입니까? 아동에게 가장 적합한 자세에 대해 조언할 수 있는 물리치료사와 면담하는 것을 고려한다.
   Will이 시각을 효율적으로 사용하는 가장 좋은 신체 자세를 유지하도록 'NXT 휠체어'를 제공한다.

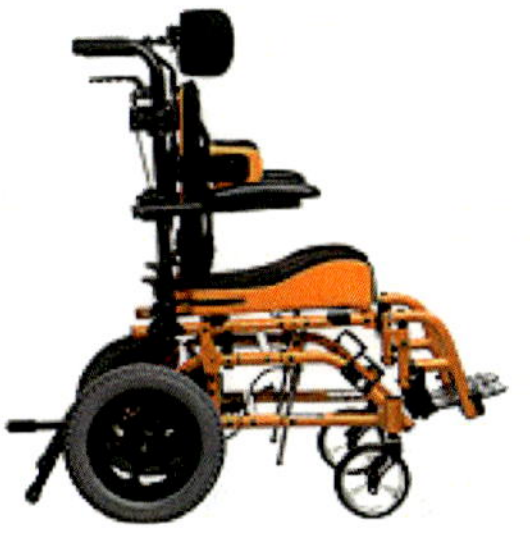

'NXT' 자세 지지 기구가 삽입된 휠체어

2. 아동이 팔을 가장 효율적으로 사용할 수 있는 신체 자세는 무엇입니까? 예를 들어, 지지용 둥근 쿠션에 몸을 대고 앞으로 기울인 자세
   Will은 좌측 팔과 손을 주로 사용하며, 휠체어에 똑바로 몸을 세워 앉아 있을 때 손과 팔, 그리고 시각을 가장 잘 사용한다.

3. 아동에게 가장 적합한 자세 유지 기구 또는 보조 기구(특수 의자, 트레이 등)가 있습니까?
   부모나 교사는 Will이 보아야 하는 시각적 대상을 휠체어 트레이에 놓아 제시하는 경우가 많다. 그러나 '투명 트레이'에 대상을 놓으면 투명 트레이 아래의 다리, 신발, 바닥면의 무늬 등도 함께 보여 시각적 복잡성이 발생한다. 따라서 학습에 사용하는 대상들의 색상을 고려해 대비되는 색상의 식탁 매트를 투명 트레이 위에 놓고 사용할 수 있다.

4. 아동의 신체 자세나 위치를 조정할 때 머리 위의 전체 조명이나 창문을 고려해야 합니까? 아동의 신체 자세가 학습 자료에 그림자가 생기도록 하지 않습니까?
   Will이 눈부심을 일으키는 원인 중에는 머리 위 천장 조명이 있다. 따라서 교사와 부모는 아동과 같은 시야에서 주변을 바라본 후 주변에 눈부심(글레어)을 일으키는 요소가 있는지 점검할 필요가 있다. 눈부심이 있으면 Will의 신체 자세나 위치, 또는 학습 자료나 대상의 각도 및 위치를 조절한다.

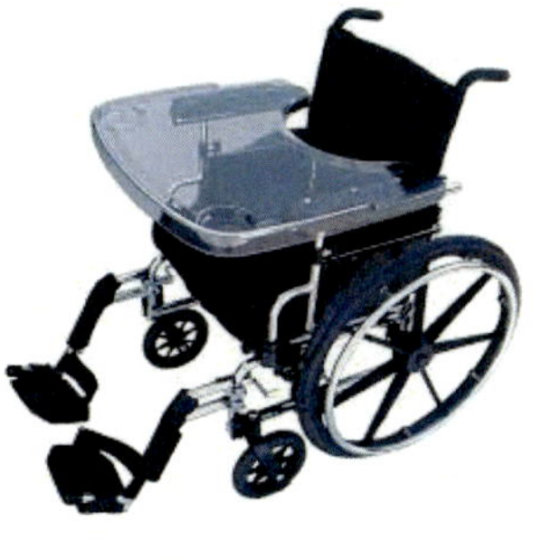

휠체어용 투명 트레이: 시각적 복잡성을 초래함

□ 눈-손 협응

1. 아동은 손으로 물건을 잡을 수 있습니까?
   예, Will은 좌측 손으로 물체를 잡는다.

2. 아동은 대상을 바라보면서 동시에 대상에 손을 뻗거나 잡을 수 있습니까?
   Will은 대상을 보면서 동시에 손을 뻗어 잡는 경우가 가끔 있다.

3. 아동은 대상을 바라보고, 다시 시선을 다른 곳으로 돌린 다음 대상에 손을 뻗거나 잡습니까(예: 보는 것과 손으로 접촉하는 것이 동시에 이루어지지 않음)?
   예. Will은 여전히 대상에 손을 뻗어 접촉하려고 할 때 잡으려는 대상이 아닌 다른 곳을 바라보는 경우가 많다.

4. 아동이 보는 것과 손으로 접촉하는 것이 동시에 이루어지도록 촉진하는 수정이나 방법이 있습니까? 예를 들어, 감각 정보를 통제하는 것, 시각적 대상의 개수를 제한하는 것, 대상과 배경 간의 대비를 높이는 것, 대상에 조명(손전등)을 비추는 것, 대상을 선호하는 시야 방향에 재시하는 것 등이 있음.
   Will은 우측 편마비로 주로 좌측 손을 사용하기 때문에 가운데나 좌측에 물체 및 간식을 놓는 것이 도움이 된다.

교사 작성란

05 CVI 레벨 3 아동의 'CVI 기술 평가 및 전략 개발 양식' 작성 사례

다음은 레벨 3 전략이 도움이 되는 CVI Range 평가 결과가 7-8(점)의 기능 시각을 가진 아동의 'CVI 기술 평가 및 전략 개발 양식'의 작성 사례이다. Gina는 출생 후 무산소증에 의한 합병증으로 피질 시각장애 진단을 받았고, 일반학교의 리스룸과 일반 학급을 오가며 학습에 참석한다. Gina는 CVI 고유한 시각 특성에 따른 영향을 해결하려고 노력하고 있다.

아동의 배경 정보 양식

- 작성자(교사): Seewell　　■ 작성 일자:
- CVI 아동 이름: Gina　　■ 성별: 여　　■ 연령: 12세
- CVI 아동의 특수교육 및 치료 지원 서비스
  (1) ________
  (2) ________
  (3) ________
- 아동의 교육배치 환경: □일반학교　□특수학교　□기타 (　　　)

CVI Range 평가 결과: 7-8(점)
□ CVI 1단계　□ CVI 2단계　☑ CVI 3단계

의학적 병력(해당 질환 모두 ☑)

□ 조산
□ 저체중 출생
□ 뇌실주위백질연화증(PVL)
☑ 산소 결핍증(Anoxia)
□ 허혈성 저산소 뇌병증(HIE)
□ 뇌실내출혈(IVH)
□ 발달 지체(Developmental Delay)
□ 뇌성마비Cerebral Palsy)
□ 미숙아 망막병증(ROP)
☑ 두개내출혈/뇌졸중(Intracranial Hemorrhage/Stroke)
□ 뇌 기형Brain Malformations)

☐ 외상성 뇌손상(TBI)
☐ 중추신경계 감염(CNS Infections)
☐ 수두증/션트수술(Hydrocephalic/Shunt)
☑ 발작/간질(eizures/Epilepsy)
☑ 피질 시각장애(Cortical Visual Impairment)
☐ 기타______

안과 의사 성명: 병원명/연락처: 검진 일자:
아동의 안과 질환(진단)명: 피질 시각장애, 시신경 위축증

청각장애 및 약물 복용

- 청각 이상과 질환 소견: 학교 보건교사에 의하면 청력은 정사 범위에 있음
- 청성뇌간 반응검사(ABR) 소견:
- 이과(귀) 검사(Otological Examination):
- 청각 검사 일자:
- 처방 약물과 부작용: 간질 약을 먹고 있으며, 약물로 간질이 어느 정도 조절이 됨

현재 특수교육대상자 선정 및 관련 서비스(해당되는 곳에 ☑)
☑ 건강장애(OHI) ☑ 시각장애(VI) ☐ AI ☐ 농맹(D/B)
☐ 정형외과적 장애(OI) ☑ 감각통합(SI) ☐ 지적장애(ID)
☑ 보행(O&M) ☐ ABM ☐ 작업치료(OT) ☐ 물리치료(PT)
☐ 기타 ______

<table>
<tr><th colspan="2">CVI 8가지 전략 영역</th><th>시각 기술
보유 여부</th><th>영향을 미치는 활동
평가 문항이 아동에게 영향을 미치는지 판단하고자 다음의 활동 영역에서 아동을 관찰한다.
– 일상생활, 보행, 여가생활, 자기 결정, 감각 효율성, 사회적 상호작용, 보상/접근성, 보조공학, 직업교육, 소/대근육 운동, 체육, 언어 등 일반 교과</th></tr>
<tr><td rowspan="6">환경 및 감각 정보</td><td rowspan="2">모든 환경적, 감각적 자극이 통제되어야 대상에 시각적 주의를 한다.</td><td>예</td><td rowspan="6">• 수업 시간에 친구들이 지나가다가 Gina의 의자나 책상을 건드리면 Gina는 깜작 놀라거나 과제로부터 주의가 흐트러진다. 그리고 다시 과제로 시각적 주의를 되돌리는 데 3~4분 정도가 걸린다.
• 자율 활동 시간에 교사는 Gina 옆에 앉은 친구를 개별 지도한다. Gina는 선생님이 다른 친구를 가르치고 상호작용하는 소리 때문에 자기 과제에 시각적 주의를 하는 데 어려움이 있다.
• 점심 시간에 구내 식당에서 Gina는 자신의 지정석을 찾는데 어려움이 있다. 그 이유는 시각적 주의를 방해하는 주변의 많은 청각적 자극과 소음, 그리고 멀리 떨어져 있는 지정석을 찾아야 하는 '원거리 보기의 어려움' 때문으로 보인다. 또한 Gina는 모든 테이블이 동일해서 자신의 지정석을 찾기 어렵다.</td></tr>
<tr><td>아니요</td></tr>
<tr><td rowspan="2">작은 배경 소음이나 목소리 또는 사소한 촉각 자극이 있어도 대상에 시각적 주의를 한다.</td><td>예</td></tr>
<tr><td>아니요</td></tr>
<tr><td rowspan="2">일반적인 다중 감각 환경(일반적인 유치원 환경과 유사)에서도 대상에 시각적 주의를 하는 데 어려움이 없다.</td><td>예</td></tr>
<tr><td>아니요</td></tr>
<tr><td rowspan="6">근거리/중간 거리/원거리 보기</td><td rowspan="2">90cm 이내 거리의 대상에 시각적 주의를 한다.</td><td>예</td><td rowspan="6">• 체육 시간에 학생들이 배드민턴을 할 때, Gina는 배드민턴 공의 움직임을 보는 데 어려움이 있다.
• 과학 수업 동안, 일반 교사가 화이트보드에 판서를 하면 Gina는 판서 위치를 찾아 노트에 옮겨 적는 데 어려움이 있다. 칠판으로부터 3m 거리 이내에 자리를 배치해도 해결되지 않는다.
• Gina는 화이트 보드에 적힌 수학 문제를 보는데 어려움이 있다.</td></tr>
<tr><td>아니요</td></tr>
<tr><td rowspan="2">1.8~3m 거리의 대상에 시각적 주의를 한다.</td><td>예</td></tr>
<tr><td>아니요</td></tr>
<tr><td rowspan="2">3–6m 거리의 대상에 시각적 주의를 한다.</td><td>예</td></tr>
<tr><td>아니요</td></tr>
</table>

<table>
<tr><td rowspan="6">시각적 대상</td><td rowspan="2">단색 또는 빛이 나오는 대상에 시각적 주의를 한다.</td><td><u>예</u></td><td rowspan="6">• 사회 수업에서 여러 가지 기호와 범례가 있는 '지도(map)'를 사용할 때, 많은 색상과 다양한 기호들이 있는 지도를 보는 데 어려움이 있다.
• 과학 수업에서 Gina가 그림에서 특정 정보를 찾아보도록 요구하면 그림의 세부 내용을 찾거나 알아보는 데 어려움이 있다.
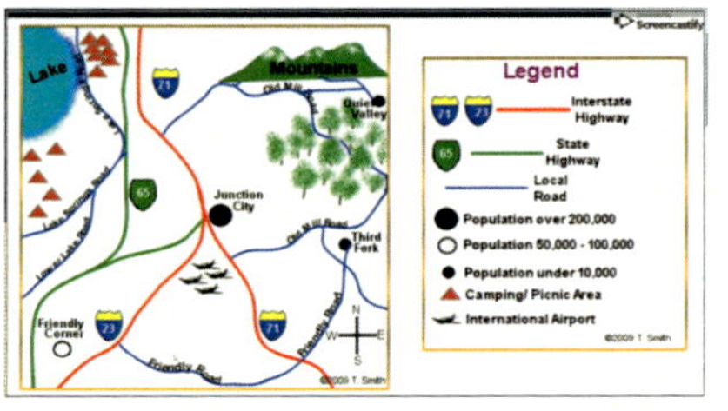
</td></tr>
<tr><td>아니요</td></tr>
<tr><td rowspan="2">2~3가지 색상이 섞인 단순한 사진이나 컬러 사진에 시각적 주의를 한다.</td><td><u>예</u></td></tr>
<tr><td>아니요</td></tr>
<tr><td rowspan="2">또래가 사용하는 글과 그림이 포함된 교육자료(학습지/책)에 시각적 주의를 한다.</td><td>예</td></tr>
<tr><td><u>아니요</u></td></tr>
</table>

CVI 전략 영역에서 시각의 효율적인 사용을 촉진할 수 있는 중재 전략 및 추천 사항	**ECC의 관련 영역:** 보조공학, 진로교육, 보상/접근성, 일상생활, 보행, 여가, 자기 결정, 감각 효율성, 사회적 상호작용
• 교사는 교실에서 친구들이 이동할 때 Gina 자리 근처로 지나가지 않도록 Gina의 자리를 교실 한쪽으로 이동하고, Gina 자리에 칸막이나 커튼을 설치하여 친구들의 움직임이 보이지 않게 한다. • 교사는 다른 학생을 개별 지도할 때 Gina의 자리로부터 멀리 떨어진 공간에서 지도한다. 그리고 Gina의 책상도 다른 학생의 일대일 지도 장면이 보이지 않게 다시 조정한다. • 구내식당 관리자에게 Gina의 지정석에 헬륨을 채운 빨간색 마일러 풍선을 매달아 달라고 요청한다. 그러면 빨간색의 마일러 풍선이 Gina의 시각적 주의를 유도할 수 있다. 또한 Gina 지정적에 노란색 종이로 테이블 번호를 써서 붙이면 자기 지정석이 맞는지 확인하는 데 도움이 된다.	☐ 보조공학 ☐ 진로교육 ☑ 보상적 기술/접근성 ☐ 일상생활 ☑ 보행 ☐ 여가 ☑ 자기 결정 ☑ 감각 효율성 ☐ 사회적 상호작용
• 배드민턴 활동에 흰색 공을 사용하지 말고, 체육관의 흰색 벽과 대비가 되어 잘 보이는 형광 오렌지색의 공을 사용한다. 눈부심을 일으키는 창문으로부터 떨어진 곳으로 배트민턴 활동 장소를 옮긴다. Gina가 선호하는 우측 시야를 사용하도록 배드민턴 코트의 좌측에 서서 활동하게 한다. • 전자칠판이나 태블릿 기기 화면에서 수학 문제를 더 쉽게 찾도록 화면에 한 개의 문제만 제시하거나 줌(확대) 기능을 사용해 한 개만 보일 때까지 확대한다.	☑ 보조공학 ☐ 진로교육 ☑ 보상적 기술/접근성 ☐ 일상생활 ☐ 보행 ☑ 여가 ☐ 자기 결정 ☑ 감각 효율성 ☐ 사회적 상호작용
• 복사기에 지도를 확대한다. Gina는 흑백 선 그림을 잘 인식한다. 지도에서 꼭 필요하지 않은 세부 사항을 수정액이나 수정테이프로 지우거나 지도를 좀 더 단순하게 수정한다. 지도에 여백을 더 많이 만들어 시각적 복잡성을 감소시킨다. • Gina는 복잡한 그림을 인식하는 데 어려움이 있다. 따라서 그림에서 중요한 사항이나 특징을 빨간색이나 노란색 펜으로 강조 표시를 해준다.	☐ 보조공학 ☐ 진로교육 ☑ 보상적 기술/접근성 ☐ 일상생활 ☐ 보행 ☐ 여가 ☐ 자기 결정 ☑ 감각 효율성 ☐ 사회적 상호작용

CVI 8가지 전략 영역		시각 기술 보유 여부	영향을 미치는 활동 평가 문항이 아동에게 영향을 미치는지 판단하고자 다음의 활동 영역에서 아동을 관찰한다. - 일상생활, 보행, 여가생활, 자기 결정, 감각 효율성, 사회적 상호작용, 보상/접근성, 보조공학, 직업교육, 소/대근육 운동, 체육, 언어 등 일반 교과
공간 구성과 시각적 배열	근거리에 넓은 간격으로 배치한 1–2개의 대상들에 시각적 주의를 한다(배경과 대상 간의 색상 대비가 높음).	예 아니요	• 국어 수업에 읽기를 할 때, Gina는 읽고 있던 글줄을 자주 잃어버린다. • 수학 학습에 조작 교구를 사용할 때, Gina는 눈 앞에 많은 교구들이 있으면 시각적으로 혼란스러워 한다. Gina는 책상 좌측에 교구가 있으면 교구를 알아채지 못하거나 지시한 교구를 못 찾는 경우가 많다. 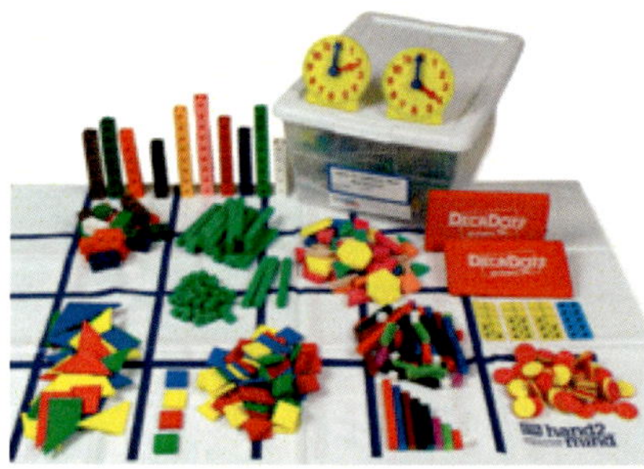 math manipulative kit
	일반적으로 근거리 또는 원거리에 적절한 간격으로 배치한 3–10개 대상들에 시각적 주의를 한다(이 때 대상과의 거리, 손전등을 비추어 강조 표시하거나 높은 대비가 요구되는지 기록한다).	예 아니요	
	근거리 또는 원거리에 있는 여러 개의 대상들에 시각적 주의를 하는 데 어려움이 없다(시각적 복잡성이 있거나 낮은 대비라도 어려움이 없음)	예 아니요	
대비	근거리에서 단색 배경에 대상을 제시할 때 대상에 시각적 주의를 한다.	예 아니요	• 교사가 교실에 가서 무언가(스태플러 등)를 가져오라고 지시하면, Gina는 그 물건의 위치를 찾지 못하는 경우가 자주 있다. • 선생님이 숙제를 화이트 보드에 적으면, Gina는 칠판 어디에 쓰여 있는지 찾는데 어려움이 있다(칠판으로부터 3m 정도 거리에 앉아 있을 때).
	근거리에서 여러 가지 색상/패턴이 있는 배경에 대상을 제시해도 대상에 시각적 주의를 한다.	예 아니요	
	보편적인 집/교실의 '시각적 복잡성'을 배경으로 원거리에 있는 대상에 시각적 주의를 한다.	예 아니요	

<table>
<tr><th>CVI 전략 영역에서 시각의 효율적인 사용을
촉진할 수 있는 중재 전략 및 추천 사항</th><th>ECC 중 다루는 영역:
보조공학, 진로교육, 보상/접근성, 일상생활, 보행, 여가, 자기 결정, 감각 효율성, 사회적 상호작용</th></tr>
<tr><td>

- Gina가 읽기 활동을 할 때 글줄을 놓치지 않고 잘 따라가며 읽도록 지시 기구(포인터 스틱) 또는 읽기 보조 도구(Window Marker/Lind Marker)를 사용한다. 아이패드에 데이지 도서, Word와 ePub 형태의 전자책을 다운로드하여 화면 읽기 앱(Voice Dream: 글자를 음성으로 읽어 주는 앱)을 사용하게 한다. Voice Dream의 설정 매뉴를 통해 읽고 있는 줄에 밑줄을 치거나 읽고 있는 단어를 노란색으로 표시하거나 읽는 줄을 제외한 나머지를 검은색 배경으로 가릴 수 있다. 글자 크기, 글자체, 글자 색 그리고 글자 간격 등도 Gina에게 맞게 설정하는 것이 가능하다. Gina가 이 앱을 사용해 읽기 자료를 소리로 듣거나 눈으로 읽으면서 동시에 듣도록 한다.

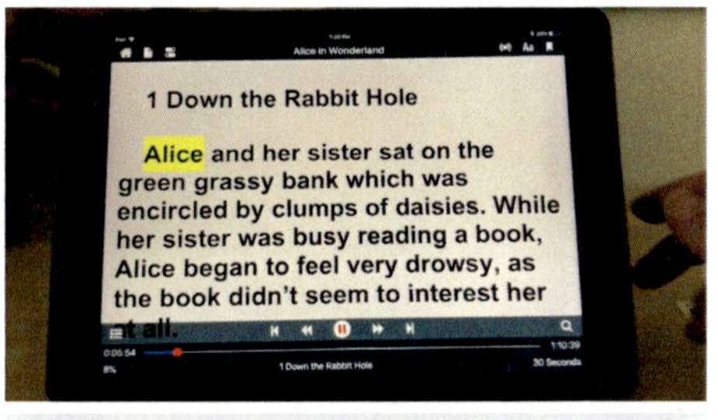

Voice Dream 사용 장면

- 수학 시간에 사용하는 교구의 개수를 제한한다. Gina는 좌측에 있는 대상을 못 보는 경우가 많으므로, 주기적으로 좌측을 바라보는 주사 기술(scanning techniques)을 지도한다. 확대독서기의 서견대에 교구를 놓으면, 모니터로 교구를 확대해 볼 수 있다. 확대독서기의 색상 조절 기능을 사용해 선호하는 색상으로 설정하면 교구를 더 잘 인식할 수 있다.

</td><td>☑ 보조공학
☐ 진로교육
☑ 보상적 기술/접근성
☐ 일상생활
☐ 보행
☐ 여가
☐ 자기 결정
☑ 감각 효율성
☐ 사회적 상호작용</td></tr>
<tr><td>

- 어수선한 교실에서 무언가를 찾아오도록 지시할 때 정확하고 간결하게 지시하거나 대상을 잘 묘사하는 단어를 사용한다. 예를 들어, Gina에게 스테플러(호치케스)를 가져 오도록 할 때, 교사는 '검은색 스태플러는 빨간색과 핑크색 꽃들 옆 선생님 책상 위에 있어.'라고 말한다.
- 노란색의 아세테이트지를 책이나 학습 자료에 놓는다. 화이트 보드의 경우, 줄 자석을 활용해 아세트테이지를 화이트 보드에 부착해 사용할 수 있다.

</td><td>☐ 보조공학
☐ 진로교육
☑ 보상적 기술/접근성
☐ 일상생활
☑ 보행
☐ 여가
☐ 자기 결정
☑ 감각 효율성
☐ 사회적 상호작용</td></tr>
</table>

<table>
<tr><th colspan="2">CVI 8가지 전략 영역</th><th>시각 기술

보유 여부</th><th>영향을 미치는 활동
평가 문항이 아동에게 영향을 미치는지 판단하고자 다음의 활동 영역에서 아동을 관찰한다.
- 일상생활, 보행, 여가생활, 자기 결정, 감각 효율성, 사회적 상호작용, 보상/접근성, 보조공학, 직업교육, 소/대근육 운동, 체육, 언어 등 일반 교과</th></tr>
<tr><td rowspan="6">특정 시야 선호</td><td rowspan="2">(대략 가까운 거리에서 눈 높이로 왼쪽이나 오른쪽 시야 방향에 제시하는 대상에 시각적 주의를 한다.</td><td>예</td><td rowspan="6">• Gina 여전히 하측 시야를 사용하는 것이 어렵다. 체육관이나 운동장에서 달리기를 할 때, Gina는 바닥에 있는 물건에 자주 걸려 넘어진다. 또한 체육관에서 트랙 라인을 따라 뛰어가는 데도 어려움이 있다.
• 국어 시간에 읽기 활동을 할 때 Gina는 페이지의 가장 좌측부터 읽기를 시작하지 못한다.</td></tr>
<tr><td>아니요</td></tr>
<tr><td rowspan="2">왼쪽, 오른쪽 또는 중앙 시야 방향에 있는 대상에 시각적 주의를 한다(하측 시야 방향에 있는 대상에 시각적 주의에 어려움이 있음).</td><td>예</td></tr>
<tr><td>아니요</td></tr>
<tr><td rowspan="2">하측 시야 방향을 포함한 모든 시야 방향에 제시되는 대상에 시각적 주의를 한다.</td><td>예</td></tr>
<tr><td>아니요</td></tr>
<tr><td rowspan="6">빛
(조명)</td><td rowspan="2">시각적으로 빛에 끌린다. 광원(예: 햇빛이나 조명)을 계속 응시한다.</td><td>예</td><td rowspan="6">• Gina는 이제 조명이나 햇빛으로 시각적 주의에 방해를 받지 않는다. 학습지 활동을 할 때, Gina의 신체 자세가 학습지에 그림자를 만드는 원인이 된다. Gina는 자료에 너무 가까이 다가가는 데, 이것은 자료와의 거리를 좁혀 주변 환경이 보이지 않게(시각적 복잡성 감소) 하려는 의도로 보인다. 시각적 대상에 조명을 비추어 주면 학습 자료로부터 좀 더 거리를 떨어뜨려 볼 수 있다</td></tr>
<tr><td>아니요</td></tr>
<tr><td rowspan="2">시각적으로 빛 또는 빛을 반사하는 속성의 대상에 끌리지만, 그렇지 않은 다른 대상으로 시선을 돌릴 수 있다.</td><td>예</td></tr>
<tr><td>아니요</td></tr>
<tr><td rowspan="2">빛이 나오는 대상과 그렇지 않은 대상에 모두에 동일하게 시각적으로 주의를 한다. 광원을 응시하지 않는다.</td><td>예</td></tr>
<tr><td>아니요</td></tr>
<tr><td rowspan="6">친숙성</td><td rowspan="2">아동에게 매우 친숙한 대상 또는 계속 보아 온 대상에 시각적 주의를 한다.</td><td>예</td><td rowspan="6">• Gina는 글자나 그림들이 많이 있는 복잡한 학습지나 자료를 보는데 여전히 어려움이 있다. Gina는 자료가 단순하고, 글자나 그림이 충분히 간격을 두어 배열되며, 배경도 복잡하지 않아야 잘 본다.</td></tr>
<tr><td>아니요</td></tr>
<tr><td rowspan="2">아동이 선호하거나 친숙한 속성으로 '수정한' 대상(예: 반사하는 마일라를 대상에 부착)에 시각적 주의를 한다.</td><td>예</td></tr>
<tr><td>아니요</td></tr>
<tr><td rowspan="2">아동이 선호하는 대상이 없다. 친숙한 대상과 친숙하지 않은 대상 모두 똑같이 시각적 주의를 잘 한다.</td><td>예</td></tr>
<tr><td>아니요</td></tr>
</table>

CVI 전략 영역에서 시각의 효율적인 사용을 촉진할 수 있는 중재 전략 및 추천 사항	**ECC 중 다루는 영역:** 보조공학, 진로교육, 보상/접근성, 일상생활, 보행, 여가, 자기 결정, 감각 효율성, 사회적 상호작용
• 체육 수업에서 달리기 활동을 할 때 친구가 옆에서 가볍게 Gina의 팔을 잡고 안내하며 뛰도록 한다(가이드 러너 역할). 친구는 주요 변화 지점이나 고르지 못한 지면 근처에서 촉각이나 구어 정보를 제공한다. 노란색의 착색 안경(선그라스)을 착용하면 지면 상태의 변화가 시각적으로 더 잘 보일 수 있다. 하측 시야 결함을 고려해 Gina에게 주기적으로 아래(지면)를 내려다 보는 주사 기술을 사용하게 한다. 운동장에서 튀어나온 곳이나 웅덩이 같은 곳에 빨간색 깃발을 꽂아 표시하는 것도 도움이 된다. 체육관에서 아동이 달리기를 하는 벽에 눈높이 정도로 빨간색 테이프를 붙이거나 조명등이 있는 교통안전 콘(safety cones)를 방향 전환 지점에 놓는 것도 도움이 된다.  여러 크기의 교통안전 콘 • 읽기 활동을 할 때 페이지의 좌측 시작점에 수직으로 노란색 선으로 그어주면 글줄의 시작점부터 문장을 읽어나갈 수 있다. 아이패드에 라이트박스 앱을 설치하면 단어나 철자 쓰기를 연습을 하는 데 효과적이다.	☑ 보조공학 ☐ 진로교육 ☐ 보상적 기술/접근성 ☐ 일상생활 ☑ 보행 ☐ 여가 ☐ 자기 결정 ☑ 감각 효율성 ☐ 사회적 상호작용
• 책상에서 과제를 할 때 개인용 스탠드 같은 보조 조명을 사용해 학습지를 비춘다. Gina는 조명을 비춘 대상에 시각적 주의를 더 잘하고, 자료로부터 좀 더 떨어진 거리에서 볼 수 있다. 확대독서기와 아이패드는 백라이팅(backlighting: 후광 조명) 기능을 가지고 있어 시각적 주의를 유도하고 유지하는 데 유용하다.   CVI NOW	☑ 보조공학 ☐ 진로교육 ☑ 보상적 기술/접근성 ☐ 일상생활 ☐ 보행 ☐ 여가 ☐ 자기 결정 ☑ 감각 효율성 ☐ 사회적 상호작용

• Gina에게 색상을 이용한 분류 기법, 두드러진 특징을 색상으로 강조하기, 확대를 통해 대상들 간에 더 넓은 간격 만들기 등이 도움이 될 수 있다. 불필요한 정보는 수정액이나 수정 테이프로 지우거나 가림판(Window marker)을 사용하는 차단 기술(blocking techniques)도 도움이 된다. 학습 자료를 가급적, 단순하게 수정해야 Gina가 보는 데 더 자신감을 갖고 스트레스도 덜 받는다.	☑ 보조공학 ☐ 진로교육 ☐ 보상적 기술/접근성 ☐ 일상생활 ☐ 보행 ☐ 여가 ☐ 자기 결정 ☑ 감각 효율성 ☐ 사회적 상호작용

CVI 8가지 전략 영역		시각 기술 보유 여부	**영향을 미치는 활동** 평가 문항이 아동에게 영향을 미치는지 판단하고자 다음의 활동 영역에서 아동을 관찰한다. – 일상생활, 보행, 여가생활, 자기 결정, 감각 효율성, 사회적 상호작용, 보상/접근성, 보조공학, 직업교육, 소/대근육 운동, 체육, 언어 등 일반 교과
특정 시야 선호	(근거리에서 눈 높이로 왼쪽이나 오른쪽 시야 방향에 제시하는 대상에 시각적 주의를 한다.	예 아니요	해당 없음
	왼쪽, 오른쪽 또는 중앙 시야 방향에 제시한 대상에 시각적 주의를 한다(하측 시야 방향에 있는 대상에 시각적 주의에 어려움이 있음).	예 아니요	
	하측 시야 방향을 포함한 모든 시야 방향에 제시한 대상에 시각적 주의를 한다.	예 아니요	
빛 (조명)	시각적으로 빛에 끌린다. 광원(예: 햇빛이나 조명)을 계속 응시한다.	예 아니요	해당 없음
	시각적으로 빛 또는 빛을 반사하는 속성의 대상에 끌리지만, 그렇지 않은 다른 대상으로 시선을 돌릴 수 있다.	예 아니요	
	빛이 나오는 대상과 그렇지 않은 대상 모두에 동일하게 시각적으로 주의를 한다. 광원을 응시하지 않는다.	예 아니요	
친숙성	아동에게 매우 친숙한 대상 또는 계속 보아 온 대상에 시각적 주의를 한다.	예 아니요	해당 없음
	아동이 선호하거나 친숙한 속성을 포함하도록 '수정한' 대상(예: 반사하는 마일라를 대상에 부착)에 시각적 주의를 한다.	예 아니요	
	친숙한 대상과 친숙하지 않은 대상 모두 똑같이 시각적 주의를 잘 한다.	예 아니요	

추가 고려 영역

□ 시각적 피로

1. 아동이 시각적 피로를 보입니까? 예를 들어, 시각적 피로의 징후로 하품, 집중력 저하, 과민성, 졸음, 울음 등이 있음.
   가끔 있어 보인다.

2. 아동에게 시각적 피로가 발생하는 상황이나 조건이 있습니까?
   Gina는 긴 시간 읽기 활동를 하고 난 후 또는 몸 상태가 좋지 않거나 스트레스를 받을 때 시각적 피로를 보인다.

3. 아동은 시각적 피로가 발생하기 전까지, 얼마나 오랜 시간 시각을 효율적으로 사용할 수 있습니까?
   30~45분 정도의 읽기 활동에는 시각적 피로를 보이지 않는다.

4. 아동의 시각적 피로를 유발할 수 있는 안구 시각장애 질환이 있습니까?
   Gina는 시각적 피로를 일으키는 안구 시각장애 질환이 없다.

5. 아동의 시각적 피로를 줄이는 데 어떠한 수정이나 조정이 도움이 됩니까?
   Gina에게 자주 휴식 시간을 준다. Gina는 읽기 활동에 음성 읽기(Voice Dream) 앱과 기기를 사용한다. 그리고 학습지를 확대하고, 그림이나 단어 간의 간격을 더 넓게 하고, 선호하는 색상을 사용해 수정한다.

□ 신체 자세

1. 아동이 시각을 사용하는 가장 효과적인 신체 자세는 무엇입니까? 아동에게 가장 적합한 자세에 대해 조언할 수 있는 물리치료사와 면담하는 것을 고려한다.
   Gina는 책상에 앉아서 학습할 때 보조 조명을 사용하고, 읽기 자료를 경사대(독서대)에 올려놓고 사용한다.

2. 아동이 팔을 가장 효율적으로 사용할 수 있는 신체 자세는 무엇입니까? 예를 들어, 신체 지지용 쿠션에 몸을 대고 앞으로 기울인 자세를 취한다.
   해당 되지 않는다.
3. 아동에게 가장 적합한 자세 유지 기구 또는 보조 기구(특수 의자, 트레이 등)가 있습니까?
   해당 되지 않는다.

4. 아동의 신체 자세나 위치를 조정할 때 머리 위의 전체 조명이나 창문을 고려해야 합니까? 아동의 신체 자세가 학습 자료에 그림자가 생기도록 만들지 않습니까?
   Gina는 근거리에 있는 자료도 조명을 비추어 주면 시각적 주의나 인식에 도움이 된다. 따라서 보조 조명을 제공하고 자료에 그림자가 생기지 않도록 신체 자세나 위치를 조절한다.

□ 눈–손 협응

1. 아동은 손으로 물건을 잡을 수 있습니까?
   예

2. 아동은 대상을 바라보면서 동시에 대상에 손을 뻗거나 잡을 수 있습니까?
   예, 대상을 바라보면서 동시에 접촉할 수 있다.

3. 아동은 대상을 바라보고, 다시 시선을 다른 곳으로 돌린 다음 대상에 손을 뻗거나 잡습니까(예: 보는 것과 손으로 접촉하는 것이 동시에 이루어지지 않음)?
   그렇지 않다.

4. 아동이 보는 것과 손으로 접촉하는 것이 동시에 이루어지도록 촉진하는 수정이나 방법이 있습니까? 예를 들어, 감각 정보를 통제하는 것, 시각적 대상의 개수를 제한하는 것, 대상과 배경 간의 대비를 높이는 것, 대상에 조명(손전등)을 비추는 것, 대상을 선호하는 시야 방향에 재시하는 것 등이 있음.
   이러한 시각 특성이 해결되어 이제는 관련 지원이 필요하지 않다.

교사 작성란

제8장

PLAAFP와 IEP 작성

01 PLAAFP 개념과 작성

PLAAFP는 약어로, 아동의 현재 학업 성취와 기능적 수행 수준에 관한 정보를 제공한다. 이 정보를 통해 개별화교육지원팀은 아동에게 필요한 교육 지원 분야와 연간 성취 가능한 장기 목적과 단기 목표를 결정한다.

- Present: 현재
- Levels of: 수준의
- Academic: 학업적
- Achievement &: 성취와
- Functional: 기능적
- Performance: 수행

CVI 아동의 '현재 수행 수준'을 작성하는 데 참고할 수 있는 유용한 정보 출처는 다음을 포함한다.

- 이 책의 CVI 기술 평가 및 전략 개발 양식
- CVI 아동 기능시각 평가 도구인 'CVI Range' 평가 결과
- 아동 관련 사진 자료
- 아동 관련 녹화 자료
- 아동 관찰 데이터
- 학부모 면담 자료
- 교사 면담 자료
- 교사 평가 자료
- 오레곤 프로젝트(The Oregon Project) 등 다양한 기능적 기술 수행도 체크리스트

다음은 'CVI 기술 평가 및 전략 개발 양식' 작성 사례에 나온 Amy(CVI Ⅰ단계)의 일반 정보 및 PLAAFP 작성 예시이다. 이 PLAAFP(이탤릭체 내용)는 뒤에 나오는 Amy의 연간 목표에 반영된다.

Amy의 일반 정보 및 PLAAFP 작성 예시

Amy는 조산아로 수두증, 뇌실내출혈(4등급), 간질 진단을 받았다. Amy는 현재 의미 없는 발성, 웃음 소리, 단음절 소리 등을 낸다. Amy는 경도의 양측성 청력 상실 진단을 받았으나, 청각 자극과 부모 목소리에 청각적 주의를 잘 하는 편이다. Amy는 현재 혼자 이동할 수 없지만, 앉아서 하는 활동은 가능하다. Amy는 웃음으로 '기쁘다'를 표현한다. ***Amy는 햇빛이 들어오는 창문을 자주 바라보고, 국소 조명법(SpotLIGHTing)으로 대상을 비추어 강조하면 시각적 주의를 하며, 빨간색 마일라 털뭉치 같은 대상의 움직임을 눈으로 따라간다. 조명 장치가 삽입된 슬링키를 천천히 움직이면 Amy는 슬링키에 시각적 주의를 한다. Amy는 중간 거리나 원거리에 있는 대상에 시각적 주의를 하지 못한다. 그리고 Amy는 오른쪽 눈과 우측 시야 영역을 더 일관되게 잘 사용한다. Amy는 'CVI Range'평가 결과, '시각적 행동 구축'이 필요한 CVI 1단계에 해당한다.***

다음은 'CVI 기술 평가 및 전략 개발 양식' 작성 사례에 나온 Will(CVI Ⅱ단계)의 일반 정보 및 PLAAFP 작성 예시이다. 이 PLAAFP(이탤릭체 내용)는 뒤에 나오는 Will의 연간 목표에 반영된다.

Will의 일반 정보 및 PLAAFP 작성 예시

Will은 만삭으로 태어났으나, 출생 직후 무산소증에 의한 합병증이 있었다. Will은 뇌성마비, 시신경 위축, 안구진탕증, 피질 시각장애 진단을 받았다. Will은 걸을 수 없어 휠체어를 사용한다. Will은 오른쪽 손과 팔의 마비로 대체로 음식을 먹거나 잡는 데 왼손을 사용한다. Will은 청력에 이상이 없다. 최근 검사에서도 '양쪽 귀의 청력이 정상 범위'로 나왔다. 단일 색상의 대상, 특히 밝고 채도가 높은 색상(빨간색 및 노란색)의 대상을 근거리(60cm 이내 거리)에 제시하면 시각적 주의를 잘 한다.

Will은 가까운 거리에서 불빛이 나오는 대상을 제시하거나 대상에 손전등을 비추어 줄 때, 경사 보드나 수직 보드에 대상을 제시할 때, 대상과 대비되는 배경에 제시할 때 시각을 더 효율적으로 사용하는 것 같다. *Will은 복잡한 배열, 즉 여러 개의 대상들이 모여 있거나 원거리에 있는 대상을 볼 때, 특히 원거리에 있는 대상이 복잡한 배경 속에 있을 때 이들 대상을 보는 데 더 어려움이 있다. 2차원 사진의 경우, Will은 일상적으로 사용되는 단색 사물을 찍은 컬러 사진을 더 잘 알아본다. 예를 들어, 단색 배경(예: 검은색)에 좋아하는 단색 공 사진을 제시하면 잘 알아본다. Will은 세부 사항이 많고 복잡한 사진들은 대체로 알아보지 못한다.* Will은 'CVI Range'의 CVI Ⅱ단계에 해당한다.

다음은 'CVI 기술 평가 및 전략 개발 양식' 작성 사례에 나온 Gina(CVI Ⅲ단계)의 일반 정보 및 PLAAFP 작성 예시이다. 이 PLAAFP(이탤릭체 내용)는 뒤에 나오는 Gina의 연간 목표에 반영된다.

Gina의 일반 정보 및 PLAAFP 작성 예시

Gina는 아이패드의 다양한 앱, 특히 음악과 관련된 앱을 즐겨 사용한다. Gina는 0부터 10까지의 숫자를 쓸 수 있고, 한 자리 숫자의 덧셈과 뺄셈을 할 수 있으며, 100까지 수세기를 할 수 있다. 그러나 *Gina는 읽기와 쓰기에 어려움이 있다. Gina는 쉽게 주의가 산만해지고 한 번에 15분 정도만 학습자료에 시각적 주의를 할 수 있다. Gina는 초급 수준의 읽기 학습자로 분당 17단어 정도를 읽는다. Gina는 읽기 활동에 라인 가이드, 타이포스코프, 가림판(Window Marker), 독서대 및 보조 조명을 사용하는 것이 도움이 된다. 최근에는 초급 읽기 학습 자료와 아이패드 앱(Book Creator, iBooks, Pictello)을 함께 사용하면 분당 24단어를 읽고, 주의 집중하는 시간이 크게 늘어났다. 이제 Gina는 조용한 환경에서 최대 20분 동안 책을 읽을 수 있다.* 부모는 Gina가 이제 집에서 여가 활동으로 책을 읽곤 한다고 말한다. Gina는 'CVI Range'의 CVI Ⅲ단계에 해당한다.

02 IEP 연간 목적과 목표 개발

IEP의 연간 목적 및 목표 개발을 위한 일반 지침을 제공할 수 있지만, 개별 아동의 CVI의 고유한 시각 특성과 그 영향 정도에 대한 평가 결과에 기초해야 한다. 먼저 일반 지침은 다음과 같다.

- IEP 목적과 목표를 시각장애 학생을 위한 확대공통교육과정의 교육 영역(보행, 일상생활 등 9개 영역)과 연계한다.
- IEP 목적과 목표를 집과 학교에서 매일 반복되는 일과 활동(routines)과 연계한다.
- CVI 중재 활동이 아동의 기능적 목적과 관련될 때 더 효과적이라는 점을 기억한다.
- IEP 목적과 목표를 CVI 고유한 10가지 시각 특성에 연결한다.

- 아동의 'CVI 기술 평가 및 전략 개발 양식'에 기술된 전략 및 중재를 IEP 목적 및 목표를 연결한다.
- 시각장애 특수교사와 담임교사가 협의해 아동의 IEP 목적과 목표를 작성한다.

03 측정 가능한 연간 목적과 단기 목표

1) 시간

시간(time)은 연간 목적 및 단기 목표를 달성하는 데 필요한 소요 시간을 말한다.

- 36주간의 교육 기간 동안
- 2012~2013학년도까지
- 2013년 5월 28일까지
- 9주 동안

2) 조건

조건(Condition)은 연간 목적 및 단기 목표를 위해 수행하는 방법을 설명하는 것으로 특정한 자원과 자료를 포함한다.

- 검은색 보드, 빨간색 슬링키, 그리고 밝은 조명을 사용해
- 검은색 식탁 매트에 반짝이는 빨간색 숟가락을 놓으면
- 페이지에 한 개의 그림만 있는 '엘모 책'을 제시하고 '엘모'를 찾아 손으로 가리키도록 요구하면

3) 행동

행동(Behavior)은 교사가 확인해야 하는 아동의 수행을 나타낸다. 교사가 직접 관찰하고 측정할 수 있는 행위여야 한다.

- 3세 유아 Annie는 슬링키의 움직임에 시각적으로 주의하고, 시선이 움직임을

따라간다.
- 2세 유아 Sam은 대상의 위치를 확인하고 손을 뻗어 잡는다.
- 초등학교 2학년 Pam은 사진에서 엘모를 찾아 손으로 가리킨다.

4) 기준

기준(Criterion)은 연간 목적과 목표가 달성되었음을 증명하기 위해 목표 행동이 얼마나 많이, 얼마나 자주 또는 어떠한 기준(standard)을 충족해 일어나야 하는 지를 나타낸다.

- 5번의 시도 중 3번
- 5회 중 4회 이상 그리고 매일 2회 이상
- 5번 중 3번 이상, 몸짓 촉진(gestural prompt)을 1번 이하로 받아서

Amy와 같이 레벨 1 전략이 도움이 되는 아동을 위한 연간 목적의 예는 다음과 같다.

> 36주간의 교육 기간 동안 손전등, 빨간색과 노란색의 빛이 나오는 대상, 빨간색과 노란색 슬링키, 빨간색 마일라 털뭉치, 라이트 박스, 검은색 수직 보드/경사 보드, 라이트에이드, 태블릿 기기, 검은색 시트를 사용할 때 Amy는 대상을 눈으로 추적하고(tracking), 교사가 제시하는 5개 중 4개의 대상을 손을 뻗어 잡을 수 있다. 그리고 Amy는 근거리에서(40cm 이내) 오른쪽 시야로부터 중앙 시야로 이동하는 대상의 움직임을 눈으로 추적할 수 있다.

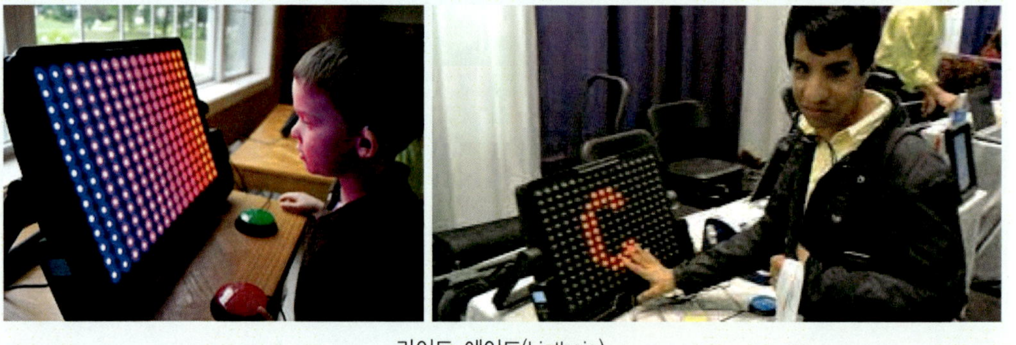

라이트 에이드(Ligthaie)

단기 목표는 다음과 같다.

❶ 첫 번째 9주 기간까지 손전등, 빨간색과 노란색의 빛이 나오는 대상, 빨간색과 노란색 슬링키, 빨간색 마일라 털뭉치, 라이트 박스, 검은색 수직 보드, 라이트 에이드, 태블릿 기기, 검은색 시트를 사용할 때 Amy는 촉각 신호(tactual cue)와 함께 우측 시야에 우측 시야에 제시되는 단색 대상이나 빛이 나는 대상에 5번 중 4번 시각적 주의를 한다. '시각적으로 주의한다'는 것은 대상을 향해 바라보는 것, 대상이 제시될 때 눈을 더 크게 뜨는 것, 대상이 제시될 때 발성을 하는 것 등을 포함한다.

❷ 두 번째 9주 기간까지 손전등, 빨간색과 노란색의 빛이 나는 대상, 빨간색과 노란색 슬링키, 빨간색 마일라 털뭉치, 라이트 박스, 수직 보드, 라이트 에이드, 태블릿 기기, 검은색 시트를 사용할 때 Amy는 청각 신호(auditory cue)와 함께 우측 시야로부터 중앙 시야로 이동하는 단색 대상이나 빛이 나는 대상을 5번 중 4번 눈으로 추적한다.

❸ 세 번째 9주 기간까지 손전등, 빨간색과 노란색의 빛이 나는 대상, 빨간색과 노란색 슬링키, 빨간색 마일라 털뭉치, 라이트 박스, 수직 보드, 라이트 에이드, 태블릿 기기, 검은색 시트를 사용할 때 Amy는 청각 신호와 함께 대상을 제시하면 5번 중 4번은 한 손 또는 양손을 대상에 손을 뻗거나 잡는 행동을 보인다. '손을 뻗는 행동'에는 대상에 반응하여 한 손을 살짝 들어 올리거나 손과 팔을 움직이는 것 등도 포함한다. 이때 대상에 손을 뻗어 잡으려고 할 때 시선은 다른 곳을 바라볼 수 있다.

❹ 네 번째 9주 기간까지 손전등, 빨간색과 노란색의 빛이 나는 대상, 빨간색과 노란색 슬링키, 빨간색 마일라 털뭉치, 라이트 박스, 수직 보드, 라이트 에이드, 태블릿 기기, 검은색 시트를 사용할 때 Amy는 근거리에 있는 대상에 5번 중 4번 손을 뻗어 잡는다. 다만 여전히 촉각 및/또는 청각 신호가 필요할 수 있으며, 대상에 손을 뻗어 잡으려는 행동을 할 때 시선을 다른 곳을 볼 수 있다.

Will과 같이 레벨 2 전략이 도움이 되는 아동을 위한 연간 목적 및 목표의 예는 다음과 같다.

2014~2015학년도 말까지 '지금 활동' 및 '다음 활동'으로 구성되는 검은색 보드의 일과표와 일과 활동에 사용되는 친숙한 사물 사진 18장을 사용할 때 Will은 5번 중 4번 이상 끝마친 일과 활동의 사진을 '종료 상자'에 넣고 '다음 활동'에 있던 사진을 '지금 활동' 위치로 옮기며, 그 다음의 일과 활동을 나타내는 사진을 '다음 활동' 위치에 부착할 수 있다.

지금 활동과 다음 활동으로 구성된 단순한 일과표

종료 상자

단기 목표는 다음과 같다.

❶ 첫 번째 9주 기간까지 '지금 활동' 및 '다음 활동'으로 구성된 검은색 밸크로 보드의 일과표와 일과 활동의 친숙한 사물 사진 18장을 사용할 때, will은 사진 2장 중 한 장을 선택하도록 하면 5번 중 4번 이상 교사가 요구한 사진(간격이 넓은 사진)을 찾아서 일과표의 '지금 활동'에 정확하게 부착한다. 다만 아동이 일과 활동을 시작하기 전에 해당 활동을 나타내는 사진을 골라 부착하도록 한다.

❷ 두 번째 9주 기간까지 '지금 활동' 및 '다음 활동'으로 구성된 검은색 밸크로 보드의 일과표와 일과 활동의 친숙한 사물 사진 18장을 사용할 때 will은 사진 5장 중에 한 장을 선택하도록 하면 5번 중 4번 이상 교사가 요구한 사진(간격이 넓은 사진)을 찾아서 일과표의 '지금 활동'에 정확하게 부착한다. 다만 아동이 일과 활동을 시작하기 전에 해당 활동을 나타내는 사진을 골라 부착하도록 한다.

❸ 세 번째 9주 기간까지 '지금 활동' 및 '다음 활동'으로 구성된 검은색 밸크로 보드의 이과표와 일과 활동의 친숙한 사물 사진 18장을 사용할 때 will은 5번 중 4번 이상 교사가 요구한 사진(5장)을 찾아 캘린더의 '지금 활동'에 정확하게 놓는다. 그리고 해당 일과 활동이 끝나면 '지금 활동에서 사진을 떼어내 '종료 상자'에 넣는다.

❹ 4번째 9주가 끝날 때까지 지금 활동' 및 '다음 활동'으로 구성된 검은색 벨크로 보드의 일과표와 일과 활동의 친숙한 사물 사진 18장을 사용할 때, will은 5번 중 4번 이상 해당 일과 활동이 끝나면 캘린더의 '지금 활동'에서 사진을 떼어내 '종료 상자'에 넣고, '다음 활동'의 사진을 '지금 활동'으로 옮겨 부착한다.

Gina와 같이 레벨 3 전략이 도움이 되는 아동을 위한 IEP 목적 및 목표의 예는 다음과 같다.

학교에서 36주 교육 동안 Gina는 태블릿, VoiceDream(앱), 초보 레벨의 읽기 자료, 독서대, 개인 학습 공간 및 안내된 연습(guided practice)을 통해 직접 교수를 받으면, 교사가 선정한 도서에 VoiceDream으로 접근하는 보조공학 기기의 사용 능력을 향상시키고, 한 줄만 보기, 텍스트 크기, 텍스트에 강조 표시 등의 사용자 환경을 설정하며, 분당 28단어를 6개 이하의 오류로 읽는다. 이 때 VoiceDream의 문자-음성 변환 기능(text-to-speech)을 끄고 읽도록 한다.

CVI 친화적 개인 학습 공간 만들기의 사례

단기 목표는 다음과 같다.

❶ 처음 18주 기간 까지 Gina는 태블릿, VoiceDream(앱), 헤드폰, 초급 레벨 읽기 자료, 독서대, 개인 학습 공간 및 안내된 연습을 통해 직접 교수를 받을 때 Gina는 VoiceDream 앱에 접근하고, 태블릿에서 교사가 지시한 전자책을 찾고, 자기에게 맞게 환경 설정(글자크기 조정)을 하는 보조공학 기기 사용 기술을 보여주며, 2번 이하의 구어 촉진으로 분당 25단어를 5개 이하의 오류로 읽을 것이다.

❷ 두 번째 18주 기간 까지 Gina는 태블릿, VoiceDream(앱), 헤드폰, 초보 레벨 읽기자료, 독서대, 개인 학습 공간 및 안내된 연습을 통해 직접 교수를 받을 때, Gina는 태블릿에서 교사가 지시한 전자책을 찾아 접근하고, 자기에게 맞게 환경 설정(글자 크기 및 줄 간 조절)을 하는 보조공학 기기 사용 기술을 보여주며, 1번 이하의 구어 촉진으로 분당 26단어를 3개 이하의 오류로 읽을 것이다.

제9장

CVI 아동의 문해교육 전략

글을 읽고, 쓰고, 이해하는 문해력은 모든 아동에게 중요한 기술이다. CVI 아동, 특히 'CVI Range'의 평가 결과 CVI Ⅲ단계에 속하는 아동부터 초급 수준의 문해 활동을 시작할 수 있다. 독자들이 이 장의 제안과 아이디어를 사용해 CVI 아동의 읽기 쓰기 능력을 향상시키는 데 도움이 되길 바란다.

이 장은 읽기 전 학습자(Pre-Readers)를 위한 전략과 초보 읽기 학습자(Beginning Readers)를 위한 전략 두 가지로 나누어 제시한다. CVI Ⅱ단계 후기에 있는 일부 아동은 '읽기 전 학습자'를 위한 몇 가지 전략들이 도움이 될 수 있으나, 일반적으로 CVI Ⅲ단계 아동이 문해교육 전략으로 가장 많은 도움을 받을 수 있을 것이다.

01 읽기 전 학습자(Pre-Readers)를 위한 전략

형식적/공식적 읽기 교육을 시작하기 전에 아동이나 자녀가 다양한 '읽기 전 기술(읽기 준비 기초 기술)'을 습득했는지 확인할 필요가 있다. 이러한 읽기 전 기술은 문해 교육 프로그램에 따라 조금씩 다를 수 있으나 일반적으로 다음을 포함하는 경우가 많다

1) 독서에 대한 동기

이는 고려해야 할 가장 중요한 읽기 전 기술 중 하나일 수 있다. 아동이 독서 시간을 즐거워하는지 확인한다. 선정한 책이 'CVI 친화적' 도서인지 확인한다. 독서 시간은 짧게 유지하고, 일과 중에 독서할 기회를 자주 만든다. 각 페이지의 이미지는 아동이 선호하고 인식할 수 있고 내용의 예측이 가능한 쉬운 그림책이어야 한다. 예를 들어, 아동이 엘모 인형을 가지고 있고 이 인형을 시각적으로 잘 인식할 수 있다면, 엘모를 주인공으로 한 'CVI 친화적인 책'을 직접 만들 수 있다. 또는 아동이 평소 좋아하고 쉽게 알아보는 밝은 색의 공이나 장난감이 있다면 이 친숙한 장난감을 사용해 책을 만들 수 있다. 그러면 아동이 독서에 대한 흥미가 더욱 높아질 것이다. 그리고 태블릿 기기와 그림 앱을 사용해 아동의 흥미를 유도하는 맞춤형 도서를 만들 수 있다.

Pictello 앱은 내가 CVI 친화적인 책을 만들 때 자주 사용하는 앱이다. 반사하는 속성이 있는 마일라 재질의 재료 같은 것을 사용한 책은 CVI 아동의 시각적 흥미를 끌 수 있고, 각 페이지에 한 개의 빨간색 물체만 있는 책도 그렇다. 또한 각 페이지에 손전등을 비추는 국부 조명법(SpotLIGHT)도 도움이 될 수 있다. 책을 처음 접하는 아동에게 책에 대한 동기가 매우 중요하다.

'CVI 친화적인' 책을 만드는 것은 쉽고 재미있을 수 있다. 검은색 바인더를 활용해 책을 만드는 것이 효과적이다. 필요에 따라 바인더 전체를 사용하거나 절반으로 잘라 사용해도 된다. 아동에게 친숙하고 좋아하는 장난감이나 물건의 사진을 사용한다. 이들 사진은 Pictello 같은 앱 프로그램에 업로드하여 태블릿기기에서 사용할 수도 있다.

엘모 인형

CVI 친화적 엘모 책

국부 조명법

좋아하는 공(실물)의 사진을 찍어 만든 책

반짝이는 마일러 재질을 사용한 도서

좋아하는 것들을 활용한 도서

2) 책의 읽기 방향

아동이 왼쪽에서 오른쪽으로 읽어 나간다는 것을 이해하는 것은 위쪽, 아래쪽, 앞, 뒤 같은 개념과 마찬가지로 중요하다. 책의 읽기와 관련된 이들 방향 개념을 이해하는 것이 독서 활동에 도움이 된다.

좋아하는 반짝이는 빨간색
미니 쇼핑백 활용한 도서 제작
'Where is the Red Gift Bag?'

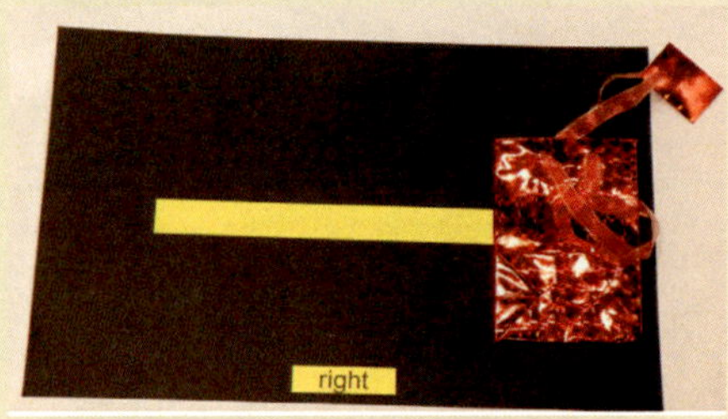

가방이 어디에 있지: 오른쪽 개념

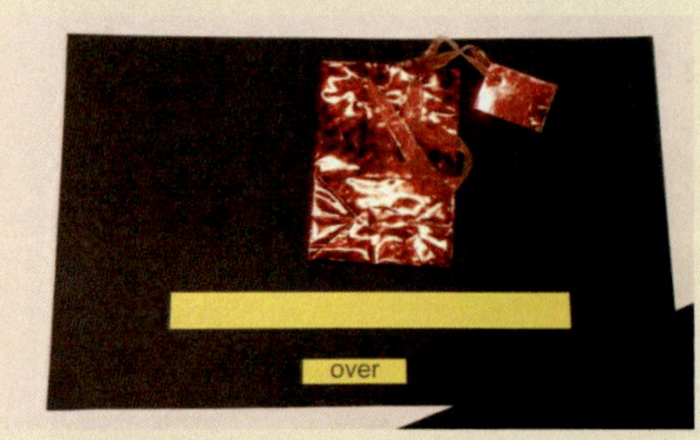

방이 어디에 있지: 위 개념

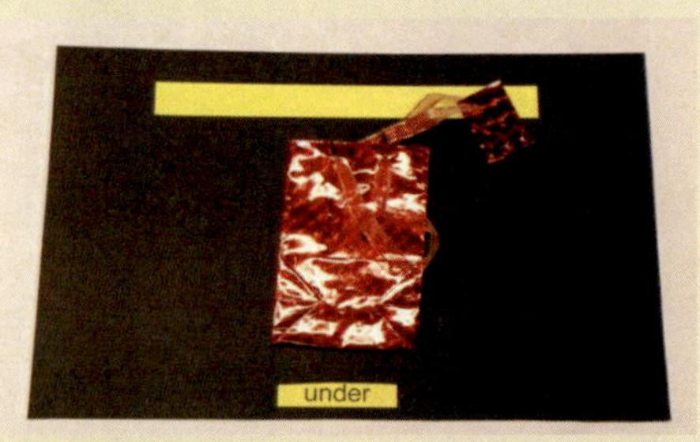

방이 어디에 있지: 아래 개념

3) 운동 능력

'페이지 넘김 보조 도구(Page Fluffers)'를 사용하면 아동이 페이지 넘김에 흥미를 갖고 페이지 가장자리를 손으로 잡아 넘기기 쉽다. 대부분의 '페이지 넘김 보조 도구'는 각 페이지의 오른쪽 상단이나 중간에 부착한다. 인체에 무해한 글루건이나 실리콘 마감재를 사용할 수도 있다.

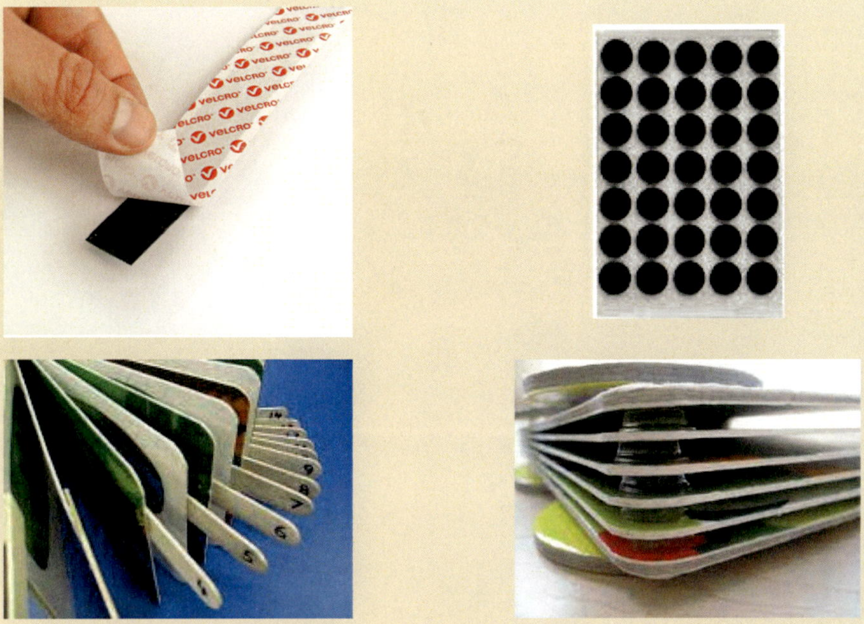

다양한 페이지 넘김 보조 도구

검은색 페그 보드를 이용한 사물 도서와 책 넘기기

CVI II ~ III 단계의 아동을 위한 페이지 넘김 연습에 사용하기에 좋은 책은 'My First Book of Symbols'과 'My Second Book of Symbols'이며, 두 책 모두 CVI 친화적인 책으로 개발되었다.

태블릿 기기에서 전자책을 사용하는 경우, 다음 페이지로 이동하려면 보통 좌측이나 우측 가장자리에의 '작은 삼각형 모양(〈, 〉)'을 손이나 마우스로 클릭해야 한다. CVI 아동이 삼각형 아이콘을 찾는 데 어려움을 가지면, 빨간색 '게임 컨트롤러'를 테블릿과 연결하여 사용하도록 할 수도 있다.

게임용 컨트롤러

4) 활자 인식(print Awareness)

아동은 페이지에 '인쇄 활자(print: 마커펜으로 쓰거나 프린터기로 출력한 글자태)'가 교사나 부모가 입으로 소리내는(구어) 단어를 나타낸다는 것을 이해할 필요가 있다. 또한 책을 바르게 잡는 법과 각 페이지에 적힌 단어를 눈으로 따라가는 법을 배울 필요가 있다.

아동이 좋아하는 친숙한 사물의 컬러 사진을 활용하여 'CVI 친화적'인 책을 만들 수 있다. 페이지당 한 개의 단어만 넣고, 아동과 단어의 두드러진 시각적 특징과 모양에 대해 이야기한다. 단어의 시각적 특징에 시각적 주의를 유도하기 위해 빨간색 마커를 사용해 글자의 테두리를 따라 그리며 강조할 수 있다. 예를 들어, Elmo의 E는 빨간색 윤곽선으로 표시될 수 있으며 책상을 옆으로 돌린 모양인 데, 다만 다리가 4개가 아닌 3개만 있는 책상 같다고 이야기할 수 있다.

검은색 보드에 좋아하는 엘모 인형, Elmo 단어 카드, Elom의 시작 글자 'E'를 빨간색으로 강조 표시한 '사물 및 단어로 구성한 책'

엄마 ',mom'의 단어 형태를 인식하도록 빨간색으로 테두리 강조

5) 운율 및 음운 인식

아동은 단어가 더 작은 소리들로 구성되어 있다는 것을 이해할 필요가 있다. 아동이 선호하는 대상과 단어를 사용해 전자책(Pictello 앱, 파워포인트 등 사용)을 만든다. 예를 들어, 아동이 Elmo를 좋아한다면 'at' 이 들어 가는 단어군(family of words)으로 구성되는 책을 만들 수 있다. Elmo's Hat, 티mo's Cat 등이 있다. 어떤 사물을 가지고 있거나 어떤 행동을 하고 있는 엘모의 모습을 책으로 만들 수 있다. 'Bing(iPad용)' 같은 검색 엔진을 사용하면 특정 이미지를 찾는 데 도움이 된다. 그리고 교사와 부모가 책의 단어를 읽어줄 때는 단어의 의미에 맞게 억양, 강세, 성조를 고려해 소리를 낸다.

네이버 지식백과

음운 인식은 단어를 구성하는 음절 또는 음소를 분석해 내고, 이를 하나의 소리로 조합할 수 있는 인지적 능력이다. 문장이나 낱말은 음절이나 음소(말소리)와 같이 더 작은 단위로 나누어질 수 있다는 것을 지각하며, 말소리를 조작할 수 있는 능력이다.
음운 인식은 초보 수준과 심화 수준으로 나눈다. 초보 음운 인식수준은, 예를 들어 '가구', '가방'이라는 단어 짝이 공통적인 음운을 가지고 있음을 깨닫기는 하나 그 음운을 의식적으로 표현하지 못하는 수준을 말한다. 심화 음운 인식수준은 예를 들어 '가방'과 '감'의 단어가 /ㄱ/로 시작한다는 것, '가방'은 /가/와 /방/ 2개의 음절로 이루어진다는 것, '감'에서 초성을 빼면 '암'이 된다는 것, '감'은 /ㄱ/+/ㅏ/+/ㅁ/ 3개의 음소로 만들어진다는 것 등을 인식할 수 있는 수준을 말한다.

6) 알파벳 글자 지식(Letter Knowledge)

아동은 알파벳 글자들(한글의 자음과 모음에 해당)이 서로 다르다는 것을 알아야 한다. 즉 모든 알파벳 글자들을 인식하고 이름을 말하고 각 글자의 소리가 다르다는 것을 알아야 한다. 아동이 빨간색 테이프를 트레이 가장자리에 붙여 시각적으로 강조한 '노란색 분류 트레이(APH에서 판매)'를 사용해 빨간색 글자 블록들을 분류하는 놀이(유아용 알파벳 교구)를 할 수 있다. 처음에는 3개의 알파벳 글자만 사용해 글자의 이름을 이야기한다. 이 때 3개 블록 중 2개는 같은 글자 블록이어야 한다. 아동이 알파벳 글자를 구별할 수 있게 되면 알파벳 글자 수를 한 개씩 늘려가며 활동을 반복한다.

노란색 알파벳 글자 블록

노란색 분류 트레이(APH)

7) 짝짓기(Matching)

CVI 아동은 모양, 글자, 숫자를 짝짓는 경험이 필요하며, 이를 통해 '같은 것'과 '다른 것'의 개념을 이해할 수 있다. 같은 것과 다른 것의 분류 기술을 가르칠 때 다양한 아이템들을 사용할 수 있는 데, 다만 CVI 아동의 시각 기능 수준에 적합해야 한다. 예를 들어 검은색 벨크로 매트에 커다란 빨간색과 노란색 단추들을 펼쳐 놓고 분류 용기에 단추를 분류하도록 할 수 있다. 또는 라이트박스에 2가지 색상의 반투명 용기를 놓고 2가지 색상의 모양 블록을 분류하거나 짝짓게 할 수 있다.

검은색 배경에 다양한 모양 블록을 분류하기

CVI 아동용 색상 및 모양 분류 카드

라이트 박스로 다양한 모양 블록들을 짝짓거나 분류하기

8) 이야기 기술(Narrative Skills)

아동은 이야기를 듣고 말하고 이해하는 경험이 필요하다. 사물과 사건을 이야기로 구성해 말할 필요가 있다. 검은색 보드에 좋아하거나 친숙한 사물을 벨크로 부착하고 이야기를 만들 수 있다. 올인원 보드(All-In-One Board)는 경사 각도를 조절하여 아동의 선호하는 시야에 제시하고, 검은색 배경 역시 시각적 혼란을 줄이고 대비를 높이는 데 도움이 된다. 아동에게 친숙한 사물을 사용해 이야기를 만들어 보게 한다. 또는 라이트 박스에 여러 가지 반투명 창문 스티커를 부착하고, 적절한 이야기를 만들 수도 있다.

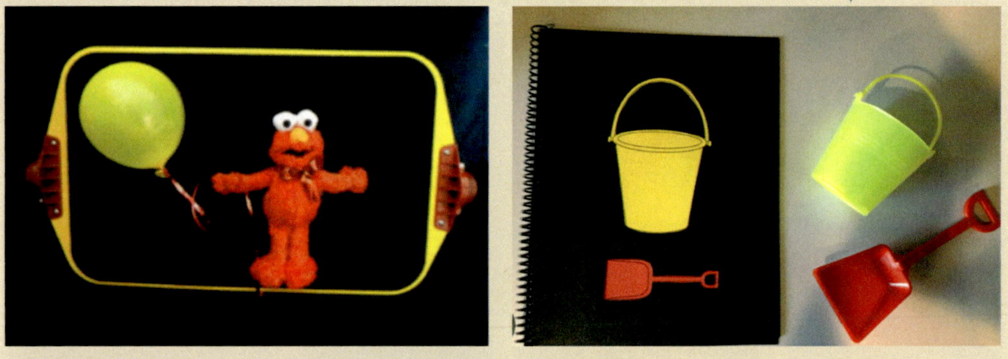

검은색 보드에 사물을 이용한 사물 도서

라이트 박스와 반투명 스티커를 활용한 이야기 놀이나 도서 만들기

9) 생활 속의 어휘

아동이 사물, 감정, 개념의 명칭(이름)을 인식하는 것이 필요하다. 아동이 일상에서 자주 사용하는 물건에 이름표를 붙인다. 노란색 태그 보드(tag board)를 직사각형으로 잘라 검은색의 굵은 마커 펜으로 써서 이름표를 만들 수 있다. 그리고 이름(어휘)에 해당하는 사물의 두드러진 시각적 특징에 대해 아동과 이야기를 나눈다. 이 때 글자와 단어 모양의 두드러진 시각적 특징에 대해서도 함께 이야기한다. 예를 들어, 아동의 방 문(door)에 'door' 라벨을 붙인다면, 'door'라는 단어의 중앙에 '눈 모양'처럼 보이는 두 개의 동그라미가 있다고 말할 수 있다. 아동이 'door'단어의 전체적인 모양에 대해 이야기 하도록 도와준다. 어휘 경험은 아동이 자연스럽게 일과 활동에서 자주 접하게 되는 사물과 단어를 중심으로 사용하는 것이 좋다.

태그 보드(tagboard)로 '단어 이름표' 만들기

02 초보 읽기 학습자(Beginning Readers)를 위한 전략

아동이 '읽기 전 기술'을 학습하면 초보 수준의 읽기 교육을 시작할 수 있다. CVI 레벨 3 아동(CVI Ⅲ단계 해당)이 읽기와 쓰기 활동이 가능하며, 다음 전략을 사용하는 것이 도움이 된다.

- 선이 단순한 글자체(일반적으로 Arial 또는 APH font)를 사용한다.
- 아동에게 가장 적합한 글자 크기(보통 24pt부터 시작하는 것이 좋음)를 사용한다.
- 아동이 선호하는 시야 영역(방향)에 문해 자료를 제시한다(아동에 따라 왼쪽, 오른쪽, 독서대나 경사보드 사용 등)
- 보조 조명(개인용 스탠드), 국소 조명법(SpotLIGHTing) 또는 백라이트 기기를 사용한다.
- 시각적 복잡성을 줄이기 위해 불필요한 부분을 안보이게 가림판을 사용한다.

Arial 글자체

그림첵에 조명을 비추어 강조하기

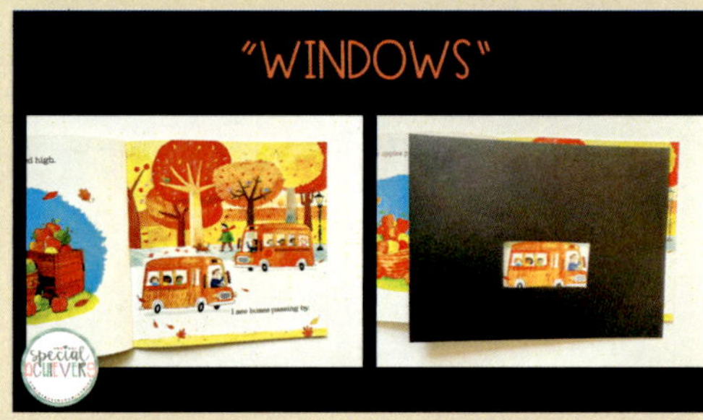

여러 가지 가림판과 독서 활동에 가림판 사용하기

원본 도서

CVI 아동용 수정 도서

독서대와 가림판 사용하기

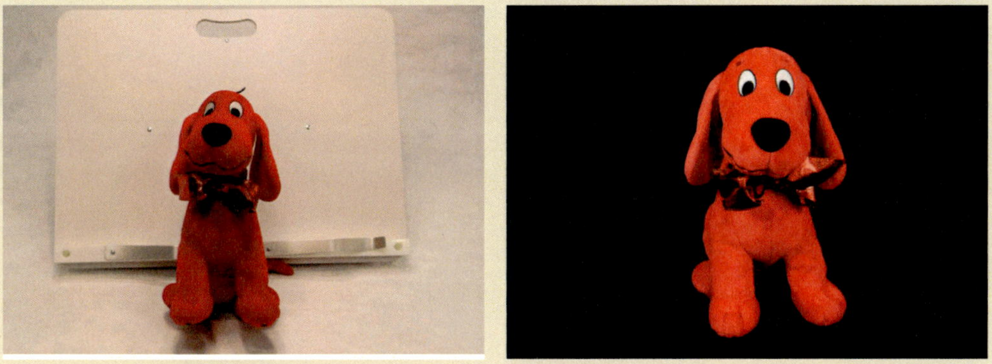

CVI 친화적 책을 읽기 전에 사물과 그림을 활용한 워밍업(준비) 활동

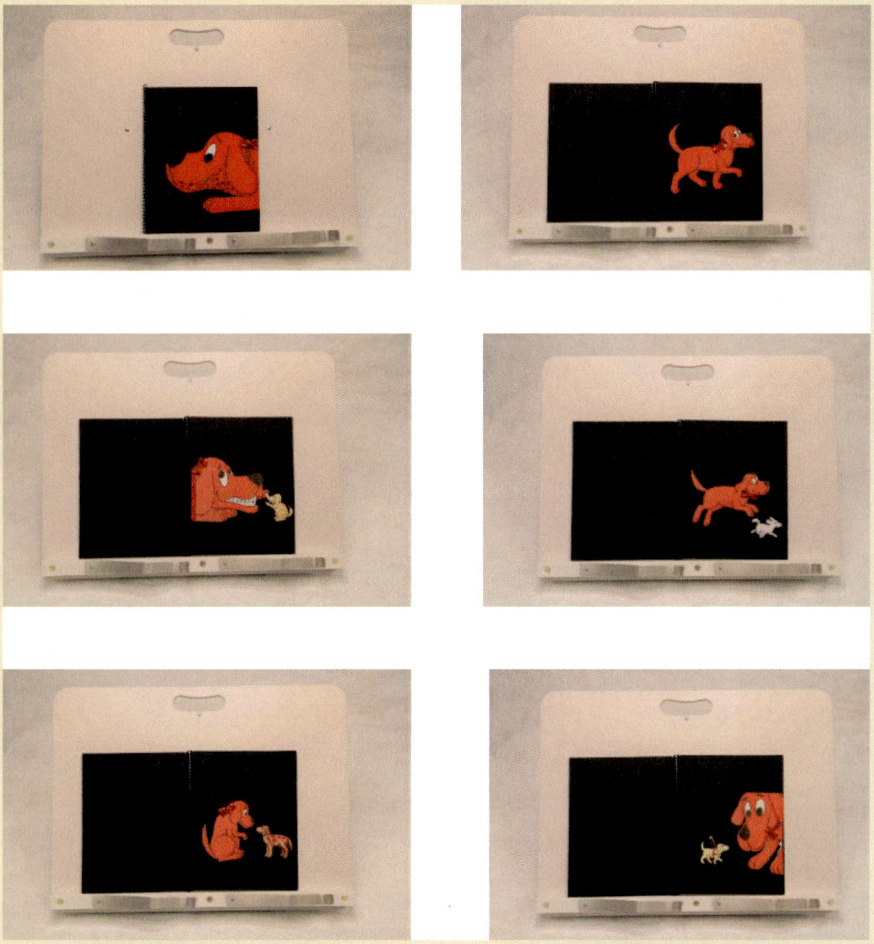

원본 책의 사진을 오려 검은색 도화지에 부착한 CVI 아동용 수정 도서

읽기 자료의 불필요한 부분을 가려주는 정도는 아동의 시각 사용 수준에 따라 달라진다. 이를 위한 도구에는 다음이 포함된다.

- 검은색 가림판
- 검은색 도화지
- 라인 마커(Line Markers), 라인 가이드(Line Guide)
- 검은색 템플릿

가능하면 책의 페이지에 여백(White Space)을 더 많이 두거나 그림이나 글자 정보량을 줄인다.

- 불필요한 부분을 수정액이나 수정테이프로 지운다.
- 인쇄물에서 필요한 정보를 오려서 대상과 대비가 되는 흰색 또는 검은색 종이에 붙인다.
- 정보량이 많은 인쇄물은 검은색 종이로 일부를 가려서 제시하거나 복사기로 필요한 부분만 확대 복사해 제시한다.
- 페이지가 복잡하지 않고 여백이 더 많은 그림책이나 읽기 자료들을 선택해 사용한다.
- 양쪽에 페이지가 있으면 보지 않는 페이지를 접은 후 제시하거나 검은색 가림판으로 가린다.

아동이 눈으로 가장 잘 인식하고 해석할 수 있는 그림의 유형을 결정한다.

- 실물 사진(특히 아동에게 친숙한): 검은색 배경에 밝은 색상의 한 개의 사물 컬러 사진을 사용하는 것이 가장 좋다. 아동이 평소 관심을 갖는 사물을 스마트기기로 촬영해 사용한다. 사물을 찍을 때 주변이나 뒤쪽 배경이 복잡하지 않는 곳을 선택하거나 정리정돈을 한다.
- 흑백 그림 - 책 전체에서 동일하게 단순한 흑백 그림을 사용하되, 그림의 두드러진 시각적 특징 한 두 가지를 선호하는 색상으로 강조 표시한다. 예를 들어, 노란색 형광펜이나 빨간색 펜을 사용해 그림의 윤곽선을 따라 그려 준다.

- 컬러 그림: CVI 아동이 시각적으로 인식하거나 해석하기에는 너무 복잡한 만화 같은 그림들이 있다. 아동이 이러한 그림을 시각적으로 인식할 수 있는지 확인한 후에 사용하는 것이 필요하다.

CVI 아동이 좋아하는 사물을 찍어 만든 도서(My Favorite Things)

CVI 아동을 위한 도서 사례

컬러 마커나 형광펜을 사용해 대상의 두드러진 시각적 특징들을 강조하면 시각적 주의를 유도할 수 있다. 이 때 아동이 보는 책 전체 페이지에 일관되게 적용해야 한다.

- 사진이나 그림에서 한 두 개의 주요 시각적 특징을 강조 표시한다.
- 빈도가 높은 자주 나오는 단어에 강조 표시한다.
- 단어 모양의 두드러진 시각적 특징에 강조 표시한다.
- 책이나 문장에서 새롭게 배우는 단어를 시각적으로 찾고 단어 형태를 인식하도록 강조 표시한다.

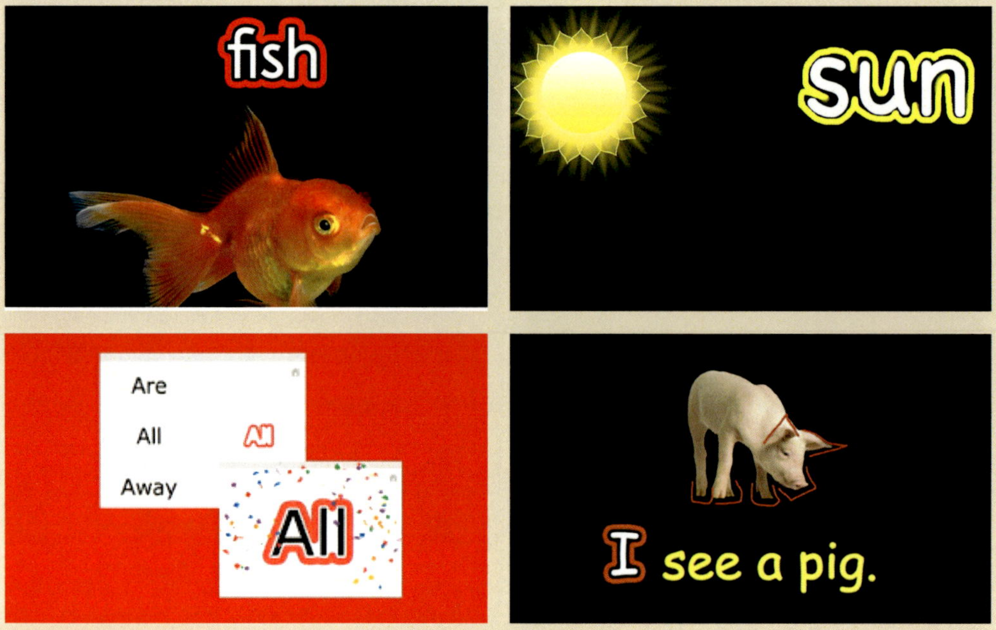

CVI 아동을 위한 동물 수정 도서

CVI 아동을 위한 단어 및 알파벳 글자 학습 자료 사례

CVI 아동에게 적절한 읽기 쓰기 학습 프로그램을 선택한다.

- 기초 음소 학습 시리즈 1-10(The Primary Phonics Series)은 내가 가장 좋아하는 문해 학습 자료 중 하나이다. 이 학습 자료 시리즈는 단순한 흑백 선으로 그려진 그림과 넓은 '여백'이 있으며, Book Creator 및 VoiceDream 같은 태블릿 기기와 앱을 통해 볼 수 있다. 이와 유사한 자료를 찾아 활용할 것을 추천한다.

- 아동의 읽기 및 쓰기 자료로 파워포인트와 스마트 기기(전자칠판, 아이패드) 및 앱을 사용한다.

The Primary Phonics Series (by Barbara W. Makar) Set

시각적 주의를 산만하게 하는 감각 자극을 최소화한다.

- 실외 소음을 포함한 불필요한 청각 정보나 자극을 줄이거나 차단한다.
- 불필요한 촉각 정보나 자극을 줄이거나 차단한다.
- 교사는 수업 중에 화려한 옷을 입거나 장신구를 착용하지 않는다.

읽기 학습 자료를 태블릿 기술과 앱에서 사용하거나 제작한다.

- Book Creator 앱은 다양한 읽기와 쓰기 연습 기회를 제공하고, 단어의 두드러진 시각적 특징을 강조 표시하고, 발음 규칙(phonetic rules)을 알려준다. 이 애플리케이션은 'iBooks'와 함께 사용할 수 있다.
- Pictello 앱은 태블릿 기기에서 소리가 삽입된 사진 앨범과 오디오북을 쉽게 만들 수 있다. 이 때 사진의 이름이나 내용을 자신의 목소리로 녹음하거나 텍스트(단어, 문장)를 설정된 기계 음성으로 바꾸어 듣도록 할 수 있다. 이 때 사용하는 사진은 직접 찍거나 인터넷의 사진을 사용할 수 있으며, 말하는 속도와 크기도 조절 가능하다.
- Voice Dream 앱은 PDF, ePub, DAISY, Word, 그 밖의 텍스트 파일과 Bookshare를 읽어주는 TTS(텍스트-음성 변환) 앱이다. 읽고 있는 줄을 제외

한 나머지 부분을 검게 표시하거나 읽고 있는 단어를 노란색으로 강조 표시할 수 있다. 글자의 크기, 글꼴, 색상, 자간 등을 자신에게 맞게 조절할 수 있다.

- Amy Faulkner 앱은 Light Box HD를 사용해 새로운 단어 쓰기를 연습할 수 있다.

Book Creator app

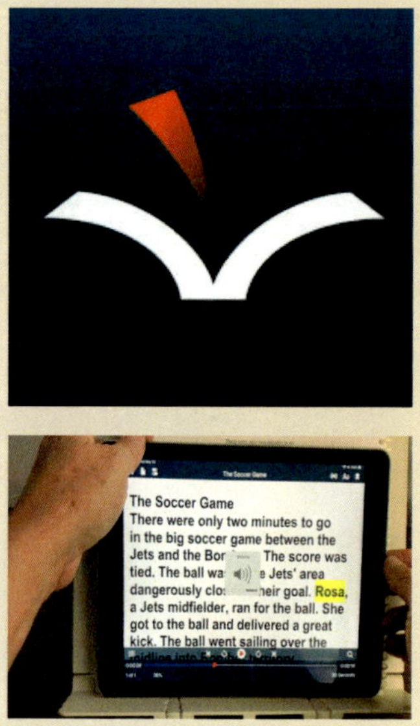

Voice Dream app

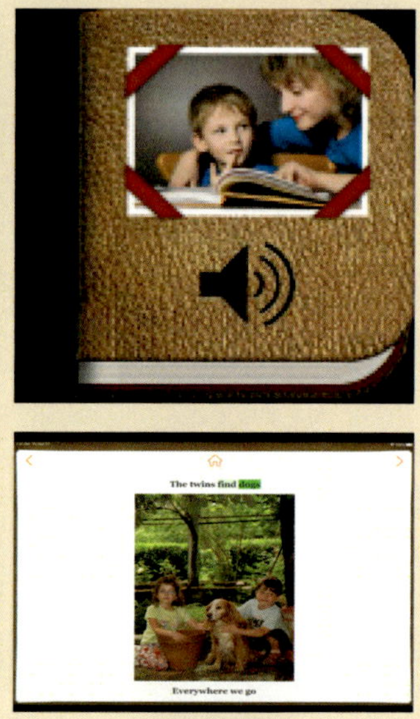

Pictello app

03 CVI 친화적 도서 만들기

피질 시각장애 등 뇌 손상으로 시각장애가 있는 아동은 읽고 쓰는 활동의 노출과 경험을 위해 CVI 시각 특성을 고려한 도서와 읽기 자료가 필요하지만, CVI 아동에게 적합한 상업용 도서를 시중에 찾기 어렵다. 따라서 CVI 아동에게 친화적인 책을 가정이나 학교에서 직접 만들어 볼 수 있다.

1) CVI 친화적 도서 제작 지침

CVI 친화적 도서를 만들기 위한 지침은 다음과 같다.

- 도서의 페이지는 단순한 검은색(무광택)의 두꺼운 종이를 사용한다.
- 각 페이지를 쉽게 열고 닫을 수 있도록 바인더 방식으로 제본한다.
- 페이지에 넣을 사진이 아동에게 적합한지 확인한다. 아동에게 실물을 찍은 컬러 사진이 적절한지, 흑백 선 그림이 적절한지, 컬러 삽화 그림이 적절한지를 결정한다. 그리고 검은색의 대비되는 배경에 한 개의 사물 또는 사람 컬러 사진을 넣는다. 이 때 사용하는 사진은 무광택 종이를 사용해 눈부심을 줄이는 것이 좋다.
- 각 페이지의 오른쪽 상단 모서리에 페이지 넘김 보조 도구(Page Fluffer 등)를 부착하면 페이지를 잡고 넘기는 데 도움이 된다. 아동이 혼자서 페이지를 넘기면 소근육 운동 능력을 발달시키는 데 도움이 된다.
- CVI 레벨 2 아동의 경우, 책의 페이지마다 한 개의 사물이나 사람만 제시한다. 레벨 3 아동의 경우, 페이지마다 2~3가지 사물이나 사람 그림을 넣는 것이 가능하만, 이 때 사용하는 사진이나 그림은 여전히 단순한 것이 좋다.
- 친숙한 사람(엄마, 아빠, 형제 등)에 관한 책을 만들 때, 단색 옷을 입고, 무늬가 없는 단색 벽을 배경으로 사람의 상반신을 촬영한다. 사진 속의 사람 얼굴을 식별하는 것은 레벨 3 아동에게 여전히 어려울 수 있다.
- 책의 각 페이지에 단어를 넣을 때 글자체는 단순하고 굵은 고딕 계열의 글자체를 사용한다. Ariel 또는 APH font를 사용하는 것이 효과적이다. 이 때 글자와 단어의 두드러진 시각적 특징을 아동이 선호하는 색상으로 강조 표시한다.
- 페이지에 단어를 넣을 때 글자 크기가 적절한지 확인한다. 나는 24pt 글자 크기가 효과적인 것을 발견하였다. 단어 사이에 2칸 정도의 빈칸을 두거나 줄 간도 두 줄 간격을 사용하면 아동의 시각적 혼란을 감소시키는 데 도움이 될 수 있다. 즉 글자나 단어의 테두리를 따라 선호하는 색상으로 윤곽선을 그린다.
- 가급적 아동이 책의 주제를 선택하도록 돕는다.
- Pictello, Book Creator, iBooks 같은 앱을 사용해 CVI 개별 아동 맞춤형 책을 만든다. 책을 만들 때 인터넷에서 'Bing 사이트'를 사용해 적절한 사진을 찾아본다. 예를 들어, 'at'이 들어가는 단어군을 책으로 만들 때 'at'이 들어가는

단어를 나타내는 사진이나 그림이 필요하다면 엘모의 고양이(Elmo's Cat), 모자를 쓴 엘모(Elmo's Hat), 엘모의 배트(Elmo's Bat)를 찾아서 사용한다.

엘모의 고양이

엘모 모자

- 아동이 글자가 있는 책을 읽을 준비가 되면 페이지의 사진이나 그림을 나타내는 한 개 단어만 넣는다. 예를 들어, 페이지에 Elmo 사진이 있다면, 사진 아래에 'Elmo'라는 단어만 넣는다. 아동이 책에 더 많은 글자들을 넣어 읽을 수 있게 되면 페이지에 있는 사진/그림의 두드러진 시각적 특징들로 설명하는 단어들이나 어구 또는 짧은 문장을 넣는다. 예를 들어, 책의 페이지에 아동이 좋아하는 공 그림을 넣었다면, 그림 아래에 '둥근 공, 주황색 공'이라고 넣을 수 있다. iBooks, PowerPoint, Pictello, Book Creator 앱를 사용해 태블릿기기에서 전자책을 만들 때도 이와 동일한 지침을 적용할 수 있다.

2) CVI 레벨 2와 3 아동을 위한 도서 제작

- '식사 시간'에 관한 책은 아동이 좋아하고 친숙한 음식뿐만 아니라 자주 사용하는 식사 도구, 그릇, 컵도 포함할 수 있다. 예를 들어, 아동이 바나나를 좋아한다면 검은색 배경에 노란색 바나나를 놓고 사진을 찍을 수 있다.
- '좋아하는 장난감에 관한 책은 아동이 평소 가지고 놀거나 상호 작용하는 친숙하고 좋아하는 '장난감'들을 포함할 수 있다. 한 개의 장난감을 대비되는 단색 배경에 놓고 사진을 찍는다.
- '알파벳 글자' 학습 도서는 각 페이지에 1개의 알파벳 글자와 그 글자와 관련되는 친숙한 대상의 사진이나 그림을 넣는다. 예를 들어 첫 번째 페이지는 'A'와 아동이 좋아하는 빨간 사과 사진(apple)을 넣는다.

- 여러 가지 모양'에 관한 책은 페이지별로 원, 사각형, 삼각형 같은 단순한 도형을 넣되, 시각적 주의를 위해 반사되는 속성이 있는 마일라 종이(빨간색, 노란색)를 오려 여러 가지 모양을 만들 수 있다. 그리고 국소 조명법(SpotLIGHTing: 손전등으로 대상을 비추기 등)을 적용해 손전등으로 마일라 재질의 모양에 비추면 도형 그림이 빛에 반사되면서 시각적 주의를 높일 수 있다.

알페벳과 사과(Apple)

원 모양과 사과

3) CVI 레벨 3 아동을 위한 도서 추천

경험북(Experience Book)은 아침 식사 등 아동에게 매일 반복되는 일과 활동에 관한 것을 책으로 만든 것이다. 아동에게 친숙한 빨간 그릇, 좋아하는 시리얼, 자주 앉는 의자 등 페이지마다 아침 식사 활동 중에 실제 경험한 사물의 사진을 넣는다. 그리고 각 사진 아래에 관련된 한 두개 단어를 넣을 수 있다.

'내가 좋아하는 사람'에 관한 책은 엄마, 아빠, 형제, 활동지원사, 선생님, 할머니, 할아버지 등 친숙하고 좋아하는 사람의 사진을 페이지마다 한 명씩 제시한다. 아동이 실제 얼굴과 사진 얼굴을 보고 식별하기 시작하면 이러한 책을 만든다.

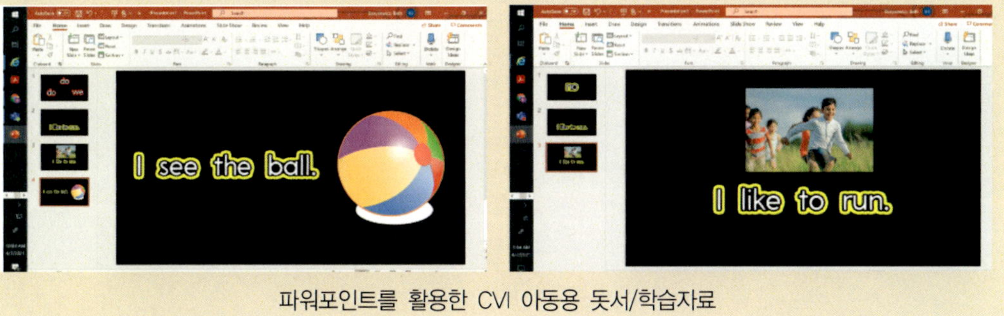

파워포인트를 활용한 CVI 아동용 도서/학습자료

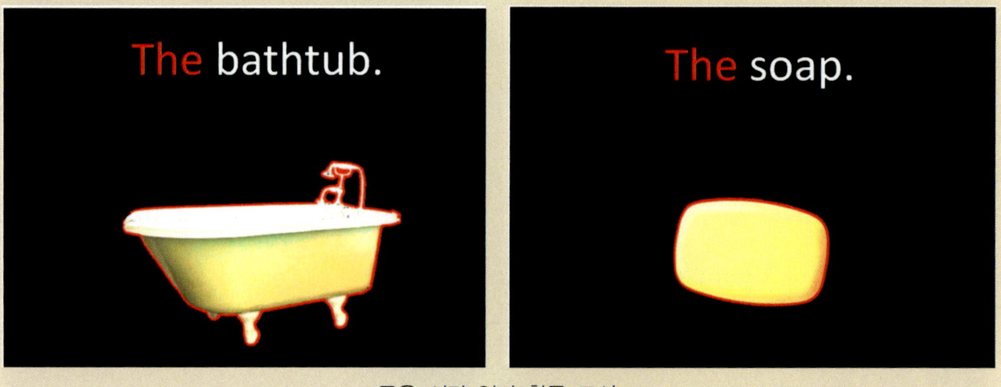

목욕 시간 일과 활동 도서

옷입기 일과 활동 도서

TIP

CVI 단계별 도서 및 문해 자료 제작 및 일반 자료 수정 지침

다음은 CVI Ⅰ단계, Ⅱ단계, Ⅲ단계 아동의 시각 기능을 고려한 도서 및 문해 자료 제작 지침이다.

1. CVI Ⅰ단계 아동을 위한 도서 제작 및 수정 전략

아동이 이제 막 시각을 사용하기 시작했고 CVI Ⅰ단계에 해당되는 경우, 책을 구매, 제작, 수정하기 전에 다음을 확인하는 것이 필요하다.

- 아동이 선호하는 색상은 무엇인가?
- 아동이 대상에 시각적 주의를 하는 데, 대상이 '움직이거나 빛을 반사하는' 속성을 필요로 하는가? 아니면 오히려 '움직이는' 속성이 아동의 시각적 주의를 방해하는가?
- 아동이 바라보거나 흥미를 갖는 친숙한 대상들(사물)이 있는가? 있다면 그것이 무엇인가?
- 아동에게 시각적 지연 반응이 나타나는가?
- 아동이 선호하는, 즉 잘 보는 시야가 있는가? 하측(아래쪽) 시야 영역(방향)에 있는 사물을 보거나 시각적 주의를 하는 데 문제가 없는가?
- 아동은 시각적 대상이 어느 정도 거리에 있을 때 그 대상을 알아차리는가?
- 아동은 한 가지 이상의 색상이나 단순한 패턴(무늬)을 가진 대상을 보거나 인식할 수 있는가(대상 자체의 복잡성)?
- 아동은 2개 이상의 사물이 함께 놓더라도 이를 바라보거나 시각적 주의를 할 수 있는가(배열의 복잡성)?
- 아동에게 백라이트 기기 또는 국부 조명법의 사용이 도움이 되는가? 아니면 방해가 되는가?

이러한 질문들을 확인함으로써 CVI Ⅰ단계 아동에게 친화적인, 아동이 책의 각 페이지를 바라보고 주의하도록 촉진하는 최상의 방법을 결정할 수 있다.

TIP

(1) 아동에게 친숙하고 선호하는 대상을 선택해 책에 사용한다.

도서를 사용해 CVI 아동의 '보는 행동(looking behaviors)'을 유도하기 위한 중요한 방법 중 한 가지는 친숙한 대상을 사용하거나 사용할 대상에 친숙해 지도록 하는 것이다. 부모가 이러한 대상에 관한 정보를 가장 잘 알고 있을 것이다. 그러한 대상 또는 그러한 대상과 공통된 특성이 있는 유사한 대상을 책을 만드는 자료나 소재로 활용할 수 있다. 아이가 밝은 노란색 슬링키의 느린 움직임에 친숙하고 그것을 바라보는 것을 좋아한다면 슬링키를 도서의 재료로 활용할 수 있다.

(2) 한 페이지에 한 개의 대상으로 제한한다.

많은 CVI 1단계 아동의 경우, 책의 페이지당 한 개의 대상만 있어야 하고, 가급적 많은 페이지로 구성하지 않는 것이 좋다. 이 단계의 아동이 보는 책은 단순 할수록 더 효과적이다. 페이지의 배경(또는 페이지 자체)은 시각적 대상과 대비되는 단색을 사용하면 대상을 더 눈에 띄게 하거나 도드라져 보이게 하는 데 도움이 된다. 시각적 대상의 색상은 아동이 평소 선호하고 가장 잘 바라보는 색상으로 하되, 대체로 밝고 짙은 단색인 경우가 많다. 이러한 단색으로 빨강색이나 노란색이 일반적이나, 아동에 따라 파란색 등 다를 수 있어 확인하는 것이 필요하다.

(3) 책에 움직이거나 반사하는 속성을 가진 대상을 사용한다.

대상이 실제로 움직이거나(슬링키 등) 움직이는 것처럼 보이는(마일러 종이 같이 빛을 반사하거나 반짝거리는 재료) 속성의 대상을 사용하거나 대상이 이러한 속성을 갖도록 수정할 수 있다. 예를 들어 슬링키를 책의 페이지에 부착하면 슬링키가 책에서 움직이도록 할 수 있다. 아동이 하측 시야 결함이 있다면 경사 보드나 독서대에 올려 놓으면 아동이 더 잘 볼 수 있다.

TIP

슬링키 사진을 삽입한 페이지

책을 볼 때 국부 조명법 사용하기

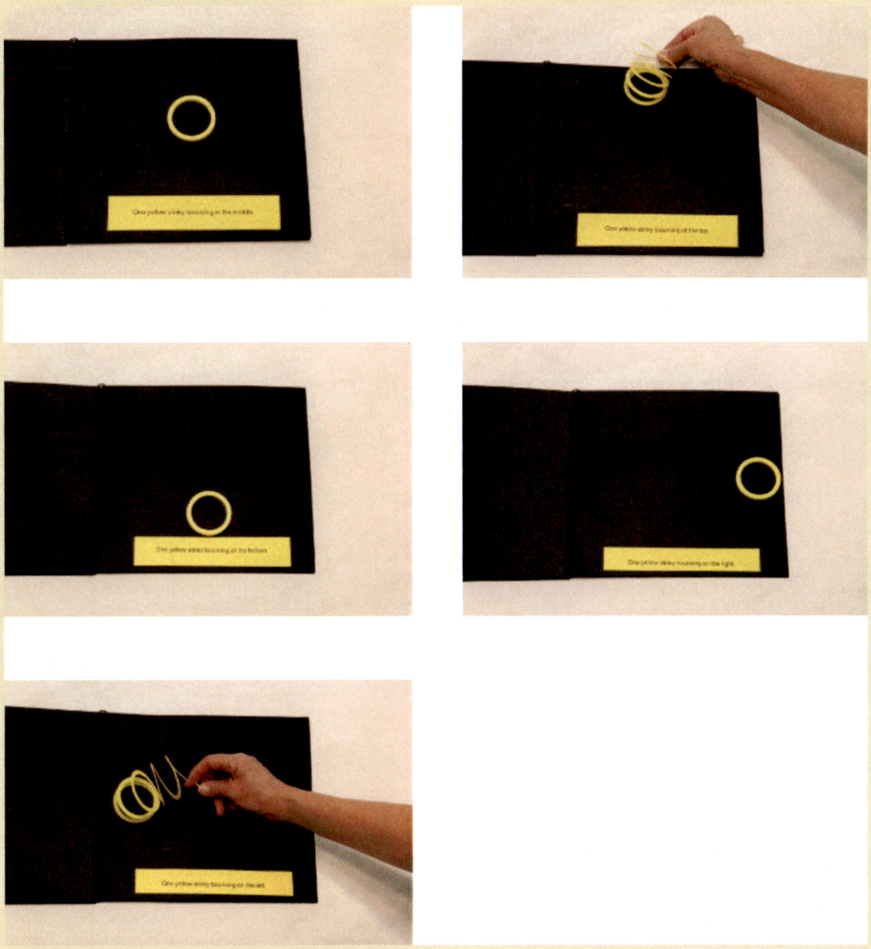

좋아하는 사물인 슬링키(움직임의 속성)를 이용한 도서 제작의 사례

TIP

(4) 책을 주기적으로 반복해서 읽는다.

처음에는 읽는 시간을 짧게 하되 하루에 여러 번 반복해 읽을 기회를 갖는다. 이 단계의 아동들은 시각 신경 경로와 시각 기능의 발달을 강화하기 위해 시각을 계속해서 사용하는 경험을 갖는 것이 중요하다. 아동의 시각 사용 능력이 향상됨에 따라 페이지의 시각적 장면을 조금 바꾸어(수정해) 주는 것도 좋다. 집에서 사용할 한 권, 학교에서 사용할 한권 그렇게 두 권의 책을 만들어 사용하며 일과 중에 반복해 보면서 강화할 수 있다.

(5) 아동이 선호하는 시야에 책을 제시한다.

아동이 가장 잘 보는 시야 영역(방향)에 도서나 문해 자료를 제시하는 것이 중요하다. 이 단계의 아동은 우측 눈높이 또는 좌측 눈높이 방향에 제시하는 것을 선호할 수 있다. 검은색 수직 보드나 경사 보드나 폭이 길다란 독서대를 사용하면 이러한 위치에 책이나 자료를 제시할 수 있다. 이 단계의 아동은 하측 시야 결함이 존재하므로, 이 문제가 개선되기 전까지 테이블 바닥에 책이나 자료를 눕혀 놓지 않는 것이 좋다.

(6) 아동으로부터 가까운 거리에 자료를 제시한다.

아동에게 책이나 자료가 제시되는 거리도 중요하다. 이 단계 아동의 대부분이 팔이 닿는 거리보다 더 멀리 있는 자료는 보는 데 어려움을 있다. 다시 말해, 평가를 통해 아동에게 적절한 자료의 제시 거리를 확인하는 것이 필요하다. 또한 교육팀의 구성원들은 아동에게 자료를 제시할 때도 적정 거리 이내에 제시하는 것을잊지 않도록 한다. 아동과 자료의 거리가 멀어질수록 주변 환경의 복잡성이 증가하게 되므로, 아동이 보아야 하는 대상을 가까이 제시하는 것이 필요하다. 가까운 거리에서 대상을 보게 되면 주변의 경쟁적인 시각 정보나 자극이 감소하게 된다. 이를 위한 전략으로 책이나 문해 자료 뒤쪽 배경에 검은색 보드, 검은색 독서대 등을 사용하기, 책의 페이지의 배경을 검은색으로 선택하기 등이 있다. 이들 전략 모두가 경쟁적인 시각적 정보와 자극을 줄이거나 제거하는 데 도움이 된다.

TIP

(7) 아동이 자료를 보는 데 시각적 지연 시간을 고려한다.

다음 페이지를 넘기 전에 아동이 현재 보고 있는 페이지의 정보를 처리할 시간을 충분히 주어야 한다. 아동에 따라 책의 한 페이지의 정보를 처리하는 데 필요한 시간을 확인해 기다려준다(시각적 지연 전략의 사용). 아동이 눈을 감거나 자료로부터 시선을 돌리거나 하품을 하는 등 시각적 피로의 징후가 나타나는지 관찰하고, 이러한 징후가 보이면 휴식 시간을 취한다.

(8) 국부 조명법(SpotLIGHTing)을 사용해 아동이 바라보아야 할 페이지 또는 페이지의 특정 대상을 비춘다.

국부 조명법을 사용해 손전등이나 조명 기구로 페이지의 대상에 조명등을 비춘다. 이렇게 대상에 빛을 비추면 대상에 대한 시각적 주의를 높일 수 있다. 최소 300루멘 이상의 손전등을 사용해야 하며, 이 때 손전등에 의한 눈부심(2차 빛 반사)이 발생하는지 확인해야 한다. 또한 아동의 얼굴에 빛을 비추지 않도록 하고, 오직 아동이 보아야 하는 대상만을 비추어야 한다. 아동이 빛이 나오는 광원(손전등이나 조명 기구)을 찾아서 응시하지 않도록 아동의 시야 뒤쪽에서 비추는 것이 좋다. 국부 조명법은 CVI 1단계 아동이 과제에 시각 사용을 시작하도록 촉진하는 데 자주 사용된다. 아동이 일단 국부 조명법으로 과제에 시각 사용을 시작하게 되면 아동은 해당 과제 동안 자신의 시각을 계속 일관되게 사용할 것이다.

2. CVI Ⅱ단계 아동을 위한 도서 제작 및 수정 전략

CVI Ⅱ단계에 아동은 기능적 목적을 위해 시각을 사용할 수 있다. CVI Ⅰ단계 아동에게 적용한 많은 전략들이 CVI Ⅱ에서도 여전히 유용하게 사용될 수 있지만, 다음의 추가적인 사항을 확인할 필요가 있다.

- 아동이 여전히 선호하는 색상을 가지고 있는가? 이 색상이 아동의 시각적 주의를 끄는 데 도움이 되는 즉 '시각적 닻(visual anchor)'으로서 역할을 하는가?
- 아동이 도서의 한 페이지에 2개, 또는 3개 이상의 대상들을 넣어도 바라보거나 시각적 주의를 할 수 있는가(배열의 복잡성)?

TIP

- 아동이 불필요한 시각 정보를 가리고 필요한 시각 정보만 볼 수 있도록 가림판(Window Card/Occluder)과 차단 기술(Blocking Techniques)을 사용하는 것이 도움이 되는가?
- 아동은 컬러 사물 사진이나 사실적인 컬러 삽화 같은 2차원 이미지를 알아볼 수 있는가?
- 아이패드 같은 태블릿 기기의 밝게 빛나는(backlight) 화면에 2차원 이미지를 제시할 때 시각적 주의에 도움이 되는가?
- 아동은 책의 페이지에 삽입한 대상을 만지거나 다음 페이지로 넘기기 위해 손을 뻗어 접촉할 수 있는가(시각적으로 안내된 신체 도달)?
- 아동이 선호하는 시야 영역(방향)에 자료를 제시하는 것이 여전히 도움이 되는가? 아동은 테이블에 평평하게 놓은 책이나 자료에 시각적으로 접근할 수 있는가(하측 시야 결함)?
- 아동이 책이나 문해 자료에 시각적으로 접근할 수 있는 거리는 어느 정도인가? 이 거리에서 볼 때 글자 또는 대상의 크기는 어느 정도가 적절한가?

(1) 책이나 자료에 추상적이거나 복잡한 그림은 가급적 사용하지 않는다.

추상적인 컬러 삽화, 사실적인 흑백 선 그림, 추상적인 흑백 선 그림을 사용하는 그림 의사사통 상징(PCS: Picture Communication Symbols)은 CVI 아동이 시각적으로 구별하거나 인식하는 데 어려움이 있다. 아동이 이들 그림 이미지의 일부를 구성하는 밝은 색상에 주의를 기울일 수 있지만, 이미지가 무엇을 나타내는지 인식하지 못하는 경우가 많다. 또한 이들 이미지에 사용되는 다양한 색상이나 선들로 인한 시각적 복잡성 때문에 아동이 이들 상징으로부터 시선을 돌리거나 쳐다보지 않는 반응이 나타날 수 있다.

(2) 3차원 사물에서 2차원 이미지로 전환하는 과정에는 아동이 가장 좋아하고 친숙한 대상을 찍은 컬러 사진을 사용해 시작한다.

아동이 가장 좋아하고 친숙한 대상을 찍은 컬러 사진을 사용하면 3차원 대상(사물)에서 2차원 이미지로 성공적인 전환을 하는 경우가 많다. 이들 이미지는 최대한 선명하고 두드러지게 보이도록 검은색 배경에 사물을 놓고 촬영하는 것이 필요하다.

TIP

촬영한 사진은 약 15 × 18cm 사진 크기로 빛 반사가 일어나지 않는 무광택 종이에 출력한다. 그리고 책의 각 페이지는 검은색 두꺼운 종이를 사용하고, 한 페이지에 사진을 한 개씩 붙여 넣는다.

각 페이지별로 아동이 좋아하고 친숙한 사물을 찍은 사진을 넣은 사례

3. 아동이 좋아하는 사물의 컬러 사진을 아이패드,/테블릿 기기에 전자 이미지로 제시한다.

아동이 좋아하는 사물의 컬러 사진을 아이패드에 제시하는 것이 2차원 이미지의 시각적 인식에 큰 도움이 된다. 아이패드용 이미지 프로그램과 앱으로, 'Keynote', 'Pictello', 'My Talking Picture Board' 등이 있다. 처음에는 아이패드 화면에 한 장의 사진만 제시하고, 아동이 화면의 이미지를 터치하면 실제 사물을 준다. 점차 아동의 시각 사용 능력이 향상됨에 따라 'My Talking Picture Board' 같은 프로그램을 사용하여 화면에 2~3개의 이미지를 함께 제시할 수 있다. 예를 들어 부모는 아동이 좋아하는 공(O-ball) 이미지를 아이패드로 제시하는 것이다. 아동이 반짝이는 화면의 공 이미지를 보고 다가와서 화면을 터치하면, 어머니는 3차원 실물 공을 주면서 "이게 공이야. 공, 여기 공이 있어'라고 말한다. 이를 통해 아동인 2차원 공 이미지를 인식하고 실물 공과 이미지 공이 서로 같다는 개념도 학습하기 시작한다.

TIP

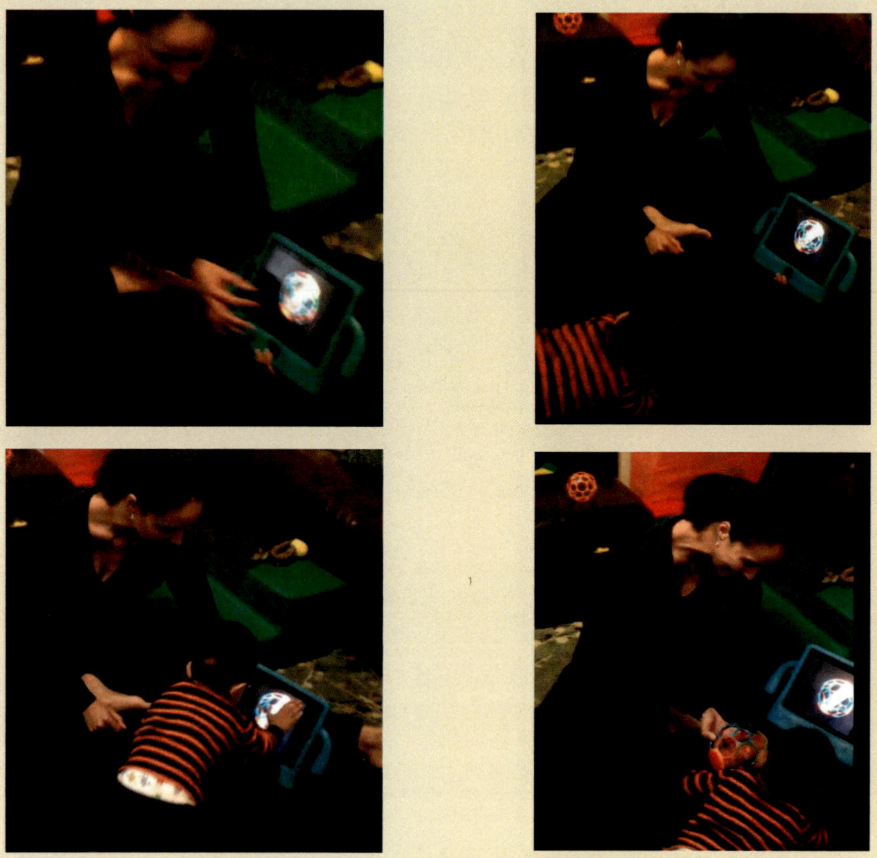

아이패드로 아동이 좋아하는 공 이미지를 보여주고,
아동이 다가와 화면의 공을 터치하면 실제 공을 주는 장면

(4) 책의 페이지에 이미지에 해당하는 단어를 추가한다.

CVI Ⅱ단계 아동의 경우, 한 페이지에 이미지뿐만 아니라 이미지와 관련된 단어 한개(때때로 2~3개 단어로 구성된 어구나 짧은 문장도 가능한 경우가 있음)를 추가로 넣을 수 있다. 아동의 시각 기능에 비해 페이지의 정보가 시각적으로 복잡하다고 판단되면 가림판이나 차단 기술(blocking skill)을 사용해 페이지의 불필요한 요소를 가릴 수 있다. 페이지에 단어를 제시할 때 해당 단어가 페이지의 사물이나 이미지와 어떠한 관련이 있는지를 설명하고, 단어 모양의 두드러진 시각적 특징(단어가 어떤 모양인지)에 대해 이야기를 나누는 것도 필요하다.

TIP

(5) 아동이 페이지를 직접 넘기도록 페이지 넘기 보조 도구를 사용할 수 있다.

CVI 2단계의 아동은 약간의 도움을 주면 책 페이지를 넘길 수 있다. 이 때 각 페이지 사이에 'bumpers' 또는 'Page Fluffers'를 부착해 페이지를 손으로 잡고 넘기는 것을 도울 수 있다.

페이지 넘김 보조 도구 사용 사례

(6) 국부 조명법을 사용해 각 페이지의 대상이나 이미지를 비춘다.

CVI 1단계 아동뿐만 아니라, CVI Ⅱ단계 아동에게도 국부 조명법이 여전히 도움이 된다. 부모나 교사가 만든 책이나 상업용 도서를 사용할 때 손전등(300루멘 이상)을 사용해 페이지 앞쪽 또는 반대쪽에서 빛을 비추는 방식 모두가 페이지의 이미지나 단어를 강조하는 데 효과적이다.

다양한 조명 활용법 사례

TIP

(7) '눈 응시(eye gaze)' 기술을 사용하는 아동에게 2차원 이미지와 3차원 사물 간의 관계를 강화한다.

2차원 이미지에 대한 이해가 가능하고, 의사소통의 한 형태인 '눈 응시(Eye Gaze)' 기술을 사용할 수 있는 아동에게 친숙한 대상의 사진(예: 좋아하는 컵, 좋아하는 장난감)이 있는 두 개의 페이지를 간격을 두어 제시한다. 이 때 폭이 넓은 수직보드나 경사보드(Invisiboard, APH)를 사용하면에 한 페이지는 맨 왼쪽에, 다른 한 페이지는 맨 오른쪽에 놓을 수 있다. 아동이 이 보드에 있는 두 개 페이지 중 한 개의 페이지를 눈으로 응시하면(눈 응시 기술), 해당 이미지의 실제 사물을 아동에게 준다. 그 다음 이미지와 사물에 대해 몇 개의 쉬운 단어들로 간단히 설명한다. 예를 들어, 아동이 컵 사진이 있는 페이지를 눈으로 응시하였다면, 실제 컵을 주며 '이것은 컵이야. 노란색이고 손잡이가 2개 있어.'라고 설명한다.

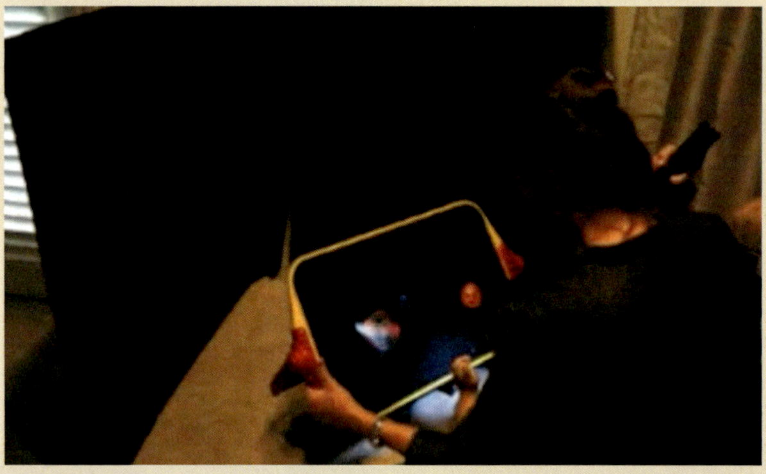

감은색 경사 보드에 두 개의 페이지를 부착하고, 아동의 눈 응시 방향을 확인하는 장면

3. CVI Ⅲ단계 아동을 위한 도서 제작 및 수정 전략

CVI Ⅲ단계에 아동은 CVI 고유한 시각 특성들과 영향이 상당 부분 해결되지만, 여전히 CVI Ⅱ단계 아동에게 적용한 전략들이 유용할 수 있다. 다음의 추가적인 사항을 확인할 필요가 있다.

TIP

- 아동은 어떤 종류의 그림을 정확하게 알아볼 수 있는가?
  - 친숙한 사물의 컬러 사진을 알아볼 수 있는가?
  - 친숙하지 않은 사물의 컬러 사진을 알아볼 수 있는가?
  - 사실적인 컬러 그림을 알아볼 수 있는가?
  - 추상적인 컬러 그림을 알아볼 수 있는가?
  - 사실적인 흑백 선(라인) 그림을 알아볼 수 있는가?
  - 추상적인 흑백 선 그림을 알아볼 수 있는가?
  - Mayer-Johnson과 같은 그림 의사소통 상징을 알아볼 수 있는가?

Mayer johnson 그림 상징

- 아동이 그림(pictures)을 정확하게 확인할 수 있다면 그림의 크기는 어느 정도여야 하고, 그림의 복잡성은 어느 정도까지 가능한가?

TIP

- 아동이 한 페이지에 그림 외에 글자/단어/문장을 넣더라도 눈으로 응시하고 주의할 수 있는가? 그렇다면 페이지에 넣을 수 있는 글자/단어/문장의 분량이나 길이는 어느 정도가 적절한가? 그리고 아동에게 가장 적합한 글자체와 글자크기는 무엇인가?

(1) 단순하고 굵은 글자체를 사용한다.

CVI Ⅲ단계 아동부터는 종종 글자를 포함해 한 페이지에 여러 개의 이미지를 넣는 것이 가능하다. 페이지에 단어를 넣을 때 글자체는 단순하고 굵은지 확인한다. Arial과 Century Gothic(Bold) 같은 글자체를 추천한다. 또한 글자 크기가 아동에게 적절한지 확인해야 하고, 24pt를 추천한다.

(2) 시각적 혼란을 줄이기 위해 여백을 두 배로 늘린다.

한 페이지에 여러 개의 단어나 문장을 사용하는 경우 단어들 사이에 한 칸이 아닌 두 칸의 여백을 두거나 문장들 사이에 한 줄 간격이 아닌 두 줄 간격을 두는 것이다.

This is an example of the font

Century Gothic in bold. The size is

24pt. This example also

demonstrates double spacing

between words and double

spacing between lines.

위 지침을 적용한 문장 사례

TIP

(3) 페이지에 글자를 넣을 때 우선 한 페이지에 한 개 단어로 시작한다.

처음부터 한 페이지의 사물이나 이미지를 설명하는 문장을 넣기보다 사물이나 이미지의 이름을 한 개 단어로 넣어 간단한 이야기책을 만들어 사용하는 것이 효과적이다. 예를 들어, 책의 페이지에 아동이 좋아하고 친숙한 공(Oball) 사진이 있다면 그 사진 아래에 '공(Oball)'이라는 단어를 넣을 수 있다. 단어의 모양 및 두드러진 특징에 대해 이야기를 하는 경우, 아동이 선호하는 색상으로 단어의 테두리를 그려주면 '단어 모양'을 강조할 수 있다. 그 다음 페이지의 이미지(그림)와 단어와 관련이 있다는 점을 설명하고, 문맥 단서(context clues)를 사용하여 단어를 해독하도록 도와준다.

또한 '단어 모양'의 두드러진 시각적 특징을 설명하는 것 뿐만 아니라 '대상(이미지)'의 두드러진 특징까지 함께 설명하고 이야기를 나눈다. 예를 들어 'Oball'의 경우 'Oball은 둥글고 여러 개의 동그란 조각들이 연결되어 있다. 동그란 조각은 주황색, 빨간색, 녹색 및 파란색이 있다. 공의 안쪽에는 작은 구슬이 들어있다.' 라고 이야기할 수 있다. 태블릿 기기에서 iBooks, PowerPoint, Pictello 또는 Book Creator 앱을 사용해 전자책을 만들 때도 이러한 지침과 아이디어를 적용한다.

아동이 선호하는 사물을 찍은 컬러 사진과 사물의 이름(단어)을 넣은 책의 페이지

(4) 강렬하고 눈에 띄는 색상을 사용해 '시각적 닻(visual anchor)'을 만든다.

CVI 아동은 특정한 모양, 물체 또는 단어에 시각적 주의를 유도하기 위해 눈에 잘 띄는 색상을 사용하는 것이 도움이 된다. 크리스틴 로만-란치 박사는 "아동이

TIP

선호하는 색상은 일종의 시각적 닻으로서 역할을 하며, 대상의 두드러진 시각적 특징을 강조하는 데도 사용될 수 있다”고 자주 강조했다. 이를 “색상 강조법(color highlighting)”이라고도 한다. 아동이 선호하는 색상의 덕트 테이프, 형광펜 또는 샤피 마커(Sharpie marker)를 사용해 아동이 보아야 하는 모양, 사물 또는 단어를 강조 표시함으로써 시각적 주의를 유도할 수 있다. 예를 들어, 책 전체 페이지에서 반복되는 특정한 대상에 시각적 주의를 유도하고 싶다면 이들 대상에 ‘시각적 닻’을 일관되게 부착하는 것이다. 예를 들어, 이들 대상에 반짝거리는 밝은 빨간색 테이프 조각을 시각적 닻으로 부착할 수 있다.

클리퍼드(개)의 목에 반짝거리는 덕트 테이프/마일러 리본을 붙여
아동의 책의 매 페이지에 나오는 클리퍼드에게 시각적 주의를 하도록 유도하고,
이를 통해 페이지 전체를 응시하고 인식하도록 확장함

TIP

클리포드 개 이미지에 빨간색 리본을 부착한 사례

(5) 2차원 이미지를 활용해 아이패드에서 전자책을 만든다.

CVI Ⅲ단계의 아동들은 사실적인 컬러 그림과 흑백 그림을 보고 그것이 3차원 사물을 나타낸다는 것을 이해하는 경우가 많다. 위에서 언급했듯이 일반적으로 아동이 좋아하고 친숙한 물건이나 장난감을 찍은 컬러 사진을 도서나 문해 자료의 2차원 이미지로 사용하면 3차원 사물에서 2차원 이미지로 성공적인 전환을 시작할 수 있다. 아동의 시각 사용 능력이 향상됨에 따라 책에 좀 더 어렵고 복잡한 2차원 그림을 도입할 수 있다. Book Creator와 Pictello 앱을 사용해 아이패드에서 CVI

TIP

아동에게 친화적인 책을 만들 수 있다. 이 때 Google 이미지(images) 검색을 통해 필요한 사진이나 그림을 찾아 다운로드해 사용할 수 있다.

(6) 아동이 책의 주제를 선택하게 한다.

가능한 아동이 책의 주제를 선택하는 데 도움을 준다. 아동이 책을 읽는 데 동기를 부여하는 가장 좋은 방법은 학생이 흥미나 관심을 보이는 주제의 책을 만들거나 시중에 판매되는 책을 수정해 사용하는 것이다.

(7) 교실을 테마로 한 CVI 친화적인 책을 만든다.

아동의 교실 환경에서 이루어지는 활동이나 주제와 관련된 책을 만든다.

(8) '북 백(Book Bags)'이나 '스토리 박스(Story Boxes)'를 사용해 책의 이야기에 대한 흥미를 높인다.

책의 스토리텔링에 흥미를 더하고 주요 개념을 더 정확하게 전달하기 위해 페이지별로 이야기에 등장하는 핵심 사물들이 있는 '북 백'이나 '스토리 박스'를 준비한다. 책의 각 페이지를 넘기며 이야기를 전달하고 상호작용할 때 해당 물건을 꺼내 아동에게 준다. 이 때 해당 물건의 두드러진 시각적 특징에 대해서도 자연스럽게 이야기를 나눈다.

TIP

동화책과 스토리 박스 사용 사례

(9) 아동이 직접 페이지를 넘기기, 들은 이야기를 다시 요약해 말하기 같은 읽기 관련 행동들(reading behaviors)을 격려한다.

아동이 좋아하는 책의 페이지를 넘기고, 각 페이지를 보고 들은 이야기를 요약하거나 자신의 느낌으로 이야기를 만들어 말하도록 격려한다.

(10) 아동에게 '낙서(scribble)'할 기회를 준다.

아동에게 전통적인 종이와 마커로 또는 'Fluidity', 'KaleidoBalls', 'Glow Draw' 또는 'Cause & Effect Sensory Light Box' 같은 프로그램이나 앱을 설치한 태블릿 기기로 낙서할 수 있는 경험과 기회를 제공한다. 다양한 형태의 모양이나 선 등을 그려보는 낙서 활동은 글자나 단어를 쓰는 기초가 된다.

(11) 매일의 일과 활동 중에 알파벳 글자-소리(letter-sounds)에 대해 자연스럽게 이야기한다..

이것은 아동의 음소 인식(phonemic awareness) 및 파닉스 기술(phonics skills)의 발달에 도움이 된다. 쉬는 시간에 걸어갈 때, 간식을 준비할 때, 신체 활동을 할 때 관련되는 글자/단어와 소리에 대해 말한다. 부모나 교사는 일과 활동에 사용하는 '단어의 첫소리 글자'를 강조해서 말하고 그 소리를 만드는 첫 글자 모양의 두드러진 시각적 특징에 대해 이야기 할 수 있다. 운율 게임(rhyming games)을 하면서 이야기 글에 나오는 단어들을 적절한 운율로 읽어보도록 한다. 그리고 각 단어 모양의 두드러진 시각적 특징에 대해 이야기할 수 있다.

TIP

Apple의 'A' 글자 강조

선호하는 색상으로 단어의 모양 강조

(2) 점점 더 복잡해지는 이야기 책을 만든다.

커다랗고 빨간색의 개인 '클리포드(Clifford)'에 관한 책처럼 컬러 삽화로 된 책을 아동이 인식하기 어려운 경우, 동일한 책 3권을 구입해 시각적으로 점차 복잡해지는 몇 가지 레벨(수준)의 책으로 수정해 사용한다. 서점에서 구입한 상업용 책 중 2권의 제본 부분을 잘라내고 나머지 한권만 그대로 사용한다.

(레벨 1) 제일 쉬운 단계의 책을 먼저 만든다. 책에 나오는 동물 그림을 각각 오려내어 검은색 종이에 붙이되, 각 페이지에 오린 동물 사진 한 개만 붙인다.

(레벨 2) 조금 더 어려운 단계의 책은 각 페이지에 오린 2개 이상의 동물 그림들을 붙일 수 있다.

(레벨 3) 마지막 단계의 책은 서점에서 구입한 책을 그대로 사용한다. 다만 시각적 복잡성을 줄이기 위해 '가림판'과 차단 기술을 사용하는 것이다. 아동의 시각 사용 능력이 개선되면 가림판 사용을 줄이거나 사용하지 않아도 된다.

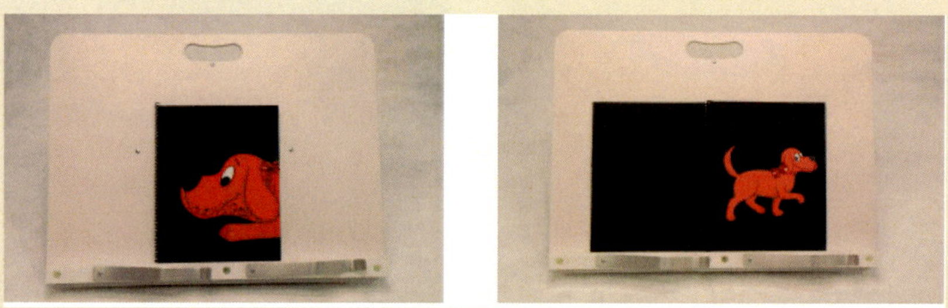

레벨 1 책(수정본)

TIP

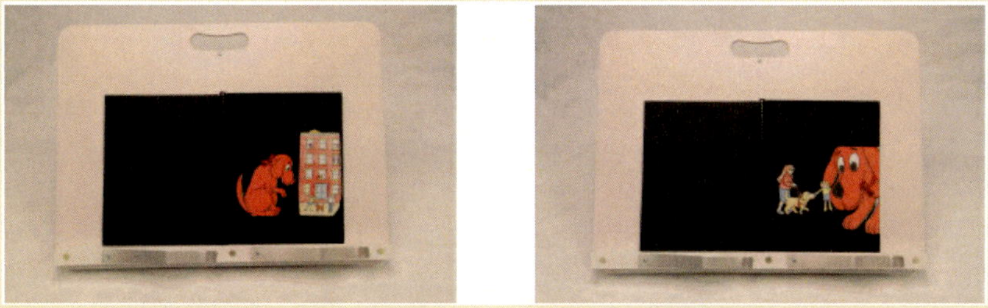

레벨 2 책(수정본)

레벨 3 책(수정하지 않은 책 + 가림판 사용)

제10장

CVI 아동과 부모 사례

내가 지난 수년 동안 CVI 아동과 함께 일하면서 얻은 가장 큰 자원 중 하나는 CVI 아동의 부모였다. 부모들은 자녀에 대한 일반적인 정보뿐만 아니라 자녀가 시각을 보다 효율적으로 사용하도록 촉진하는 데 도움이 되었던 전략, 기술, 자료에 대해 나와 공유했다.

01 Kate의 사례

Kate는 조산, 자궁 내 뇌졸중, 심실내 출혈(4등급)의 병력을 가진 2살 여아이다. Kate는 간질(뇌전증)이 있었지만 현재 약으로 조절하고 있다. 안과 의사는 Kate의 시각 문제의 주요 원인이 피질 시각장애, 외사시 및 시신경 형성부전증 때문이라는 소견을 말했다 Kate는 CVI Range 평가 결과 3~4(점)으로 현재 '시각적 행동을 구축'하기 위한 CVI Ⅰ단계 중재를 실시하고 있다.

어머니는 Kate가 일관되고 효율적으로 보는 행동(looking behavior)을 하도록 촉진하는 데 가장 효과적인 3가지 전략을 언급했다.

> 'Kate가 시각을 사용할 때 경쟁(방해)할만한 모든 청각 정보나 자극을 차단하는 게 필요합니다.'
>
> '리모콘과 조명등이 함께 제공되는 퍼즐 램프(puzzle lamp)는 Kate가 가장 좋아하는 불빛이 나오는 장난감으로, 리모콘을 누르면 퍼즐 램프의 색상을 빨간색, 파란색, 노란색, 녹색, 주황색, 보라색, 흰색으로 계속 바꿀 수 있습니다.'
>
> 'Kate의 시각을 개선하기 위해 (특히 멀리 있는 물체를 보아야 하는 경우) 양팔 고정 장치(arm immobilizers)가 필요하다는 것을 알게 되었습니다. 팔 고정 장치를 사용해 Kate가 자기 손가락을 입에 넣지 않도록(구강 자극의 차단) 함으로써 시각적 대상으로 보는 데 집중할 수 있게 합니다. 그리고 씹어도 되는 목걸이(chewy necklace)를 제공하는 것 역시 구강 자극을 유지하면서 시각을 사용하는 것을 방해하지 않도록 합니다.'

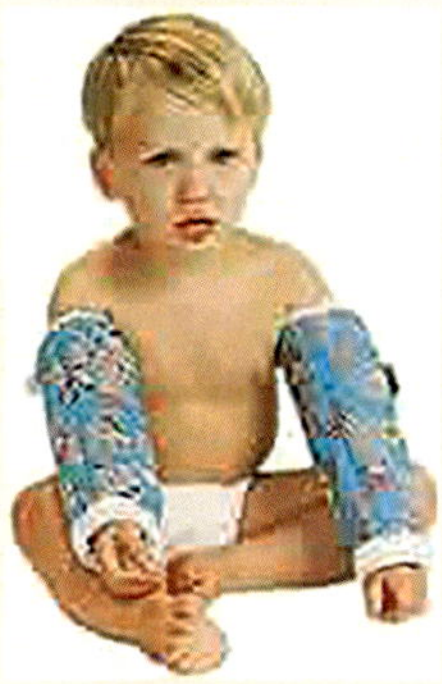

팔 고정 장치

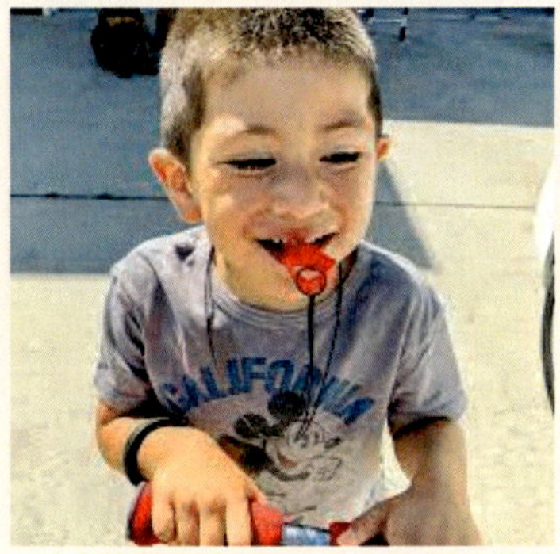

씹어도 되는 목걸이

어머니는 Kate의 시각 사용을 촉진하기 위한 중재 전략 중 가장 도움이 되었던 전문가 조언에 대해 언급했다.

"Kate가 시각을 사용하는 것을 일과 활동에 통합하라는 것이었습니다. Kate가 놀이를 할 때 검은색 매트를 바닥에 깔아주기, 기저귀를 갈아줄 때 빨간색 조명 안경을 착용하기(엄마 얼굴을 바라보도록 유도함) 등이 있었습니다.

"검은색 배경을 사용하는 것과 Kate가 보길 원하는 사물에 조명(손전등)을 비추는 것도 정말 도움이 되었습니다. 이제 Kate의 장난감에 조명을 비추기 위해 조명 기구를 카메라용 삼각대에 부착해 사용합니다. 그래야 제가 Kate와 활동할 때 저의 손을 자유롭게 사용할 수 있습니다. 작업 치료사는 APH에서 구입한 검은색 수직 보드 앞에 Kate를 앉히고, 이 보드에 부착한 장난감에 손전등 빛을 비추어 Kate가 장난감에 시각적 주의를 하도록 유도하였습니다. 우리는 화환(garland), 구슬(beads), 크리스마스 종 같은 반짝거리는 단색의 사물이 Kate가 눈으로 보며 손을 뻗어 잡는 연습을 하는 좋은 도구라는 것을 알게 되었습니다.

"Facebook 같은 'CVI SNS(소셜 네트워크)'를 적극 활용해 보세요. CVI 아동을 지원하는 부모, 시각장애 특수교사, 작업 치료사, 물리 치료사 및 기타 전문가들이 참여하고 있습니다. 여기에는 다양한 종류의 훌륭한 자원들이 있습니다. 모든 연령대와 모든 CVI 단계의 아동들에게 유용한 정보가 공유되고 있습니다. 부모들은 방과 마당을 CVI 아동에게 친화적으로 만드는 방법 같은 실용적인 정보들을 얻을 수 있습니다. 또한 저도 그곳에서 CVI 아동의 부모들이 자녀에게 도움이 되었다고 조언하는 장난감과 도구들에 대해 배웠습니다.

피질 시각장애 아동을 돕는 가장 좋은 방법에 관해 개별화교육팀의 다른 구성원들에게 어떤 조언을 하겠느냐는 질문에 Kate의 어머니는 다음과 같이 언급했다.

> "절대 CVI 아동를 포기하지 마세요. CVI 아동은 시각 발달과 시각 기능의 향상을 위한 많은 기회가 있습니다. 매일 일과 활동에서 시각을 사용할 수 있는 기회를 통해 CVI 아동의 시각 사용 능력을 개선할 수 있습니다. 아동이 사물을 바라보고 반응할 수 있는 충분한 시간을 기다려 주고, 주변 환경은 최대한 소음과 소리가 나지 않게 통재하며, 아동에게 친숙한 장난감이나 사물을 주로 사용하세요."

02 Aslan의 사례

Aslan은 유치원에 다니는 4세 아동이다. Aslan은 영아연축(infantile spasms), 수초 형성 지연(delayed myelination), 다발미세이랑증(polymicrogyria) 및 뇌실 주위 회백질(periventricular grey matter heterotopia)을 포함한 영아 경련 및 신경학적 질환을 가지고 있다. 또한 안과 의사는 Aslan을 피질 시각장애로 진단하였다. Aslan은 'CVI Range' 평가에서 CVI Ⅰ단계에 해당하는 것으로 확인되었다.

어머니는 Aslan이 일관되고 효율적으로 보는 행동을 촉진하는 데 가장 효과적인 3가지 전략을 언급했다.

> "우리는 시각적 대상과 경쟁하는 다른 시각 자극을 차단하거나 시각적 복잡성을 줄이고자 검은색 보드를 계속 사용했습니다. 비록 Aslan이 검은색 보드 없이도 많은 활동들을 수행할 수 있게 되었지만, 검은색 보드의 사용 여부에 따라 시각적 주의와 수행 성과에 큰 차이가 있었습니다. 그럼에도 불구하고 우리는 Aslan에게 검은색 보드가 얼마나 중요한지, 여전히 그것을 필요로 한다는 것을 잊어버리곤 했습니다 .

검은색 접이식 포스터보드
(black tri-fold poster boards)

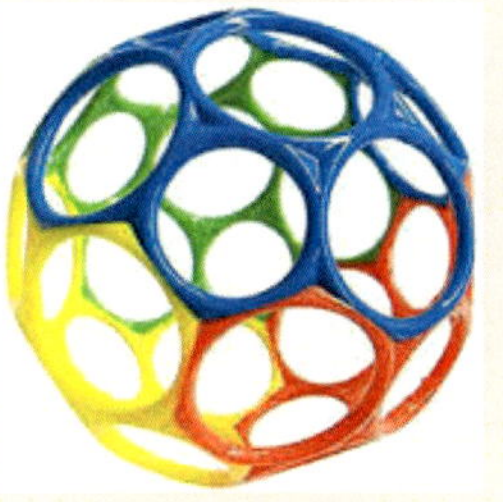

유아용 놀이공(O-ball)

"Aslan에게 가장 큰 동기를 부여하는 것이 무엇인지 알아보는 것이 중요합니다. Aslan의 경우에는 O-ball과 아이패드가 가장 동기를 유발하는 것이었습니다. 예를 들어 제가 아이패드를 보고 있으면, "Aslan은 4~5m 거리에서도 아이패드 화면의 불빛을 인식하고 행복한 얼굴로 다가옵니다."

"Aslan이 시각적 반응을 할 때까지 기다려 줍니다(시각적 지연 시간의 고려). Aslan이 직접 해야 할 일을 대신하거나 도와주는 것을 삼가하는 것이 좋습니다. 충분한 시간을 기다려주면 Aslan이 시각을 사용해 스스로 문제를 해결하는 모습을 보게 될 것입니다."

피질 시각장애 아동의 시각 사용을 촉진하기 위한 중재 전략 중 가장 도움이 되었던 전문가 조언에 대해 언급했다.

"CVI Ⅰ단계 아동의 경우, 하루를 4등분으로 나누고 4등분한 각 시간대에 CVI 중재를 실시할 최소 한 개 이상의 활동들(예: 기저귀 갈기, 우유 먹기, 목욕하기, 기상하기, 취침하기 등)을 결정하고 지속적으로 중재하세요."

피질 시각장애 아동을 돕는 가장 좋은 방법에 관해 개별화교육팀의 다른 구성원들에게 어떤 조언을 하겠느냐는 질문에 Kate의 어머니는 다음과 같이 언급했다.

"CVI 아동을 주의 깊게 관찰하세요. CVI 아동의 Annie Sullivan(헬렌켈러의 스승)이 되어주세요. CVI는 새로운 시각장애 질환입니다. CVI에 대해 최대한 많이 배우고 배움을 멈추지 마십시오. CVI 전문가 과정이 도움이 되지만 그것만으로는 충분하지 않습니다.

다른 사람들이 CVI 중재에 사용하는 전략과 도구에 대해 더 많이 배울수록 CVI 아동 중재의 더 많은 아이디어를 얻을 수 있습니다. 저는 CVI에 대해 다른 사람과 토론하고 공유하며, 개별화교육팀의 CVI 중재 계획 개발에 참여합니다."

"맹아동에게 매일 몇 시간씩 지원(예: 점자를 읽고, 쓰는 연습)을 하는 것처럼 CVI 아동에게도 이와 같은 지원이 필요합니다. 많은 CVI 아동들이 글을 읽고 쓸 수 있습니다. 이를 위해 적절하게 환경과 자료를 수정하고 중재 전략을 사용해야 합니다."

"CVI Ⅰ단계의 수정(예: 선호하는 색상 사용, 대상과 배경 간의 대비)은 CVI 아동에게 필요한 최소한의 지원이므로 그 이상을 지원하도록 노력해야 합니다. CVI Ⅲ단계의 아동들은 더 정교하고 더 많은 지원을 필요로 합니다. CVI 아동이 대상의 두드러진 시각적 특징에 주의를 기울이고 유사점과 차이점을 가능한 한 빨리 식별하도록 지원해야 합니다."

"시각적 대상에 대한 수정이나 변화가 필요할 수 있습니다. 아동이 무언가를 할 수 없다거나 심한 인지적 문제가 있는 것 같다고 성급하게 판단하지 마십시오. CVI 아동이 무언가를 하지 못한다면 다른 방법을 시도해 보십시오. 자신이 알고 있는 방식이나 다른 아동에게 효과적인 방식이 모든 CVI 아동에게도 효과적일 것이라고 가정하지 마십시오."

"아동에게 강요하지 마십시오. 아동이 거부하거나 피곤할 때 뇌를 학습에 사용할 수 없습니다. 시각적 휴식을 주고 아동을 이해하는 법을 배우십시오. 예를 들어, 휠체어에 앉아 30분 동안 아이패드의 앱을 사용하도록 하는 것은 3살짜리 아동에게는 너무 긴 시간일 수 있습니다. 아동에 대한 유연한 목표를 가지십시오. 어떻게 하면 활동을 더 작은 조각(시각적으로, 인지적 측면 고려)으로 나누고 아동이 각 조각과 관련된 기능을 하나씩 천천히 배우도록 도와야합니다."

"나는 크리스틴 로만-란치 박사가 CVI 단계가 개선될 수 있도록 더 많은 중재와 지원이 필요하다고 말하는 것을 들었습니다. 이것은 개별화교육팀의 구성원들이 CVI 아동의 중재를 계획하고 실행하는데 서로 협력하는 것이 중요함을 의미합니다. 맹학생이 점자 읽기를 배우는 시간만큼 CVI 아동도 그 만큼의 중재와 지원의 시간이 주어져야

> 합니다. CVI 중재는 각 아동별로 맞춤화되어야 합니다. 또한 CVI 아동을 지원하는 구성원들에 대해 집중적이고 심층적인 CVI 교육연수가 이루어져야 합니다. 1년에 2~4시간 교육만으로는 충분하지 않습니다. 지역 특수교육센터는 CVI에 전문성이 있는 순회 교사를 한 명 이상 배치해 관내 CVI 아동과 교사를 지원해야 합니다."

03 Henry의 사례

Henry는 산전 뇌혈관 사고와 저산소성 뇌손상 병력을 지닌 2세 남아이다. 안과 의사는 '저산소성 뇌 손상의 병력을 고려할 때 피질 시각장애 가능성이 있다'는 소견을 말했다. Henry는 최근 'CVI Range' 평가 결과 CVI Ⅲ단계로, 최초 평가 CVI Ⅰ단계에서 개선되었다.

어머니는 Henry가 일관되고 효율적으로 보는 행동을 촉진하는 데 가장 효과적인 3가지 전략을 언급했다.

> "가능한 조기에 중재를 시작하세요. Henry는 2~3개월쯤부터 CVI 중재를 시작했는데, 이것이 시각이 발달하고 향상하는 데 중요한 역할을 했다고 생각해요"

> "우리는 집 안의 여러 곳에 빛이 거의 들어오지 않는 어두운 공간을 만들고, 조명이나 불빛이 나오는 사물들(불이 켜진 크리스마스 장식, 내가 쓰는 조명 달린 안경, 조명 기구)를 사용해 Henry가 시각을 사용하는 연습을 하게 했어요. 나는 Henry가 (침대 또는 담요 위에) 편안한 공간에 있는지 확인했고, 불빛이 나오는 물체를 시야 한쪽에서 다른 쪽으로 천천히 움직였어요. Henry에게 너무 많은 부담을 주지 않기 위해 매번 10~15분 정도만 연습했어요."

> "Henry가 다른 감각보다 자신의 시각을 사용할 수 있도록 주변 소음을 통제하거나 최소화했어요."

피질 시각장애 아동의 시각 사용을 촉진하기 위한 중재 전략 중 가장 도움이 되었던 전문가 조언에 대해 언급했다.

"제가 받은 최고의 조언은 Henry가 시각을 더 잘 사용할 수 있게 치료사와 전문가의 도움을 받는 것에 그치지 않고, 가족이 하루 종일 집에서 Henry와 함께 자주 활동하라는 것이었어요. 집에서 아이와 함께 하는 중재 활동들이 많았기 때문에 전문가들이 우리에게 가르쳐 준 것을 실천하고 그에 따른 긍정적인 효과가 더 커졌다고 생각합니다."

"CVI 아동과 관련된 전문 서적이나 자료를 공부한 것도 Henry를 위한 새로운 중재 기술을 배우는 데 큰 도움이 되었습니다."

피질 시각장애 아동을 돕는 가장 좋은 방법에 관해 개별화교육팀의 다른 구성원들에게 어떤 조언을 하겠느냐는 질문에 Henry의 어머니는 다음과 같이 언급했다.

"각 아동의 시각적 강점을 활용해 보세요. 제 아이와 함께 활동한 경험에 따르면 여러 색상보다 특정한 한 가지 색상을 선호하거나 특정한 시각적 물체나 장난감에 더 잘 반응하는 것 같았습니다. 저는 다양한 물체들을 시도해 보았고 Henry가 가장 잘 반응한 것이 무엇인지 알고 나서부터 거의 그 물체만 사용했습니다. 아이가 성장하면서 물체가 바뀌었지만, 항상 Henry가 가장 잘 반응하는 물체나 자료를 선택하려고 노력해 왔습니다. 또한 저는 부모가 자녀의 시각 중재에 참여하고, 스스로 공부하고 연구할 필요가 있다고 생각합니다. 저의 참여를 격려하고 제가 스스로 학습한 CVI 중재 기술이나 방법을 경청해 주는 특수교육 및 CVI 전문가가 있다는 것이 저와 우리 아이에게 큰 행운이었다고 생각합니다."

마지막으로 Henry의 어머니는 "때로는 자녀에 대한 중재 과정이 끝이 없을 것 같고 지치게 될 수도 있지만, 어떤 중재 전략을 사용하든 일관성을 유지한다면 분명히 좋은 결과를 얻을 수 있습니다."라고 말했다.

04 Andrew의 사례

Andrew는 'CVI Range' 평가 결과 CVI Ⅱ단계에서 해당하는 21세 학생이다. Andrew는 지역 고등학교에서 생활 중심 교육과정(우리나라의 발달장애 학생을 위한 기본교육과정 해당)에 참여하고 있으며 직업 교육도 받고 있다. Andrew는 산소 부족으로 인한 합병증이 있는 조산아였다. 그로 인해 뇌성마비와 피질 시각장애 진단을 받았으며 간질도 앓고 있다.

어머니는 Andrew가 일관되고 효율적으로 보는 행동을 촉진하는 데 가장 효과적인 3가지 전략을 언급했다.

> "대비가 높은 배경에 친숙한 물체부터 시작하세요."

> "불빛(조명)이 나오는 재미있는 장난감이나 물체를 사용하세요."

> "공학기기를 사용하세요. 아이패드에는 CVI 아동에게 유용한 앱들이 많이 있습니다. Andrew가 가장 좋아하는 것은 피아노 앱입니다. 그리고 'Verbal Victor' 앱도 유용합니다. CVI 아동에게 소개하고 싶은 것을 사진으로 찍어 Verbal Victor'에 넣기만 하면 간단한 책이 만들어 집니다. 처음에는 아이패드 화면에 한 장의 사진만 제시했지만, 이제 화면에 사진 두 장을 넣어도 아이가 인식할 수 있습니다. 특히 이 앱은 구어를 사용하지 못하는 아동에게 효과적이었습니다.

피질 시각장애 아동의 시각 사용을 촉진하기 위한 중재 전략 중 가장 도움이 되었던 전문가 조언에 대해 언급했다.

> "CVI는 개선될 수 있습니다. 나는 다이앤 셀린 선생님의 도움으로 신경 가소성에 대한 연구를 알게 되고, 지역 특수교육기관에 내 아이에게 CVI 중재를 해달라고 적극 요구하였습니다."

> "처음에는 CVI 아동이 시각을 사용하는 것을 돕기 위해 시각적 어수선함과 청각적 방해가 없는 환경을 만드세요."

"CVI 아동의 시각 사용 경험과 기회가 중요합니다. 저는 아이에게 하루에 4~5번 정도 시각을 사용하도록 중재하고 지원해 왔습니다. 이제 아이는 통제되지 않는 환경에서도 시각을 사용하여 활동을 수행하기 시작했습니다."

피질 시각장애 아동을 돕는 가장 좋은 방법에 관해 개별화교육팀의 다른 구성원들에게 어떤 조언을 하겠느냐는 질문에 Andrew의 어머니는 다음과 같이 언급했다.

"CVI 아동의 시각은 향상될 수 있습니다."

"아동에게 적합한 목표를 설정하세요. 아동이 먼저 자신의 시각을 무엇에 사용할 수 있기를 바라나요? 우리의 첫 번째 목표는 아동이 바로 앞에 있는 것(얼굴, 장난감, 음식 등)을 볼 수 있도록 하는 것이었습니다."

"아동의 CVI 중재 팀에 언어치료사, 작업치료사 같은 외부 임상 치료사도 참여시켜야 합니다. CVI 아동과 관련된 모든 사람들이 서로 의사소통하고 일관되게 중재할 때 아동의 시각 기능이 향상될 수 있습니다. CVI 중재의 진행과 성과 등을 2달마다 만나 공유하는 것이 필요합니다. 이를 통해 CVI 중재 전략이나 방법에서 팀 구성원들 간에 불일치를 확인해 조정하고, 아동에게 어떠한 시각적 변화가 일어났는지 파악할 수 있습니다.

"지속적이고 빈번하게 시각을 사용할 기회를 주어야 합니다. 아동이 자신의 시각을 사용하도록 동기를 부여하는 것도 중요합니다. 처음에는 엄격하게 환경을 통제해야 합니다. 나는 이것이 Andrew의 성공에 결정적인 역할을 했다고 생각합니다. 창문 밖에서 지저귀는 새소리조차 Andrew의 시각적 주의를 방해하곤 했습니다. 아동이 때때로 중재 활동에 참여하는 것을 거부하고 조금 뒤로 물러날 수도 있다는 것을 기억하십시오. 아이가 성공적으로 중재 활동을 마칠 때마다 성공을 축하하는 것을 잊지 마세요."

05 Nathan의 사례

Nathan은 이제 밝고 짙은 색상의 대상을 향해 손을 뻗기 시작한 2세 유아이다. Nathan은 생후 7주에 저산소성 허혈성 뇌 손상, 간질(뇌병증) 진단을 받았다. Nathan은 'CVI Range'의 평가 결과, CVI I단계에 해당한다.

어머니는 Nathan이 일관되고 효율적으로 보는 행동을 촉진하는 데 가장 효과적인 3가지 전략을 언급했다.

> "Nathan이 무언가에 집중하도록 하는 데 검은색 배경이 큰 도움이 되었어요."
>
> "어떤 색상에 가장 잘 반응하는지 확인해 사용하고, 한 번에 한 개의 장난감만 제시하려고 했어요."
>
> "때로는 Nathan이 어디를 바라보아야 할지 아는 데 약간의 청각적 자극[반짝거리는 털뭉치(pompom)의 바스락거리는 소리]가 도움이 되었지만, 시각적 주의를 위해 가급적 주변 소음이 없거나 낮은 수준으로 유지했어요."
>
> 피질 시각장애 아동의 시각 사용을 촉진하기 위한 중재 전략 중 가장 도움이 되었던 전문가 조언에 대해 언급했다.
>
> "아동이 노는 곳 주변에 검은색 보드나 검은색 커튼으로 시각적 어수선함을 가려주면 아동이 해당 사물에 집중하도록 하는 데 도움이 됩니다."
>
> "밝고 반짝이는 도구를 사용해 간식을 주세요."
>
> "일과 활동에 친숙한 물건을 일관되게 사용하세요."

피질 시각장애 아동을 돕는 가장 좋은 방법에 대해 개별화교육팀의 다른 구성원들에게 어떤 조언을 하겠느냐는 질문에 Nathan의 어머니는 다음과 같이 언급했다.

> "단색 물체부터 사용하세요"

“검은색 배경에 대상을 제시하세요.”

”아동이 가장 좋아하는 색상을 부모에게 물어보세요.”

“불빛(조명)이 나오는 물체들을 사용하세요.”

“장난감을 너무 많이 사거나 사용하지 마세요. 몇 개의 기본적인 장난감, 특히 아동이 좋아하는 장난감을 계속 사용하세요. 아동이 관심을 보이지 않는 장난감은 일단 치워 두세요. 아동의 CVI 단계를 고려하세요. CVI 아동에게 단순한 것이 가장 좋습니다.”

부록

1. CVI 아동의 부모 및 교사 면담 양식
2. CVI 아동을 위한 도서와 학습 자료
3. CVI 아동 관련 웹사이트

부록1 CVI 아동의 부모 및 교사 면담 양식

다음 면담 양식들은 CVI 아동의 평가 'CVI 기술 목록 및 전략 개발 양식'을 작성하는 데 도움이 된다.

CVI 아동이 보유하거나 사용하는 기능시각을 이해하려면 부모, 교사 같이 CVI 아동과 활동하는 사람들과 면담하는 것이 필요하다. 이를 위해 CVI Ⅰ과 Ⅱ 단계 아동의 부모 면담 양식, CVI Ⅲ 단계 아동의 부모 면담 양식, CVI 아동의 교사, 보조교사, 치료사 면담 양식 3가지를 제공한다.

CVI Ⅰ–Ⅱ단계 아동의 부모 면담지

* 이제 시각을 막 사용하기 시작했거나 기능적인 목적으로 사용하기 시작한 CVI 아동을 위한 면담 양식임.

부모/보호자 이름____________ **CVI 아동 이름** ____________
면담자 이름__________________ **면담 일자**______________

1. 자녀의 시각장애의 원인(질환)이 무엇입니까?

2. 자녀가 어떠한 수술을 받은 적이 있습니까?

3. 자녀가 현재 복용하고 있는 약과 그 약으로 나타나는 부작용(졸음 등)에 대해 알려주십시오.

4. 안과 의사에게 최근 진료를 받은 것이 언제입니까? 아동이 안경을 쓰고 있나요?

5. 자녀의 출생 및 병력에 대해 알려주십시오. 자녀가 CT 촬영이나 MRI 검사를 받은 적이 있습니까? 그렇다면 그 결과에 대해 알려주십시오.

6. 자녀가 청력에 문제가 있습니까? 자녀는 뇌간유발반응검사(ABR: 소리 자극이 일어날 때, 뇌의 반응을 파악하여 어느 정도 들리는지 확인하는 검사)를 받은 적이 있는지와 그 결과를 알려주십

시오.

7. 자녀에게 뇌전증(간질) 병력이 있습니까?

8. 자녀가 뇌에 션트 삽입 수술을 하였습니까?

9. 자녀가 현재 참여하고 있는 관련 서비스나 치료 지원 프로그램을 알려주십시오. 자녀는 물리치료, 작업치료, 언어치료 또는 기타 치료지원 서비스를 받은지 얼마나 되었습니까?

10. 자녀의 시각(눈)에 대해 어떤 우려나 걱정이 있습니까?

11. 자녀가 시각을 가장 많이 사용하는 때는 언제입니까? 청각에 방해가 되지 않는 조용한 방에서인가요? 촉각의 사용이나 자극(예: 아이의 등을 쓰다듬거나 두드리기 등)이 자녀가 시각을 더 잘 사용하게 하나요, 아니면 더 방해하나요?

12. 자녀가 물체에 시각적 주의를 기울일 때, 그 물체는 어느 정도 거리에 있습니까?

13. 자녀가 보아야 하는 시각적 대상이나 장난감에 대해 알려주십시오. 자녀가 가장 좋아하는(잘 바라보는) 시각적 대상은 무엇입니까? 자녀가 다른 색상보다 더 시각적 주의를 잘 하거나 더 잘 바라보는 특정 색상이 있습니까? 자녀에게 시각적 대상(장난감, 물체, 자료 등)을 제시하는 나름의 방법이 있다면 알려주십시오.

14. 자녀가 여러 개의 대상들을 함께 제시하면 이들 대상을 볼 수 있습니까? 자녀는 앞에 여러 개의 대상보다 한 개의 대상만 제시될 때 시각을 더 잘 사용할 수 있습니까?

15. 자녀는 장난감이나 물체를 시야 어느 쪽에 놓았을 때 시각적 주의를 잘 합니까? 앞에 있는 대상을 볼 때 머리를 기울이거나 한쪽(좌측, 우측)으로 돌립니까? 자녀가 걸을 수 있는 경우, 아래에 있는 물체나 장애물을 보지 못해 자주 걸려 넘어집니까?

16. 청각 신호나 촉각 신호를 주지 않아도 자녀가 부모 얼굴에 바라봅니까? 자녀가 부모 얼굴을 알아보는 것 같습니까? 그러한 경우, 자녀와 어느 정도 거리에 있습니까?

17. 아동이 조명등이나 햇빛이 들어오는 창문을 자주 응시합니까? 그러한 행동을 보이는 환경과 조명에 대해 자세히 이야기해 주세요. 조명등이나 창문은 어느 정도 떨어져 있는지, 조명등의

색상은 무엇인지 알려주십시오. 자녀가 조명등이나 창문을 응시한 후에 다른 대상으로 시각적 주의를 돌릴 수 있습니까?

18. 친숙하지 않은 (새로운/낯선) 장난감이나 물건을 제시하면 자녀는 어떻게 반응합니까, 자녀는 평소 친숙한 장난감이나 물건에만 반응을 보입니까?

19. 자녀가 가장 편안함과 안정감을 느끼는 신체 자세가 있습니까? 자녀가 시각을 사용할 때 어떻게 바라봅니까(좌측이나 우측으로 고개를 돌려 보는 등)?

20. 자녀의 시각과 관련하여 그 밖에 우려 사항이나 고민이 있습니까? 제가 자녀의 시각 사용에 대해 살펴보기를 바라는 특정 생활 환경이나 공간이 있습니까?

기타 면담 내용 및 의견 작성란:

실내 유아용 신체 놀이터 baby gym

CVI 유아를 위해 수정한 실내 놀이터

CVI Ⅲ단계 아동의 부모 면담지

* CVI 고유한 시각 특성을 해결하기 시작했거나 읽기 전 또는 학업 목적으로 시각을 사용하기 시작한 아동을 위한 면담 양식임

부모/보호자 이름__________ **CVI 아동 이름** __________
면담자 이름__________________ **면담 일자**____________

1. 자녀의 시각장애의 원인(질환)이 무엇입니까?

2. 자녀가 어떠한 수술을 받은 적이 있습니까?

3. 자녀가 현재 복용하고 있는 약과 그 약으로 나타나는 부작용(졸음 등)에 대해 알려주십시오.

4. 안과 의사에게 최근 진료를 받은 것이 언제입니까? 아동이 안경을 쓰고 있나요? 자녀가 저시각 평가Low Vision Evaluation를 받은 적이 있습니까? 저시각 기구(확대경, 확대독서기 등)를 사용하고 있습니까?

5. 자녀의 출생 및 병력에 대해 알려주십시오. 자녀가 CT 촬영이나 MRI 검사를 받은 적이 있습니까? 그렇다면 그 결과에 대해 알려주십시오.

6. 자녀가 청력에 문제가 있습니까? 자녀는 뇌간유발반응검사(ABR: 소리 자극이 일어날 때, 뇌의 반응을 파악하여 어느 정도 들리는지 확인하는 검사)를 받은 적이 있는지와 그 결과를 알려주십시오.

7. 자녀에게 뇌전증(간질) 병력이 있습니까?

8. 자녀가 뇌에 션트 삽입 수술을 하였습니까?

9. 자녀가 현재 참여하고 있는 관련 서비스나 치료 지원 프로그램을 알려주십시오. 자녀는 물리치료, 작업치료, 언어치료 또는 기타 치료지원 서비스를 받은지 얼마나 되었습니까?

10. 자녀의 시각(눈)에 대해 어떤 우려나 걱정이 있습니까? 특히 자녀가 시각 사용의 어려움으로 수행하는 데 어려움이 있는 일과 활동들에 대해 알려주십시오.
11. 자녀가 시각을 가장 일관되고 효율적으로 사용하고 있다고 느끼는 때가 언제입니까?

12. 자녀가 청각 신호(cues) 없이도 1.8~3m 거리의 대상에 시각적 주의를 기울입니까? 3~6m 거리의 대상에도 시각적 주의를 기울입니까? 시각적 주의를 하는 최대 거리를 알려주십시오..

13. 자녀가 보아야 하는 시각적 대상, 책, 그림, 학습지 등에 대해 알려주십시오. 자녀에게 시각적 대상들을 제시할 때 가장 효과적인 제시 방법에 대해 알려주십시오(예: 테이블에 놓기, 독서대나 경사보드에 놓기 등).

14. 자녀가 정기적으로 사용하는 하이테크 및 로테크 보조공학 기기가 있습니까? 하이테크 및 로테크 보조공학 기기에는 노란색 아세테이트지, 보조 조명, 경사보드, 태블릿, 컴퓨터, 개조된 키보드, 확대경, 확대독서기 등이 포함될 수 있다.

15. 자녀가 한번에 몇 개의 대상들을 볼 수 있습니까? 앞에 한 개의 대상개만 있을 때와 여러 개의 대상이 있을 때 아동의 보는 능력에 차이가 있습니까?

16. 자녀가 장난감이나 물체를 사야 어느 쪽에 놓았을 때 더 잘 봅니까? 앞에 있는 대상을 볼 때 머리를 기울이거나 한쪽(좌측, 우측)으로 돌립니까? 자녀가 걸을 수 있는 경우, 아래에 있는 물체나 장애물을 보지 못해 자주 걸려 넘어집니까?

17. 청각 신호나 촉각 신호를 주지 않아도 자녀가 부모 얼굴에 바라보고, 얼굴을 알아보는 것 같습니까? 그러한 경우, 자녀와 어느 정도 거리에 있습니까?

18. 자녀가 빛이 나오는 장난감이나 물체에 시각적으로 끌립니까? 그렇다면 예를 들어주세요. 자녀가 태블릿 기기를 사용하는 것을 좋아합니까? 그렇다면 자녀가 어떠한 앱들을 주로 보고 사용하는지 알려주십시오.

19. 자녀가 시각을 사용할 때 가장 안정감이 있고 편안하게 느끼는 신체 자세는 무엇입니까? 수정

된 의자, 테이블이 있는 일반 의자, 휠체어 등에 앉아 있을 때 자녀에게 가장 좋은 신체 자세를 알려주십시오.

20. 자녀가 시각적 피로를 보일 때가 있습니까? 그렇다면 자녀가 시각적으로 피로하다는 것을 알게 되는 상황이나 징후는 무엇입니까(예: 자녀가 아프거나 스트레스를 받거나 피곤할 때), 자녀가 시각적 피로를 어떻게 표현합니까(예: 소리를 지르거나 눈을 감는 등)?

21. 자녀의 시각과 관련하여 그 밖에 우려 사항이나 고민이 있습니까? 제가 자녀의 시각 사용에 대해 살펴보기를 바라는 특정 생활 환경이나 공간이 있습니까?

기타 면담 내용 및 의견 작성란:

CVI 아동의 교사/실무사용 면담지

교사/실무사 이름__________ CVI 아동 이름 ____________

면담자 이름__________________ 면담 일자_____________

1. 아동의 시각장애(시각 문제)에 대해 알고 있는 것은 무엇입니까?

2. 아동은 어떠한 프로그램에 참여하고 있습니까? 시각 문제 외에 다른 장애나 질환이 있습니까?

3. 아동이 특수교육 대상자로 선정된 이유가 무엇 때문입니까? 이 아동은 어떠한 지원 서비스를 받고 있습니까?

4. 아동에 대해 우려하는 것이 무엇입니까?

5. 아동은 뇌에 션트 삽입 수술을 하였습니까? 이 아동은 뇌전증(간질)이 있습니까?

6. 아동이 현재 복용하고 있는 약과 그 약으로 나타나는 부작용(졸음 등)에 대해 알려주십시오.

7. 아동은 무언가를 학습하거나 활동하기 위해 하루 중 언제 시각적 주의를 잘 합니까?

8. 아동의 강점에 대해 알려주십시오.

9. 아동은 청각적 소음이 없는 조용한 방에서 시각을 더 잘 사용한다고 생각하십니까? 이 아동은 또래들이 생활하는 전형적인 다감각 환경에서도 일관되게 시각을 잘 사용하는 것 같습니까?

10. 이 아동은 청각 신호를 주지 않더라도 물체를 볼 수 있는 거리는 알려주십시오. 70cm 이내의 근거린가요? 1.8–3m 떨어진 중간 거리인가요? 아니면 3–6m 떨어진 원거리에서도 대상(예, 커다란 비치볼)에 시각적 주의를 할 수 있습니까?

11. 아동은 어떤 종류의 대상들에 시각적 주의를 잘 합니까? 단색의 대상(어떤 색상), 빛이 나오는 대상, 2–3가지 색상이 섞인 대상, 단순한 흑백 선 그림, 단순한 컬러 사진, 그림책, 학습지 등

12. 아동이 잘 볼 수 있는 시각적 배열(viewing array)에 대해 알려주십시오. 앞에 한 개의 대상만 있을 때 바라보나요? 여러 개의 대상들이 있을 때도 바라보나요? 최대 한번에 몇 개의 대상들을 볼 수 있습니까? 이때 대상 뒤쪽은 대비되는 배경이어야 합니까?

13. 아동은 일반 교실에서 화이트 보드에 있는 판서나 그림을 멀리 떨어져서 볼 수 있습니까? 그렇다면, 아동이 판서 내용을 볼 수 있는 거리를 알려 주십시오.

14. 아동이 선호하는 시야가 있다고 생각하십니까? 예를 들어, 대상이 어느 쪽(좌측, 우측, 중앙 등)에 있을 때 시각적 주의를 더 잘합니까? 대상이 테이블이나 쟁반 바닥에 있을 때에도 시각적 주의를 합니까? 아동 앞에 여러 개의 대상들이 펼쳐져 있으면, 아동은 어느 쪽에 있는 대상을 보지 못하거나 시각적으로 놓치나요? 아동이 걸을 수 있다면, 바닥에 있는 물체도 볼 수 있습니까?

15. 아동은 빛(햇빛이 들어오는 창문, 머리 위의 조명)에 시각적으로 끌려 오랜 시간 바라봅니까? 아동은 불빛이 나오는 장난감이나 물체들을 자주 바라봅니까? 그렇다면 아동은 조명등이나 빛이 나오는 물체들을 보다가 다른 대상으로 시선을 돌릴 수 있습니까?

16. 아동은 친숙한 대상에만 시각적으로 주의를 합니까, 아니면 당신이 제시하는 모든 대상들에 시각적 주의를 합니까?

17. 아동은 시각적 피로를 보입니까? 그렇다면 시각적 피로는 어떤 상황에서 주로 일어납니까(예: 아프거나 스트레스를 받거나 피곤할 때 등)

18. 아동이 시각을 더 잘 사용할 수 있는 신체 자세가 있습니까(예: 휠체어에 앉기, 의자에 앉기, 수정된 의자에 앉기, 착석 지원 기구를 사용하기 등)?

19. 아동이 정기적으로 사용하는 하이테크 및 로테크 보조공학 기기가 있습니까? 하이테크 및 로테크 보조공학 기기에는 노란색 아세테이트지, 보조 조명, 경사보드, 태블릿, 컴퓨터, 개조된 키보드, 확대경, 전자독서 확대기 등이 포함될 수 있다.

20. 아동이 시각을 가장 효율적으로 사용하도록 자주 활용하는 중재 전략이 있습니까?

21. 아동의 시각 사용과 관련해 우려되는 것은 무엇입니까? 특히 아동이 시각 사용의 문제로 인해 수행하는 데 어려움을 겪는 일과 활동들에 대해 알려주십시오.

22. 아동의 시각과 관련하여 우리가 논의하지 못한 다른 사항이 있습니까? 제가 아동의 시각 사용에 대해 살펴보기를 바라는 특정 생활 환경이나 공간이 있습니까?

기타 면담 내용 및 의견 작성란:

부록2 CVI 아동을 위한 도서와 학습 자료

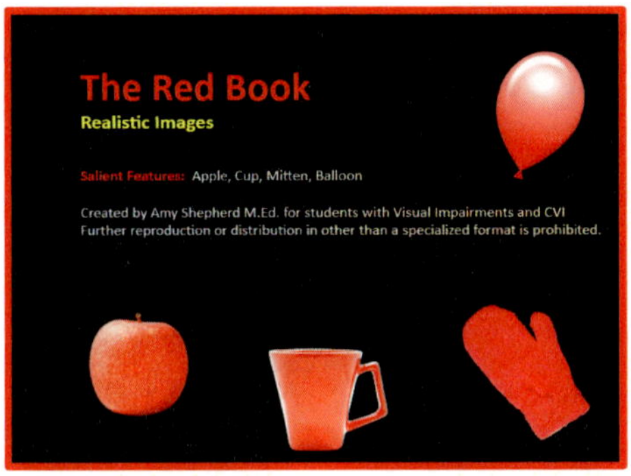

The Red Book

Print Book

Text File

epub file for Apple Books

MP4 Video

This is the color Red.

What do you see?

I see a Red apple.

I know it's an apple because...

Apples have smooth skin and are round.

They also have a dimple at the top with a short stem.

Find the Red apple.

I know it's an apple because...

Salient Features: Apples are smooth and round. They also have a dimple with a short stem on top.

인쇄책

전자책

HIGH CONTRAST ANIMAL VOCABULARY CARDS

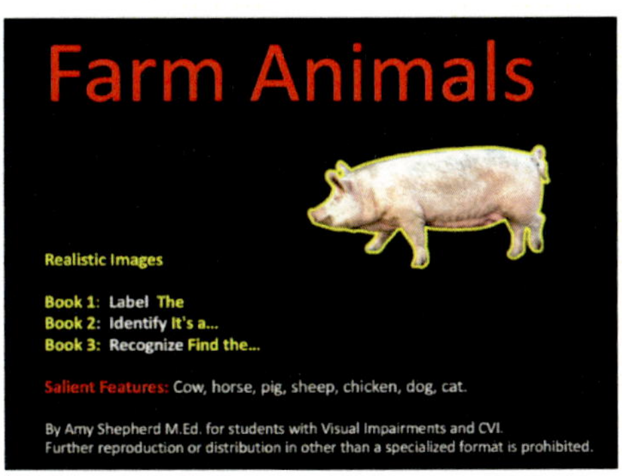

Print Book

Text File

Realistic Image Cards

Realistic Image Cards-Yellow Highlight

Matching Cards

Black & White Image Cards

Background Complexity Cards

epub file for Apple Books

The cow.

Salient Features: Cows are long and have a skinny tail, hooves and an utter.

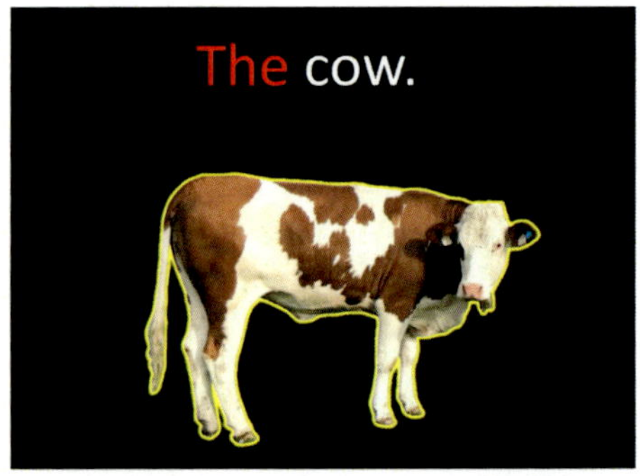

The dog.

Salient Features: Dogs have a snout, paws and a tail.

Look…

I see an animal that is long and has a skinny tail, hooves and an utter.

What is it?

It's a cow.

Find the dog.

Salient Features: Dogs have a snout, paws and a tail.

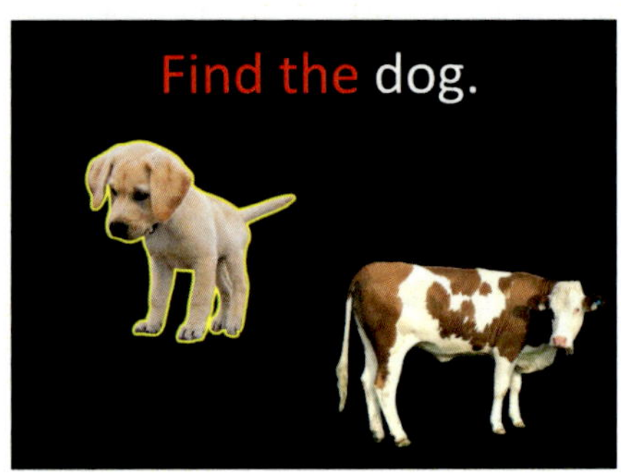

인쇄책(print book)

Cow

Salient Features: Cows are long and have a skinny tail, hooves and an utter.

Horse

Salient Features: Horses have a long nose, manes and a long bush tail.

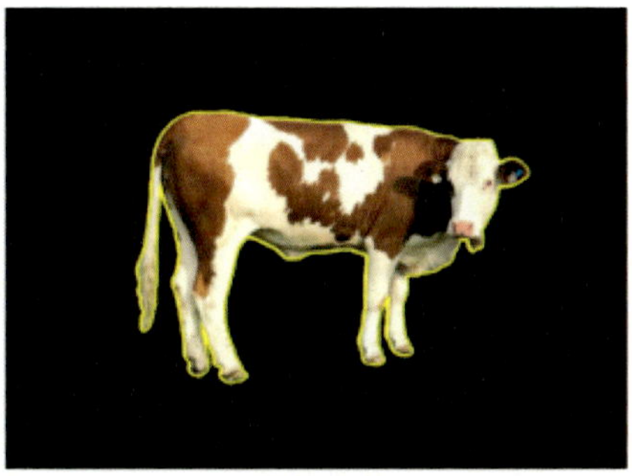

이미지 카드/짝짓기 카드

Cow

Salient Features: Cows are long and have a skinny tail, hooves and an utter.

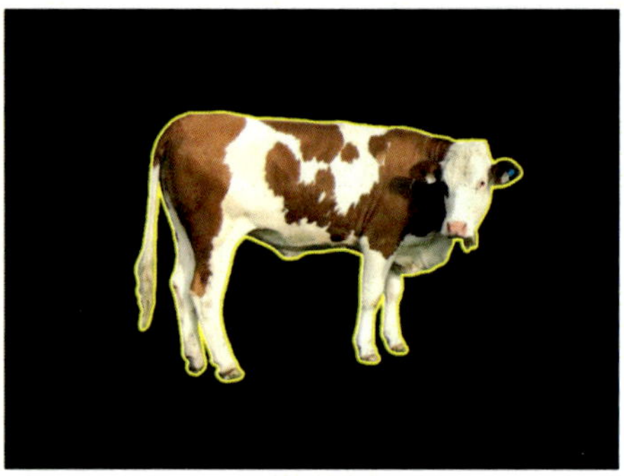

Pig

Salient Features: Pigs have a snout and a curly tail.

노란색 강조 표시 카드

Cow

Salient Features: Cows are long and have a skinny tail, hooves and an utter.

Dog

Salient Features: Dogs have a snout, paws and a tail.

흑백 이미지 카드

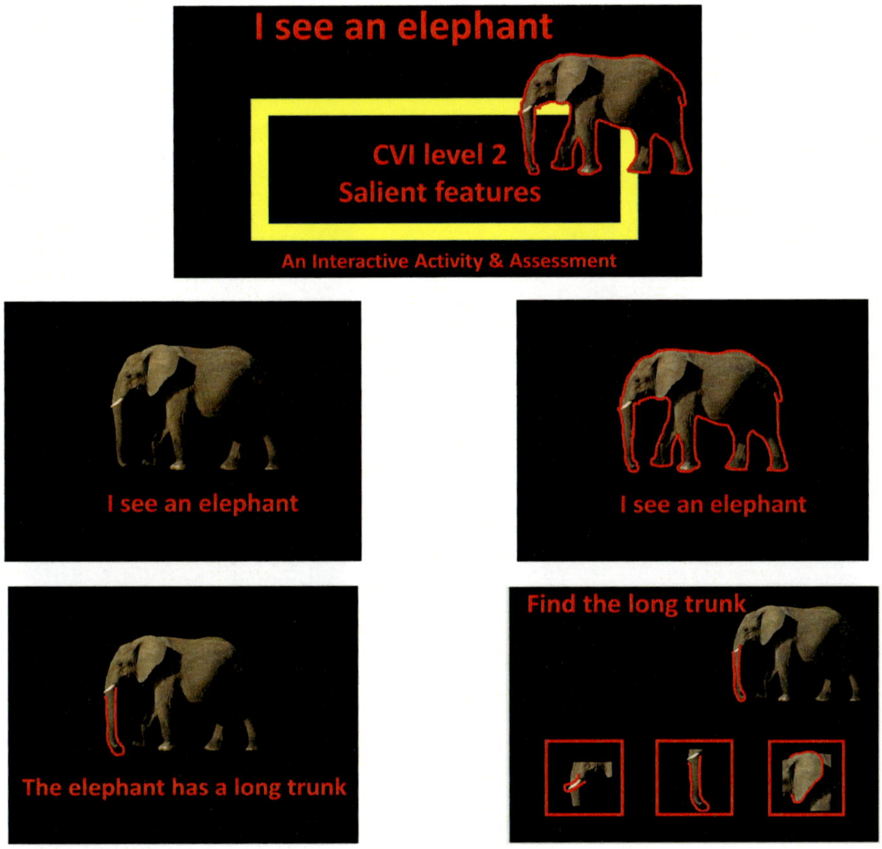
I see an elephant
CVI level 2
Salient features
An Interactive Activity & Assessment
I see an elephant
I see an elephant
The elephant has a long trunk
Find the long trunk

인쇄책

I see an elephant
Find the long trunk

전자책

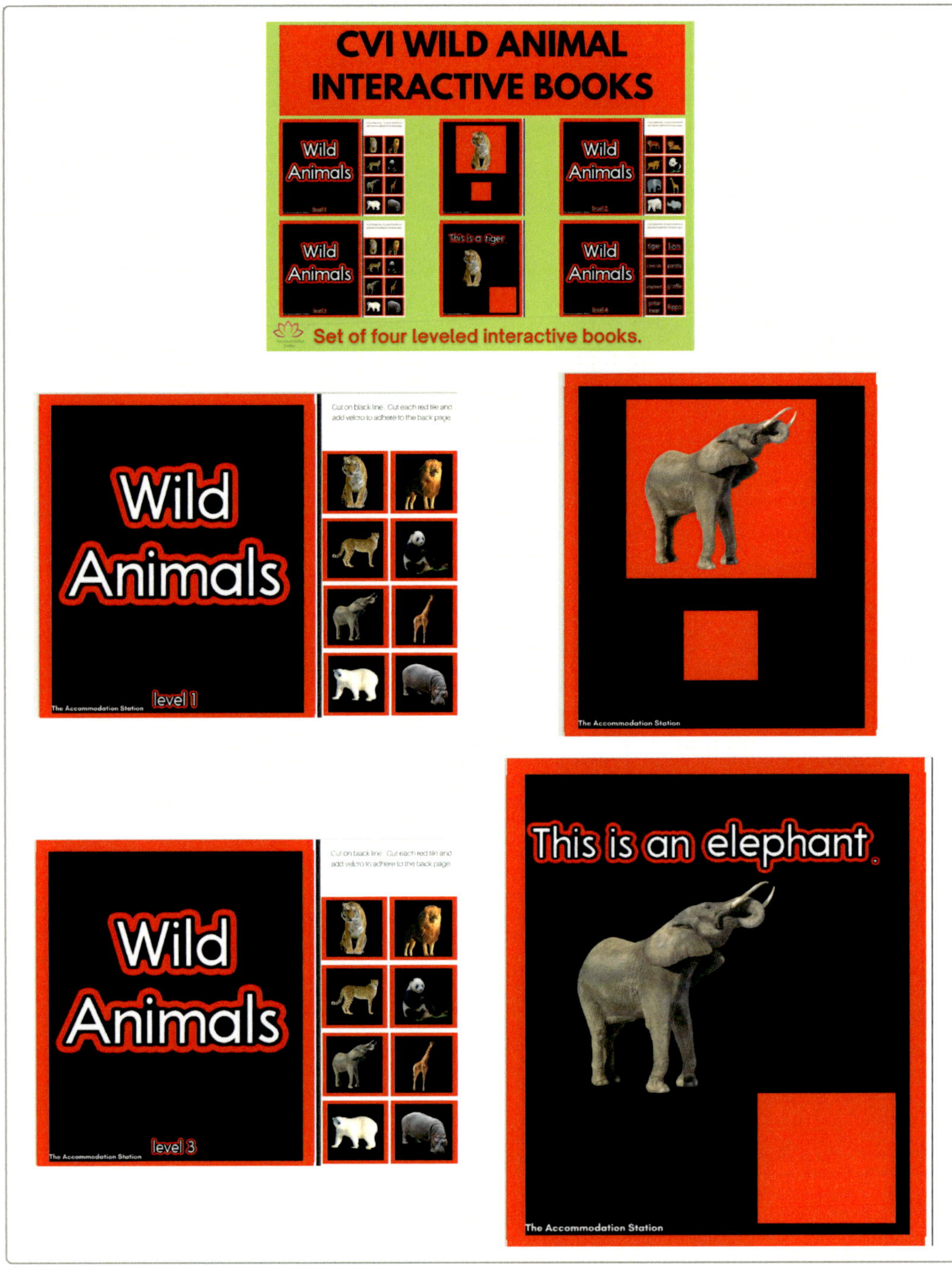
CVI WILD ANIMAL INTERACTIVE BOOKS
Set of four leveled interactive books.
Wild Animals
level 1
The Accommodation Station
Cut on black line. Cut each red tile and add velcro to adhere to the back page
Wild Animals
level 3
This is an elephant.

Community and
Safety Signs
Level 1

Community and
Safety Signs
Level 2

Community and
Safety Signs
Level 3

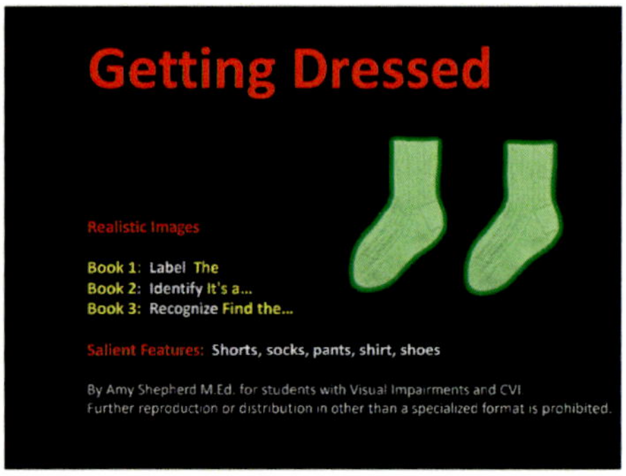

Getting Dressed

Print Book

Text File

epub file for Apple Books

The socks.

Salient Features: Socks have a long vertical section that covers the leg and a shorter horizontal section that covers the foot.

The pants.

Salient Features: Pants are made from fabric that cover the legs. They have a waist band and leg holes.

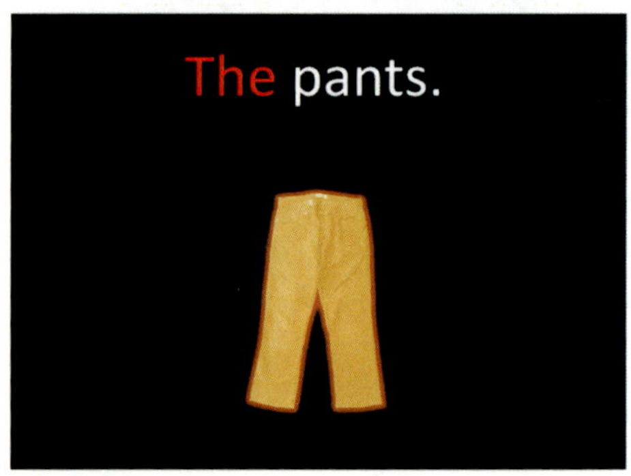

The shirt.

Salient Features: Shirts are made from fabric that covers the upper body and arms. They have a neck hole and arm holes.

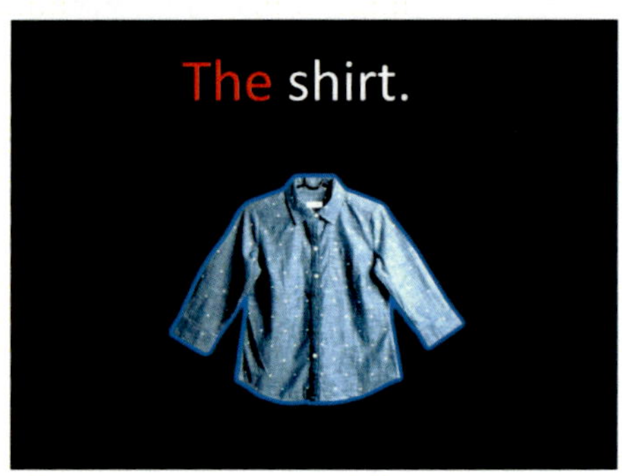

인쇄책

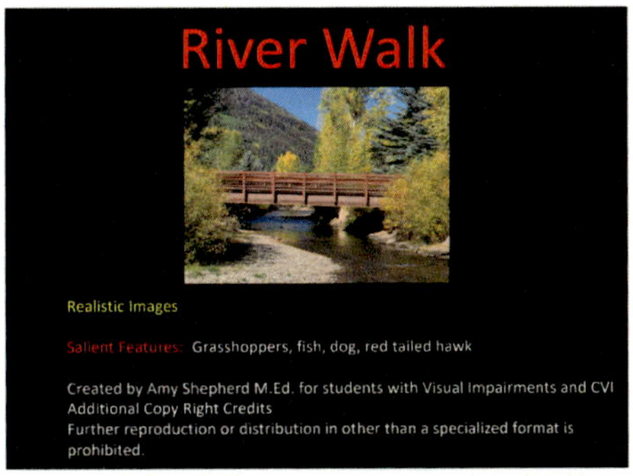

Adventure here. Adventure there. Adventures, adventures everywhere! It's a great day for an adventure. Let's go for a walk along the river!

The river trail starts with an old wooden bridge. I love the "thump, thump" sound the old boards make as I cross. The river is calling, and I must go!

As I peer over the railing, I can see the grasshoppers darting about the surface and the fish rising to eat them with an audible "plip plop." The river is calling, and I must go!

Salient Features: Grasshoppers have a long body with 4 front legs, 2 long back legs, and 2 long antennae. Fish have fins, gills and a tail.

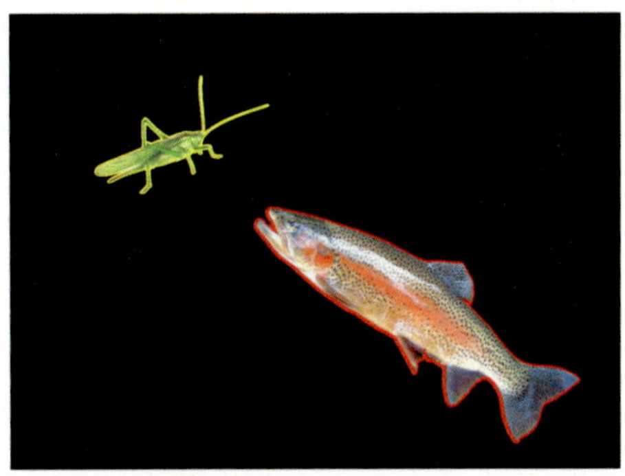

I am mesmerized by the sound of water falling on the big rocks, "swish, swish." Sweet music to fill my soul. The river is calling, and I must go!

Good morning!

What shall we do at home today?

Would you like to read a book?

Would you like to do a craft project?

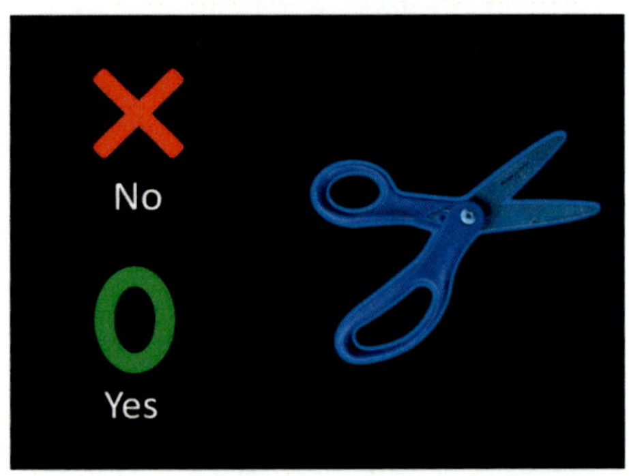

Would you like to go outside to exercise?

인쇄책

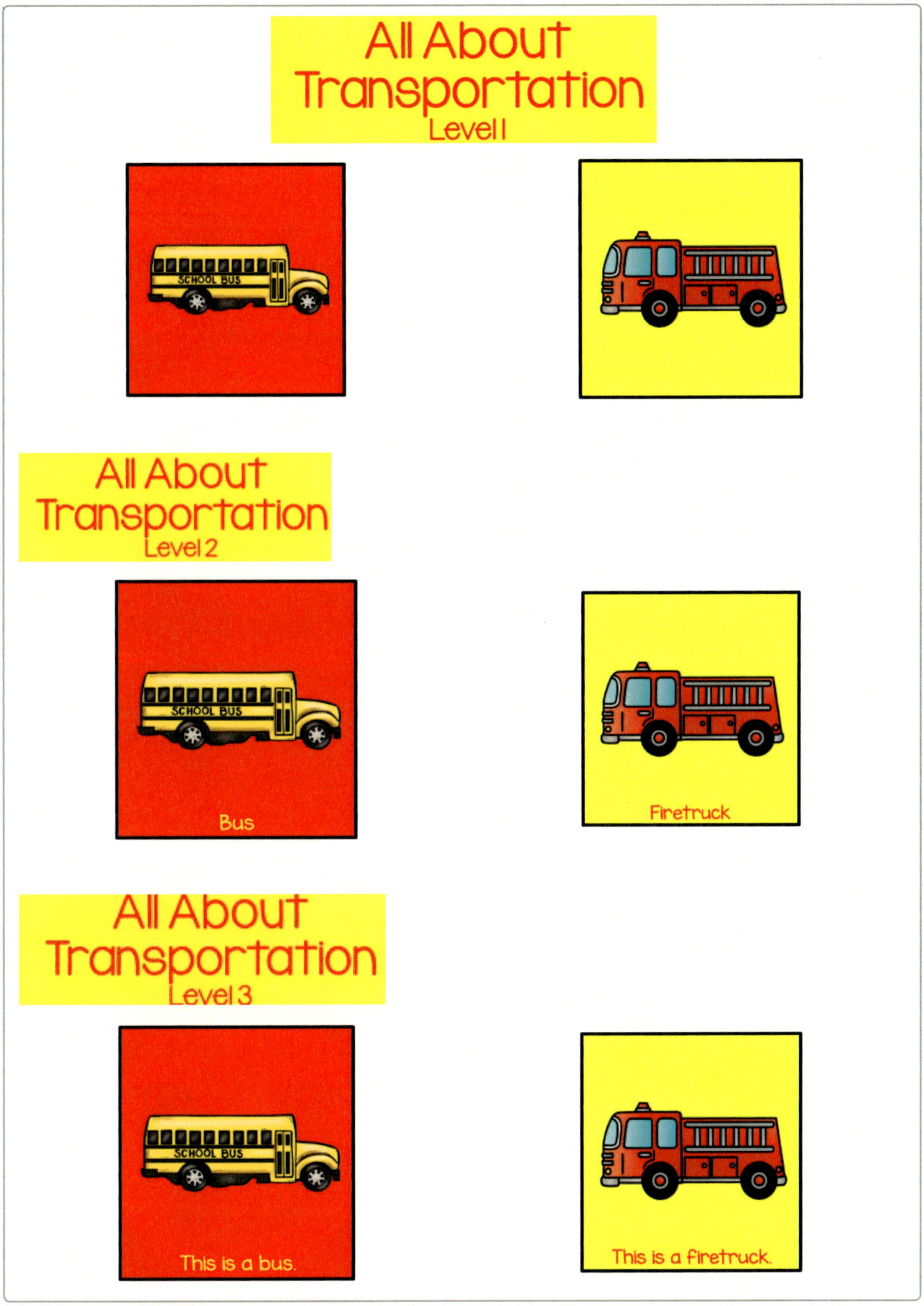
All About
Transportation
Level 1
SCHOOL BUS
All About
Transportation
Level 2
SCHOOL BUS
Bus
Firetruck
All About
Transportation
Level 3
SCHOOL BUS
This is a bus.
This is a firetruck.

Learn to Recognize a face
& learn about the senses
for CVI students
*Attend to a face
*Recognize a face
*Indicate choice in field of 2
*Learn parts of the face
*Learn the senses
*Indicate choice on a face
Face
Eyes
Mouth
I see with my eyes
I taste with my mouth
Find the eyes
Find the eyes

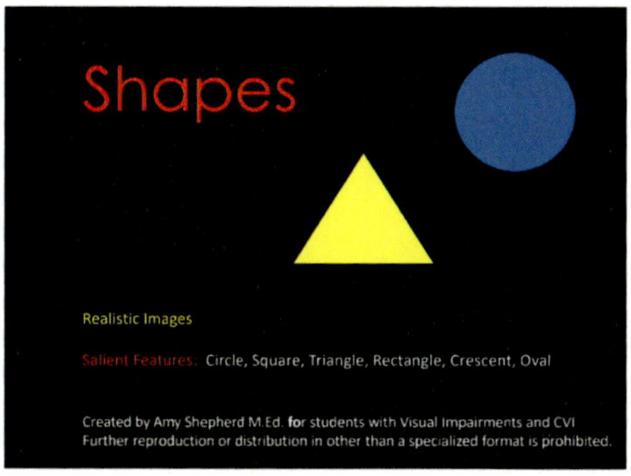

Shapes

Print Book

Realistic Image Cards

Text File

epub file for Apple Books

Circle

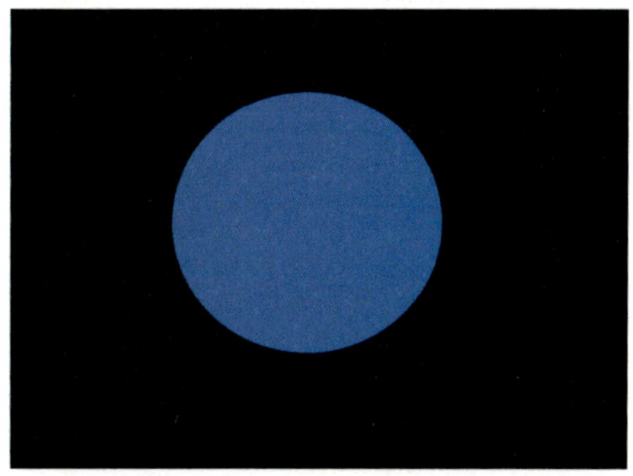

Salient Features: Circles are round.

Beachballs are shaped like circles.

Let's play with a beachball!

What else is shaped like a circle?

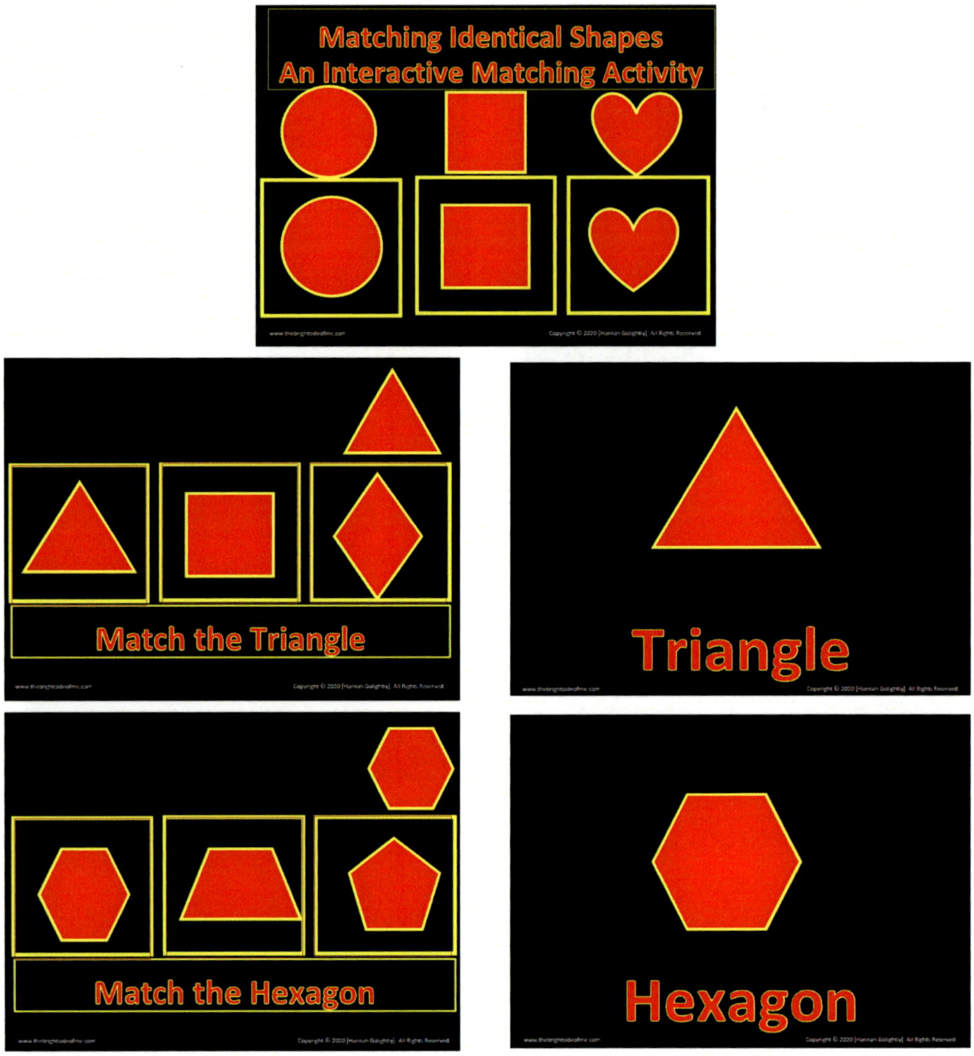
Matching Identical Shapes
An Interactive Matching Activity
Match the Triangle
Triangle
Match the Hexagon
Hexagon

인쇄책

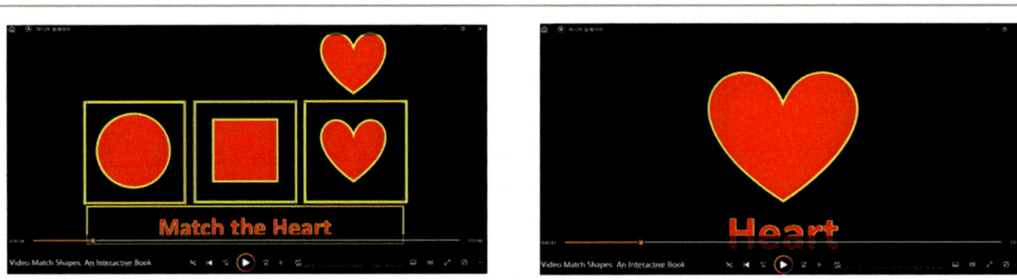
Match the Heart

전자책

AAC

"Eat" Book
Level 1
Eat ice cream.
"Eat" Book
Level 2
ice cream
Eat
Eat

Eat
Don't eat

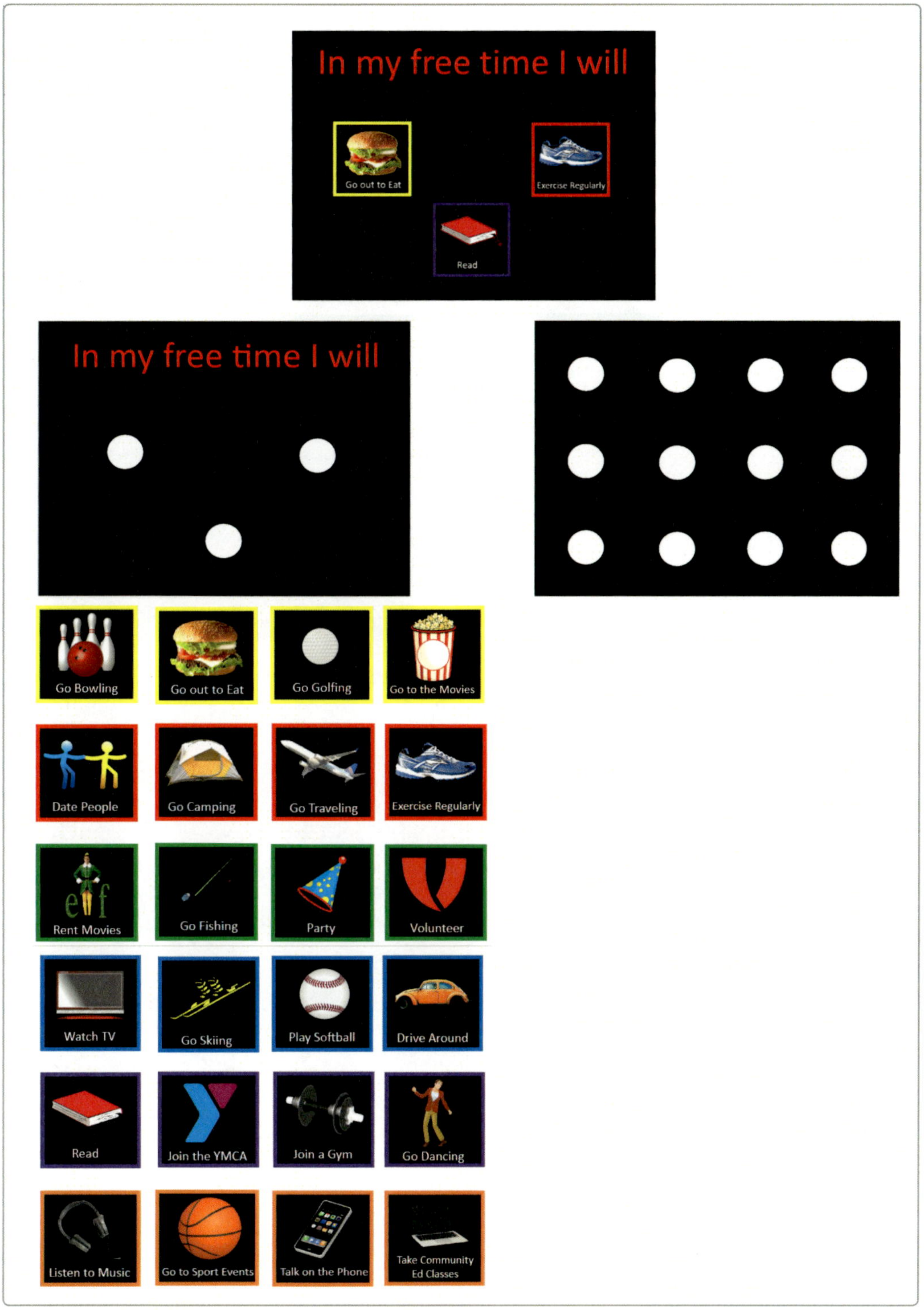
In my free time I will
Go out to Eat
Exercise Regularly
Read
In my free time I will
Go Bowling
Go out to Eat
Go Golfing
Go to the Movies
Date People
Go Camping
Go Traveling
Exercise Regularly
Rent Movies
Go Fishing
Party
Volunteer
Watch TV
Go Skiing
Play Softball
Drive Around
Read
Join the YMCA
Join a Gym
Go Dancing
Listen to Music
Go to Sport Events
Talk on the Phone
Take Community Ed Classes

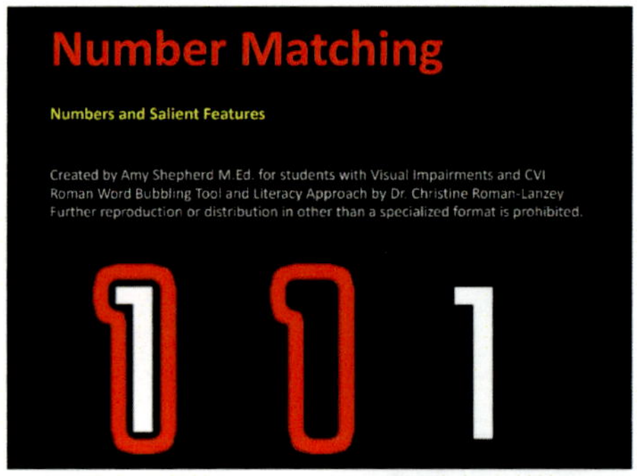

This is the Number 1

Salient Features:
The number 1 is a long line down.

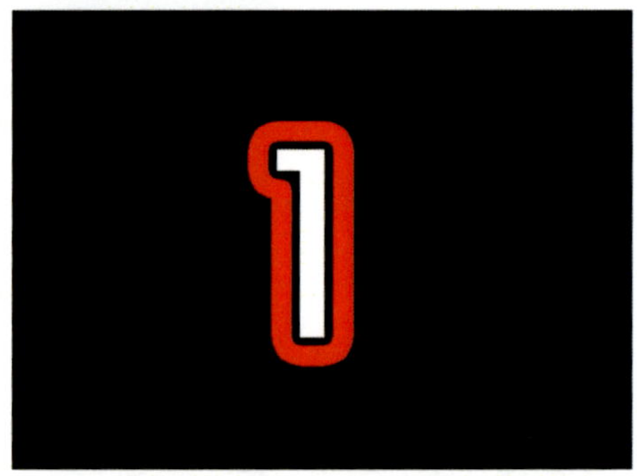

Match the object 1 to the bubble 1.

Look how it fits into the bubble shape.

인쇄책

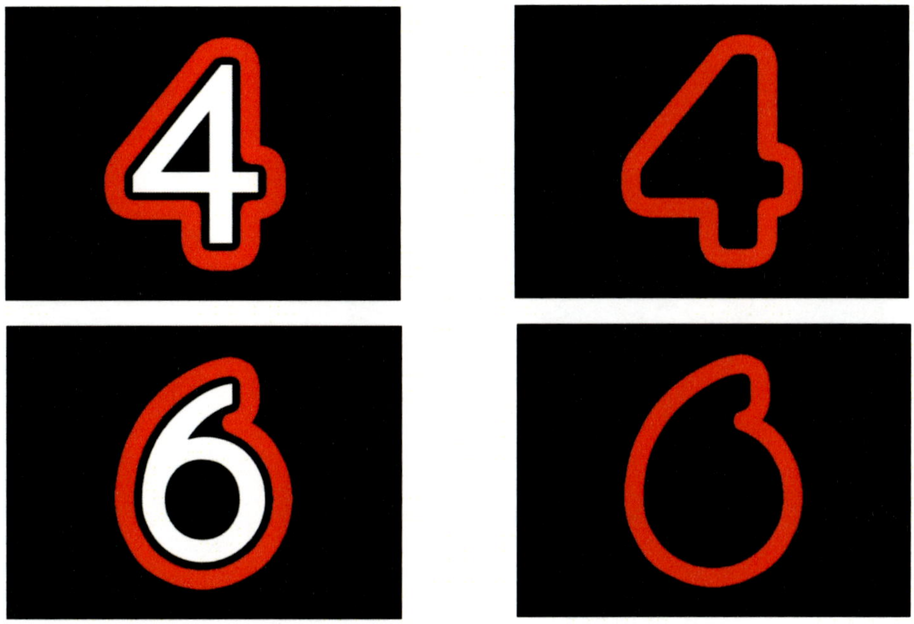

숫자 카드

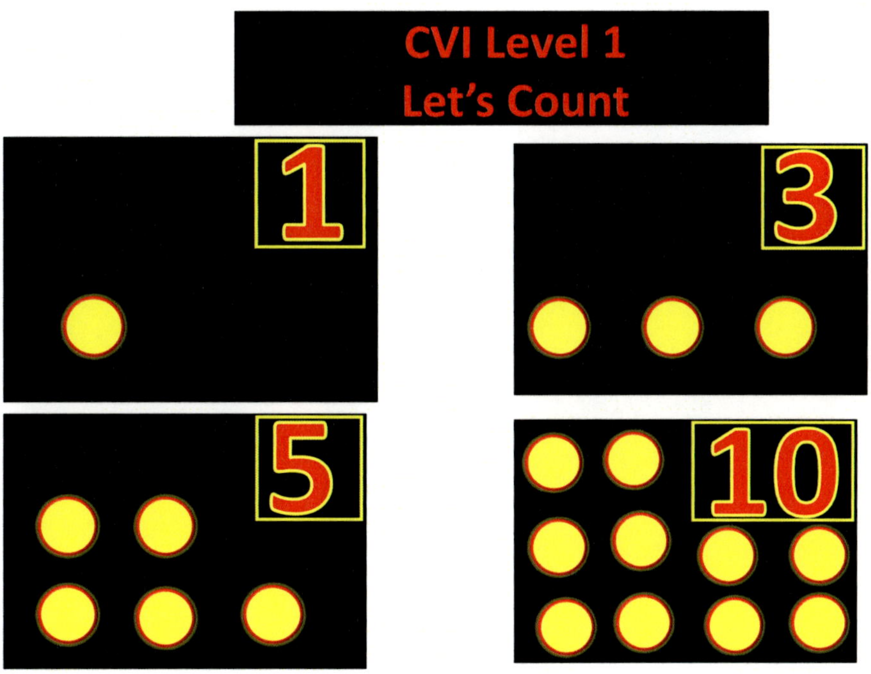

인쇄책

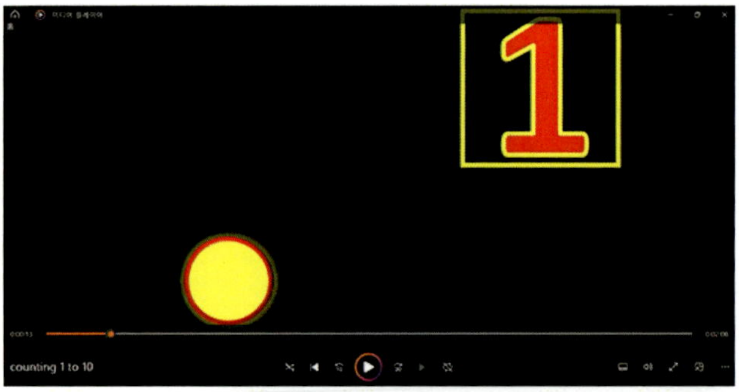

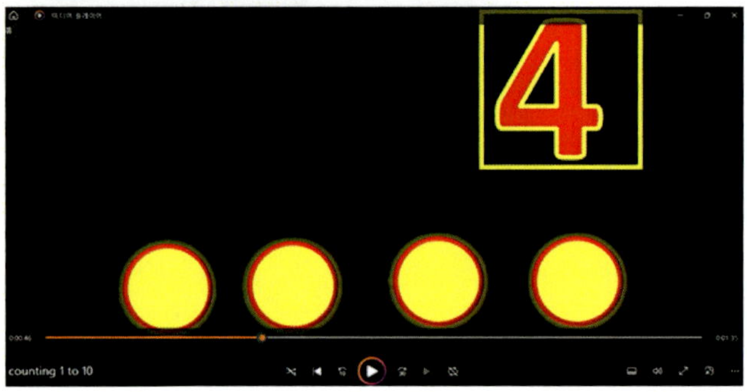

전자책

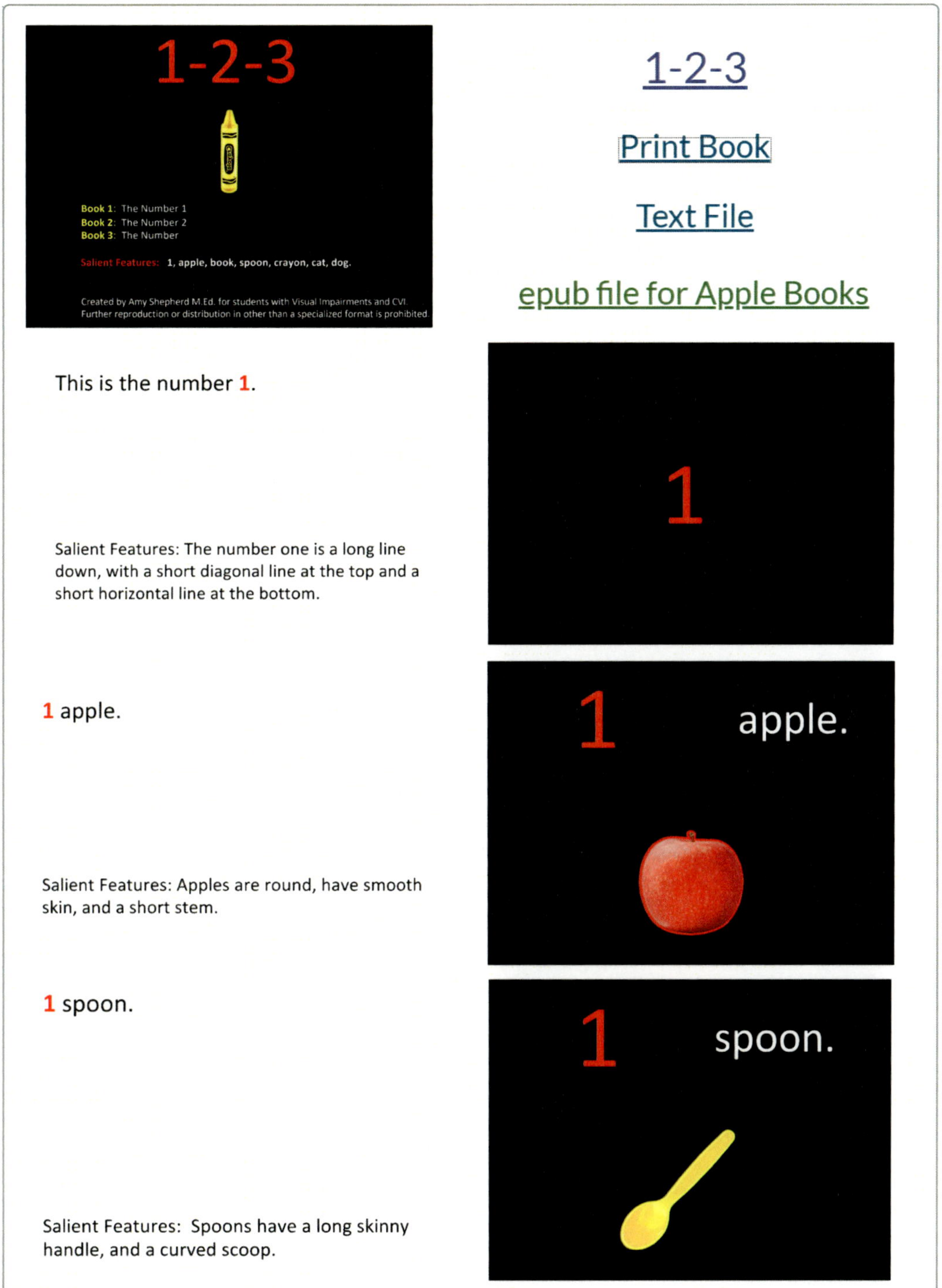

1-2-3

Book 1: The Number 1
Book 2: The Number 2
Book 3: The Number

Salient Features: 1, apple, book, spoon, crayon, cat, dog.

Created by Amy Shepherd M.Ed. for students with Visual Impairments and CVI.
Further reproduction or distribution in other than a specialized format is prohibited.

1-2-3

Print Book

Text File

epub file for Apple Books

This is the number 1.

Salient Features: The number one is a long line down, with a short diagonal line at the top and a short horizontal line at the bottom.

1

1 apple.

Salient Features: Apples are round, have smooth skin, and a short stem.

1 apple.

1 spoon.

Salient Features: Spoons have a long skinny handle, and a curved scoop.

1 spoon.

인쇄책

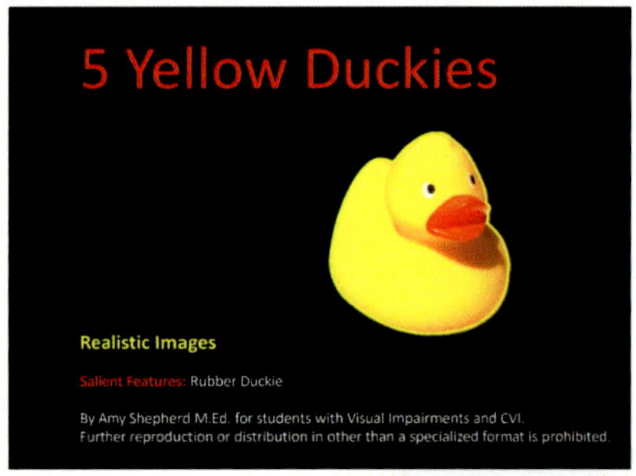

1 yellow duckie floating in the bath.

It floated very slowly and made us all laugh.

Salient Features: Rubber yellow duckies have a a round body and a small round head with an orange beak.

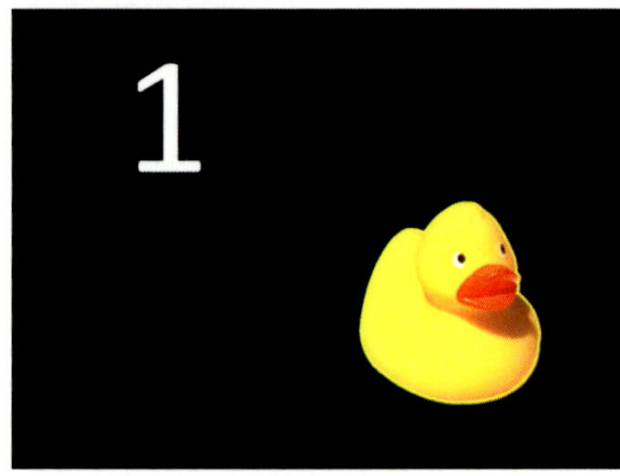

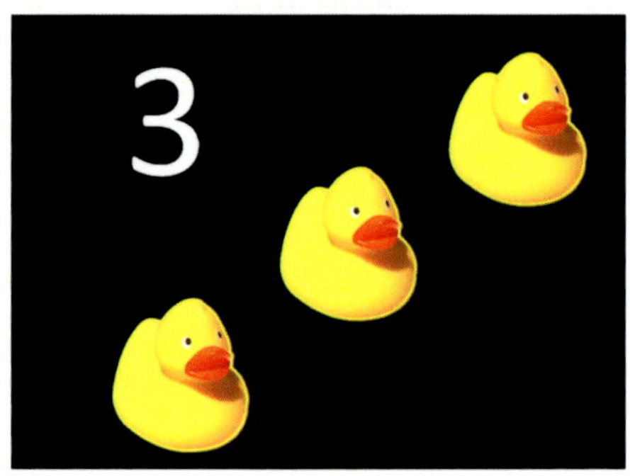

3 yellow duckies jumping in the bath.

They jumped in all at once and made us all laugh.

인쇄책

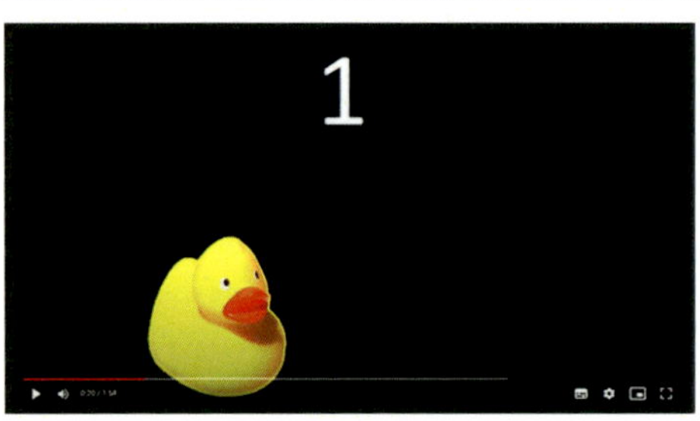

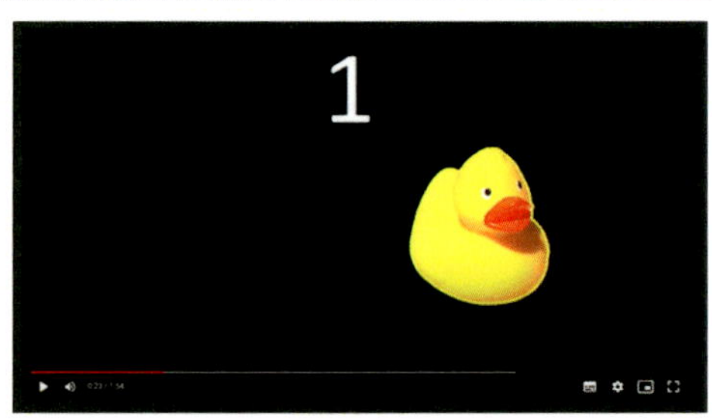

전자책

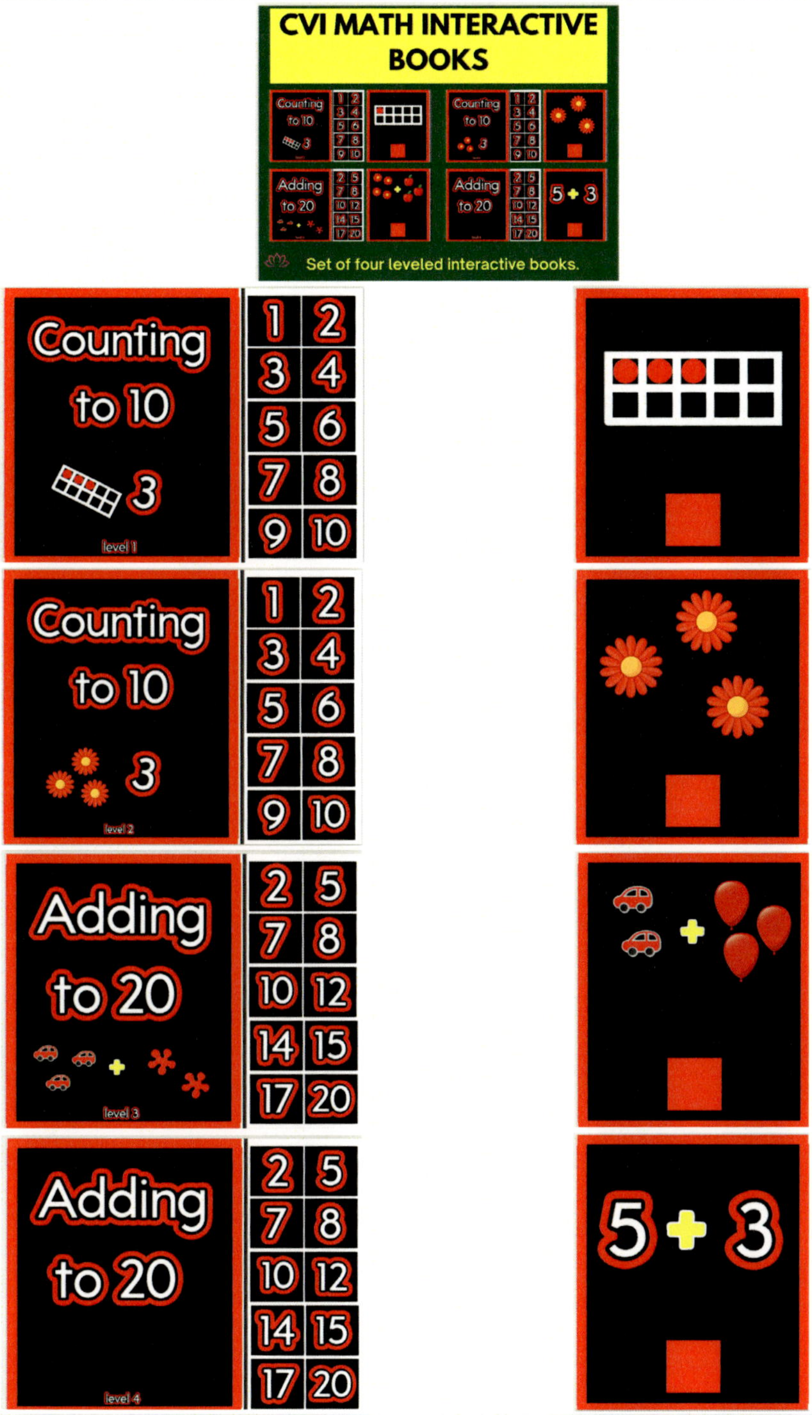
CVI MATH INTERACTIVE BOOKS
Set of four leveled interactive books.
Counting to 10
level 1
Counting to 10
level 2
Adding to 20
level 3
Adding to 20
level 4
5 + 3

Counting Book

1

one duck

1

one

duck

5

five cars

5

five

car

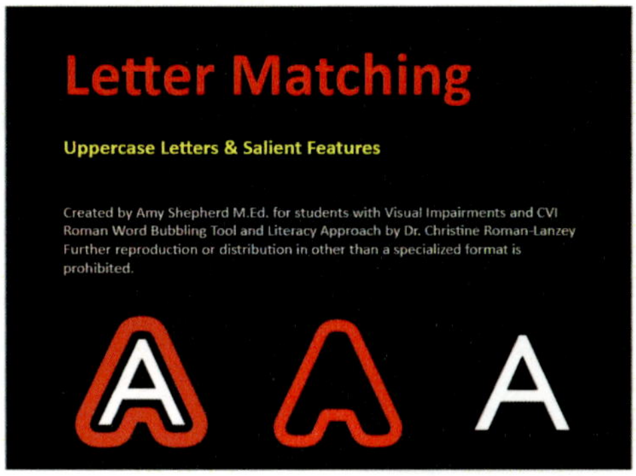

This is an uppercase A

Salient Features
Long diagonal line on the left
Go back to the top
A long diagonal line on the right
Short horizontal line connecting across the middle

Handwriting without Tears description

Match the object A to the Bubble A.

Look how the object A fits into the Bubble A.

인쇄책

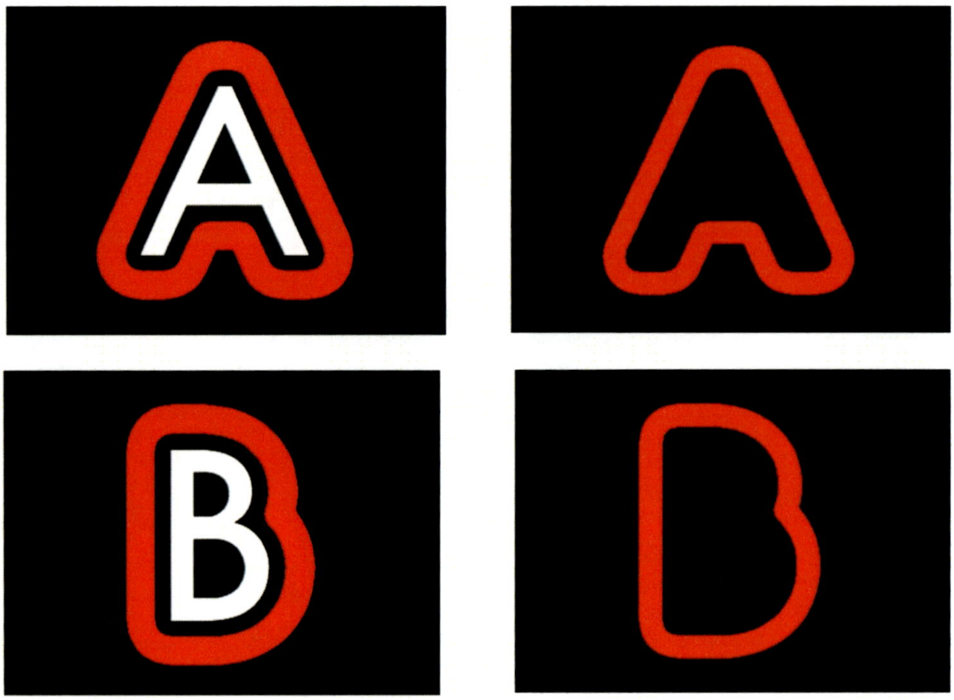

/짝짓기 카드

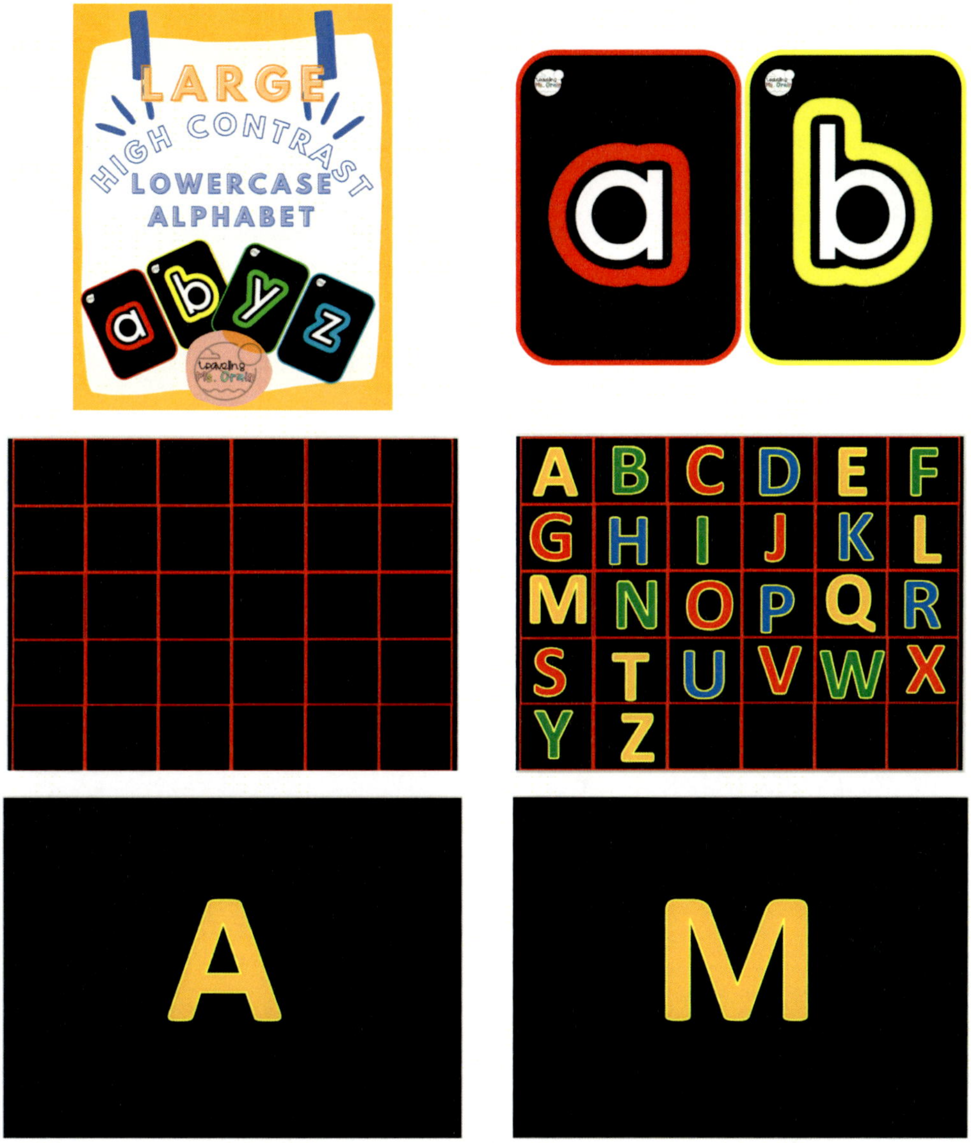
LARGE
HIGH CONTRAST
LOWERCASE
ALPHABET
a b y z
a
b
A B C D E F
G H I J K L
M N O P Q R
S T U V W X
Y Z
A
M

인쇄책

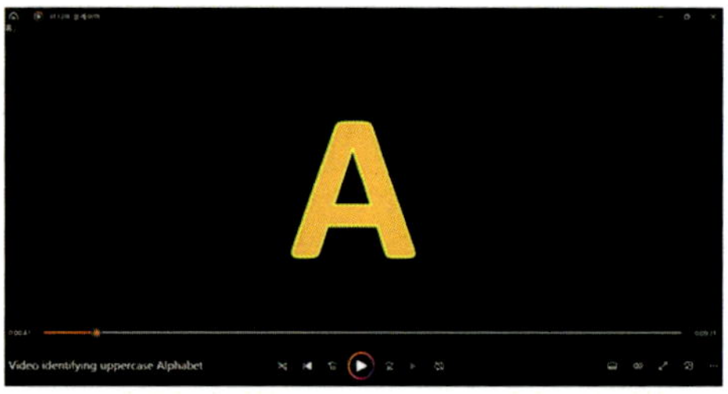
A
Video identifying uppercase Alphabet

W Z
L C H G E S
R I X U K N
Y P T Q D M
Video identifying uppercase Alphabet

전자책 (A 찾기)

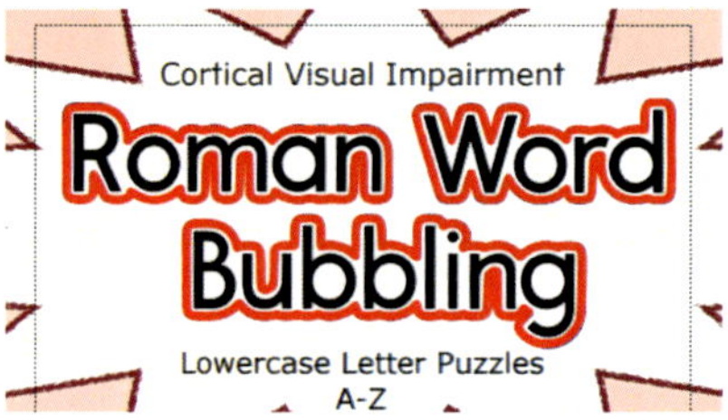
Cortical Visual Impairment
Roman Word Bubbling
Lowercase Letter Puzzles
A-Z

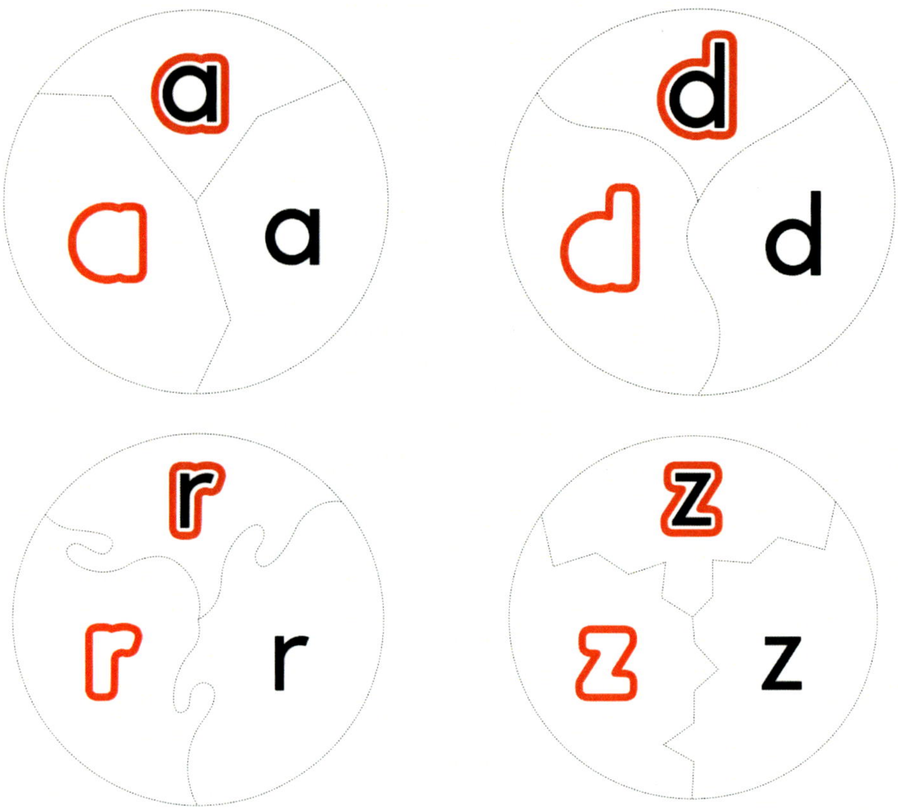

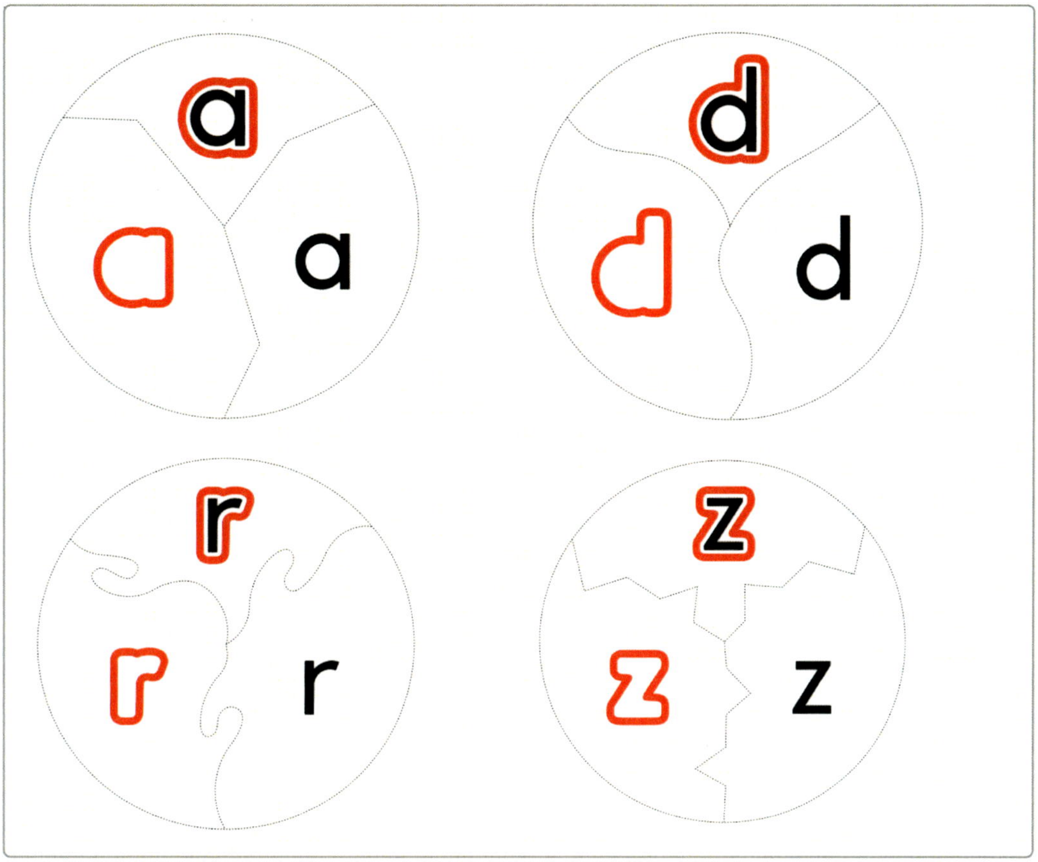
a
a a
d
d d
r
r r
z
z z

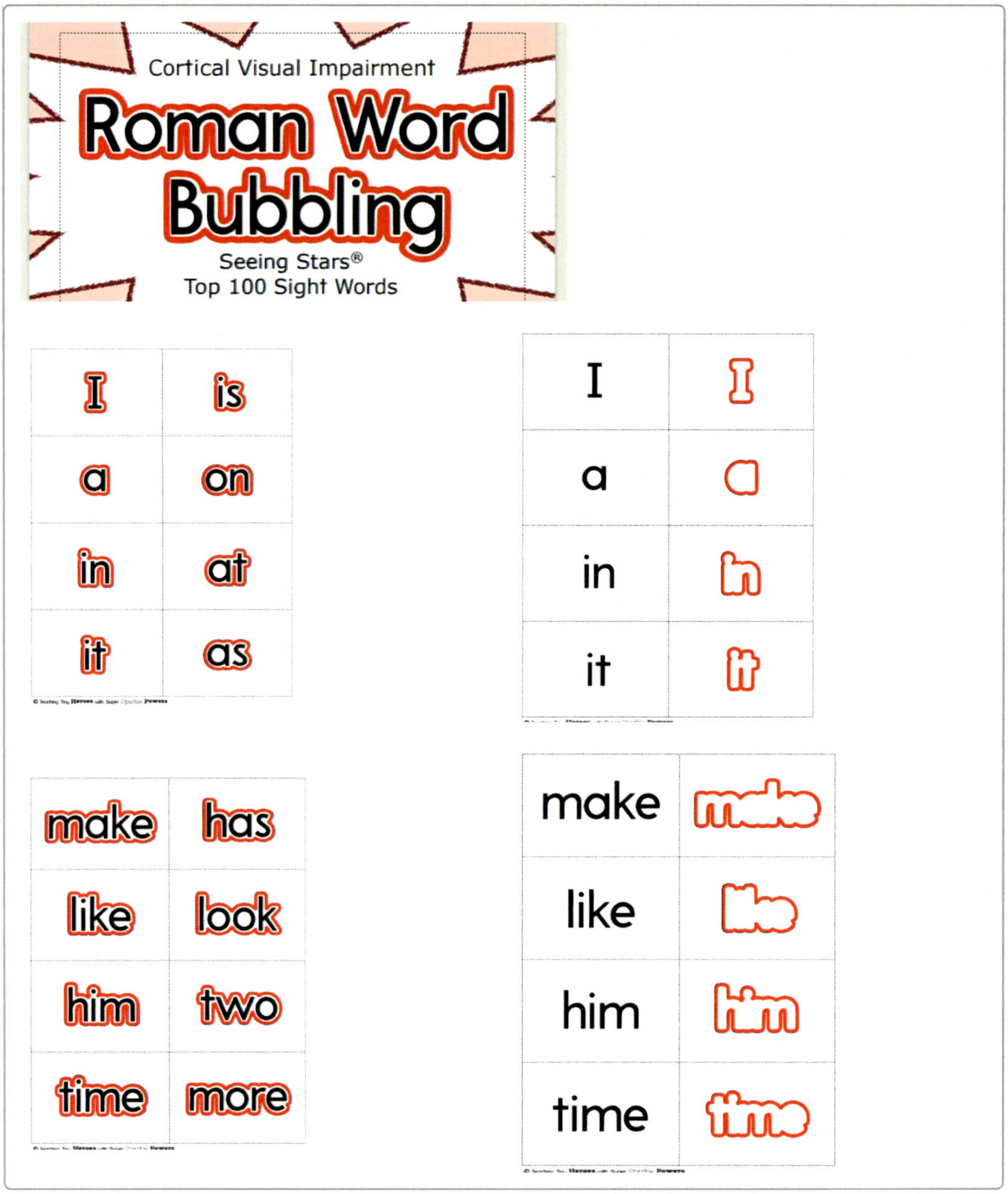
Cortical Visual Impairment
Roman Word Bubbling
Seeing Stars®
Top 100 Sight Words
I
is
a
on
in
at
it
as
I
I
a
a
in
in
it
it
make
has
like
look
him
two
time
more
make
make
like
like
him
him
time
time

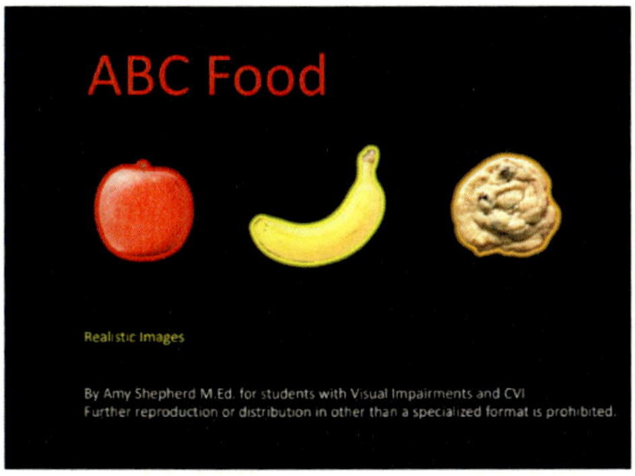

ABC Food

Print Book

Text File

epub file for Apple Books

MP4 Video

A is for apple. It's round and it's red.

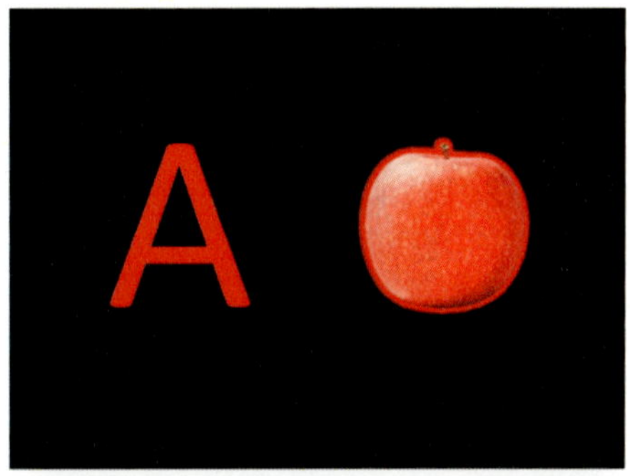

D is for donut. It's round, with a hole in the middle as big as your thumb.

인쇄책

전자책

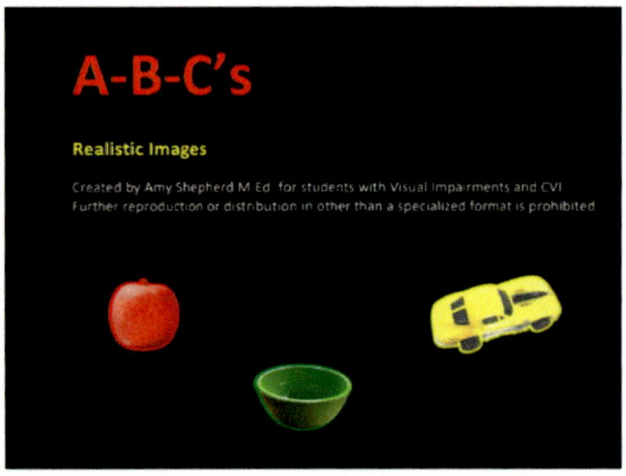

A-B-C's

Print Book

Text File

epub file for Apple Books

a-a-apple. Apple begins with A.

Salient Features: Apples have smooth skin and are round. They also have a dimple at the top with a short stem.

a..a..acorn. Acorn begins with A.

Salient Features: Acorns are small and round and have a tough shell with a stem.

a-a-airplane. Airplane begins with A.

Salient Features: Airplanes have wings, engines and a cockpit.

***c-c-cup*. Cup begins with C.**

Salient Features: Cups have a flat bottom, a curved rimmed opening at the top. This cup also has a handle.

***c-c-carrot*. Carrot begins with C.**

Salient Features: Salient Feature: Carrots are orange, long and have a leafy green stem.

***c-c-car*. Car begins with C.**

Salient Features: Cars have wheels, windows, and doors.

인쇄책

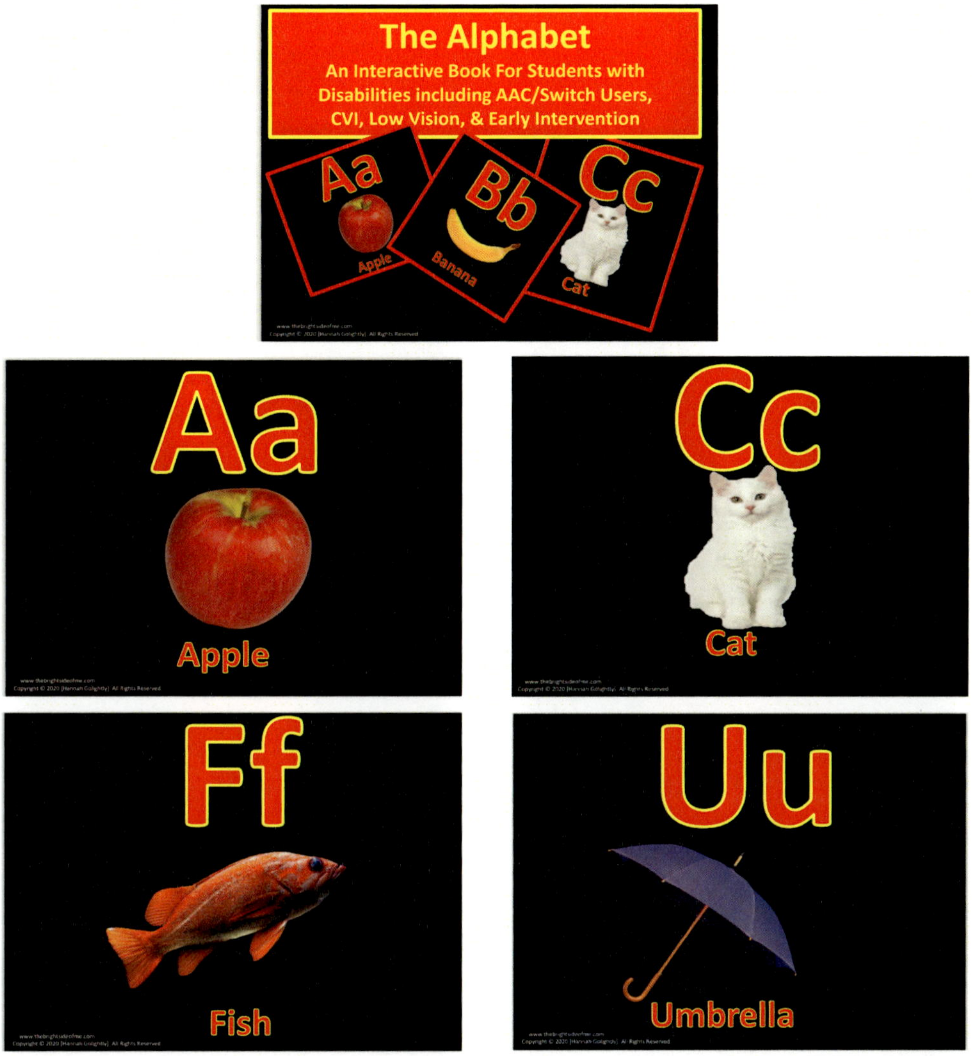
The Alphabet
An Interactive Book For Students with Disabilities including AAC/Switch Users, CVI, Low Vision, & Early Intervention
Aa
Apple
Bb
Banana
Cc
Cat
Aa
Apple
Cc
Cat
Ff
Fish
Uu
Umbrella

인쇄책

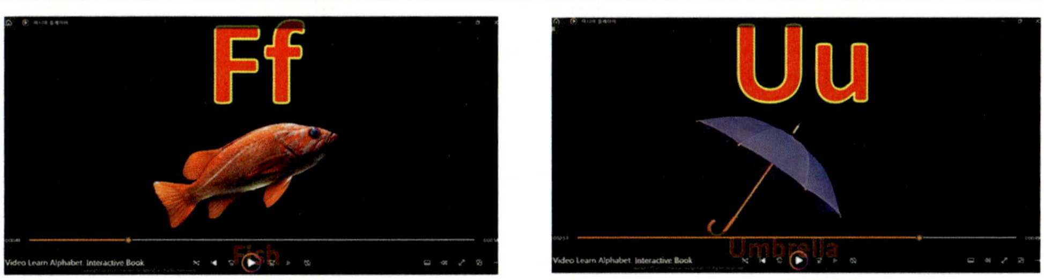
Ff
Fish
Video Learn Alphabet Interactive Book
Uu
Umbrella
Video Learn Alphabet Interactive Book

전자책

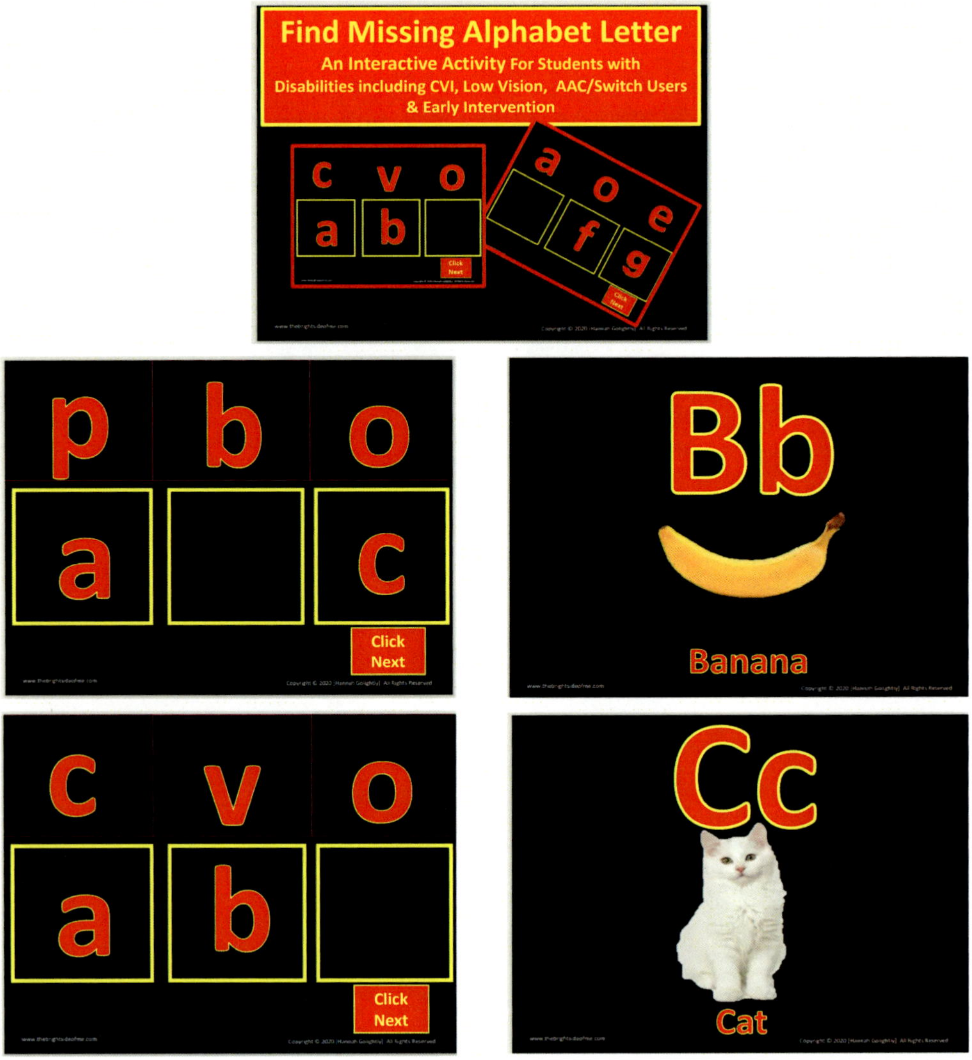
Find Missing Alphabet Letter
An Interactive Activity For Students with
Disabilities including CVI, Low Vision, AAC/Switch Users
& Early Intervention
p b o
a c
Click
Next
Bb
Banana
c v o
a b
Click
Next
Cc
Cat

인쇄책

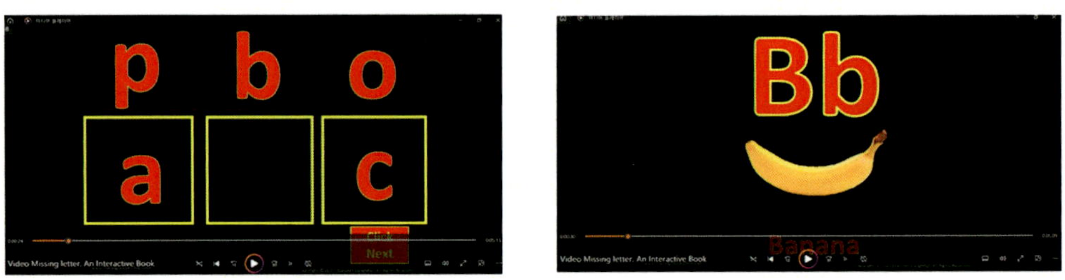
p b o
a c
Video Missing letter. An Interactive Book
Bb
Video Missing letter. An Interactive Book

전자책

Yummy, Yummy,
I like food!
I like pizza.
I like fruit, too.
French fries are good

Help Help
Who Can Help ?

Firefighters
can help .

Doctors, nurses
and paramedics
can help .

인쇄책

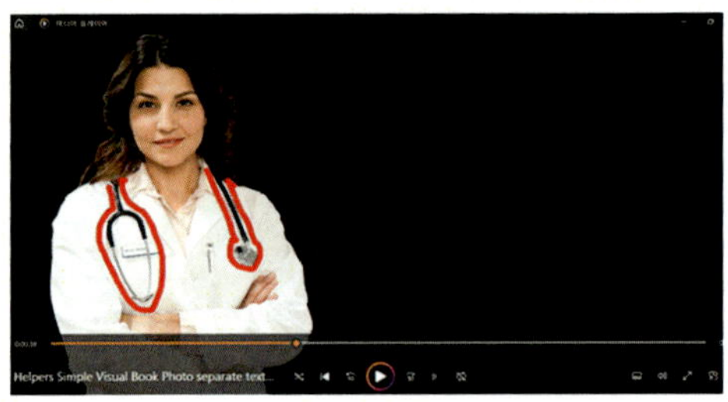

전자책

부록3 CVI 아동 관련 웹사이트

American Printing House for the Blind

Resources: Cortical Visual Impairment (CVI)
See especially the pull down menu under Resources
http://tech.aph.orq/cvi/

Blind Babies Foundation

CVI Fact Sheet
http://blindbabies.orq/leam/dM^

CVI Society

Dr. Gordon Dutton
www.cvisociety.orq

Facebook

Communities who focus on CVI:
https://www.facebook.com/Adapte

Flashing Blinking Lights

Great website to order CVI friendly items like red blinking glasses, black gloves with lighted fingertips, light up pom poms and a red lighted tumbler www.flashinqblinkyliqhts.com

LifeScience Technologies LLC

In conjunction with Dr. Roman, this company is working on developing a new (iPad) application that will allow teachers to build lesson plans according to a protocol developed by Dr. Roman. The CVI System has components available for monitoring, managing and improving a treatment program.

http://www.lifesciencetechnoloqies.
https://www.youtube.com/watch?v=8cdN1eTW1Eo

Dr. Lilli Nielsen

Dr. Lilli Nielsen's Books, videos and equipment
www.lilliworks.com

Little Bear Sees

Website raises awareness of CVI, offers resources and more. Two iPad Apps, specifically designed for students with CVI, are offered at this site.
http://www.littlebearsees.orq/

Paths To Literacy

See especially the pull down menu under Resources and Strategies
www.pathstoliteracy.orq

Perkins School for the Blind

Perkins offers a wide variety of resources, including Teaching Resources and Webinars. Appsolutely Engaging & Educational, Part 2 and Appsolutely
Engaging and Educational are videos to watch on iPad Apps. There is a handout you can download.
www.perkins.orq
Texas School for the Blind and Visually Impaired

This website includes a wealth of information and resources. See especially the section on Communication for Children with Deafblindness, or Visual and Multiple Impairments as well as CVI Web Exercise and CVI Intervention.
www.tsbvi.edu

The Jewish Guild for the Blind

Parent Tele Support Group for parents of children with CVI
Contact: Linda Gerra, EdD, Phone: 800-915-0306
http://www.quildhealth.or 幻/
Vision/Parent-Tele-support

Vision Associates

Kathleen Appleby offers a CVI Checklist called, Cortical Visual Impairment, Characteristics of Cortical Visual Impairment Checklisf which can be found at the Vision Kits website
http://visionkits.com/handouts

Wonderbaby

Wonderbaby.org is a project funded by Perkins School for the Blind to help parents of young children with visual impairments. They also offer a review of apps for children with visual impairments.
www.wonderbaby.org

Burkhart, Linda J.

'Developing Visual Skills for Children Who Face Cortical Visual Impairments.' Lindaburkhart.com. Simplified Technology, n.d. Web. 22 Aug. 2016. 〈http://www.lindaburkhart.com/handcvi.htm〉.

Demchak, MaryAnn,

Charmaine Rickard, and Marty Elquist. 'Tips for Home or School: Cortical Visual Impairment.' PDF; Cortical Visual Impairment. University of Nevada, Reno. Nevada Dual Sensory Impairment Project, n.d. Web. 22 Aug. 2016. 〈http://unr.edu/ndsip/tipsheets/cvi.pdf〉.

Dutton, Gordon.

'Cerebral Visual Impairment in Children: A Practical Approach.' Emerald Education Systems. Emerald Education Systems, n.d. Web. 22 Aug. 2016. 〈https://www.emeraldeducationsystems.com/course/ees/eescvi001〉.

Gardier, Jeanne.

'Strategies for Working with Children with Cortical Visual Impairment.' Hand In Hand Project, n.d. Web. 22 Aug. 2016. 〈http://mtid.ri.umt.edu/MainMenu/Resources/FactSheets/StrategiesCorticalVisualImpair ment.pdf〉.

Southern California CVI Consortium

'CVI Packet.' Low-Vision.org, n.d. Web. 22 Aug. 2016. 〈http://www.low-vision.org/wp-content/uploads/2012/10/Cortical-Visual-ImpairmentPacket.pdf〉.

참고문헌

- Baniel, Anat. Kids beyond Limits: The Anat Baniel Method for Awakening the Brain and Transforming the Life of Your Child with Special Needs. New York, NY: Perigee Trade, 2012. Print.
- Dodson-Burk, Bonnie, and Christine Roman. Preschool Orientation and Mobility Screening. Alexandria, VA.: Association for Education and Rehabilitation of the Blind and Visually Impaired, 2012. Print.
- Doidge, Norman. The Brain That Changes Itself: Stories of Personal Triumph from the Frontiers of Brain Science. New York: Viking, 2007. Print.
- Lueck, Amanda Hall. Functional Vision: A Practitioner's Guide to Evaluation and Intervention. New York, NY: American Foundation for the Blind, 2004. Print.
- Lueck, Amanda Hall, and Gordon Dutton, Vision and the Brain: Understanding Cerebral Visual Impairment in Children. New York; AFB, 2015. Print
- Nelson, Catherine. Child-guided Strategies: The Van Dijk Approach to Assessment: For Understanding Children and Youth with Sensory Impairments and Multiple Disabilities. Louisville: American Printing House for the Blind, 2009. Print
- Roman-Lantzy, Christine. Cortical Visual Impairment: An Approach to Assessment and Intervention. New York: AFB, 2007. Print.
- Smith, Millie, SLK Routines Book, Using the Sensory Learning Kit, and SLK Guidebook and Assessment Forms, Using the Sensory Learning Kit. Louisville: American Printing House for the Blind, 2005
- Taylor, Jill Bolte Ph.D. My Stroke of Insight. Penguin Books Ltd., 2006. Print.

CVI 아동의 시각 발달과 사용 전략

지은이 Diane Sheline
옮긴이 이태훈
발행일 2024. 2. 23.
펴낸곳 (주)도서출판 점자

대표전화 02-3426-7211
홈페이지 www.kbraille.net

ISBN 978-89-6507-070-2
정가 23,000원

번역자와의 협약으로 인지는 생략합니다.
파본은 구입처에서 교환해 드립니다.